Diane Poole Heller

Tief verbunden

DIANE POOLE HELLER

Tief verbunden

Wie wir alte
Bindungsmuster auflösen und
dauerhafte Partnerschaften
eingehen

Mit einem Vorwort von Peter A. Levine

Aus dem Amerikanischen von Gabriel Stein

KÖSEL

Alle Namen der im Buch erwähnten Personen wurden geändert, um ihre Persönlichkeitsrechte zu wahren.

MIX
Papier | Fördert gute Waldnutzung
FSC® C014496

Penguin Random House Verlagsgruppe FSC® N001967

Deutsche Erstausgabe
Die Originalausgabe erschien unter dem Titel *The Power of Attachment. How to Create Deep and Lasting Intimate Relationships* bei Sounds True, Boulder, Colorado.

3. Auflage 2025

This translation published by arrangement with Sounds True
and by the agency of Agence Schweiger.
Umschlag: Weiss Werkstatt München
Umschlagmotiv: DEEPOL by plainpicture / William Perugini
Redaktion: Ralf Lay
Satz: dtp im Verlag
Druck und Bindung: GGP Media GmbH, Pößneck
Printed in Germany
ISBN 978-3-466-34751-3
www.koesel.de

Für alle,

die den Mut haben, in Tiefen einzutauchen,

die die Wahrheit ihrer Geschichte leben,

Mitgefühl empfinden für den Schmerz

und ihre daraus gewonnenen Weisheiten

mit anderen teilen.

Inhalt

Vorwort

Jeder Mensch trägt in sich die Möglichkeit, eine Heldenreise in ihrer ganzen Tragweite zu unternehmen. Davon bin ich überzeugt, und ich habe es in meinen 45 Jahren klinischer Praxis Tausende Male bestätigt gesehen. Viele unserer grundsätzlichen Entscheidungen werden angeregt durch die Fähigkeit, an dieser vollkommen einzigartigen Vision, wer man sein möchte und wie ein solches Ziel zu erreichen sei, festzuhalten – oder auch nicht.

Der Held in uns allen ist mit einer äußeren Bedrohung oder Zwangslage konfrontiert, einem gewaltigen Feind. Dieser Feind repräsentiert in unserem Leben ein Hindernis für innere Ordnung, Frieden, Liebe, Gedeihen, Verbundenheit und das höhere Wohl. Mit seiner Stärke und Macht scheint er geradezu erdrückend. Er will den Helden bestrafen, in eine dunkle Wolke hüllen oder gar vernichten.

Offenkundig bestehen Parallelen zwischen jenem Feind und dem Trauma. Im Wesentlichen handelt das Trauma (und die tiefe emotionale Verletzung) von Überforderung und Hilflosigkeit. Es hemmt unsere Vitalität, trübt unsere Sinne und schwächt uns, indem es uns mittels der Angst und des Leidens von anderen abschottet. Diese Trennung voneinander ist eine der wirksamsten Methoden, Beziehungen – ja selbst Zivilisationen – zu untergraben. Daneben gibt es eine gleichnishafte Beziehung zwischen der Qual der Zivilisation und der Qual des Selbst: Der Schrecken zerstört die Verbindung zu uns selbst, zum verkörperten Selbst, zum Wahren und Ewigen in uns. Wir werden einsam und haltlos, gehen nicht mehr vor die Tür, um unsere Gärten zu bewässern, und verlieren dabei die Gabe gegenseitiger Hege und Pflege.

Wenn das Trauma der Gegner ist, liegt in der Verbindung zu sich selbst und zu anderen die innere Aufgabe des Helden. Sie symbolisiert, woher er kommt, und gibt zugleich einen Weg vor, der zu beschreiten ist. Helden werden nicht als solche geboren, sondern entwickeln sich durch die Auseinandersetzung mit Missgeschick und Not. Die faszinierendsten Helden der antiken Sagenwelt sind jene, die schwere Enttäuschungen und Verluste erleiden. Sie sind nicht bereit für die anstehende Aufgabe. Deshalb scheitern sie zunächst. Dann aber machen sie eine Wandlung durch, beweisen sich vor den Augen der anderen wie auch in ihren eigenen. So gewinnen sie die Unterstützung von Freunden und Verbündeten. Sie bleiben standhaft, erlangen zunehmend die Herrschaft über sich selbst. Schließlich triumphieren sie über das Unheil.

Von der Mythologie einmal abgesehen, haben wir im realen Alltag eher nur sporadisch Bezug zur Rolle des inneren Helden. Es ist uns nicht bestimmt, sie ständig einzunehmen. Wenn wir den Helden spielen, lässt uns das vielleicht sogar umso anfälliger werden für Menschen, die unsere wohlwollenden Absichten ausnutzen. Zudem verzerrt und verdirbt die Medienbranche oft unseren Glauben an Helden. In diesen heutigen Zeiten ist der Mythos zu einem seltenen Gut geworden.

Im Rahmen der Entwicklung einer Verbindung zum Selbst, der Erlangung von Sicherheit und Gewissheit in uns und durch andere, der Bewältigung unserer täglichen Aufgaben (vom Kleinen und Gewöhnlichen zu den »großen« Entscheidungen über Liebe, Beruf, Familie, Freunde, Wohnort) ist es buchstäblich erhebend, auf konkrete und bewusste Weise in Kontakt zu treten mit unserem »höheren Selbst« und so die eigenen Beschlüsse und Handlungen in eine bestimmte Richtung zu lenken.

Das führt uns zurück zum Thema der inneren Bindung, da diese auf Verbindung hindeutet. Die Bindung beschreibt nicht nur, wie wir Kontakt und Verbindung zu anderen herstellen, sondern auch zu uns selbst und zu unserem Körper. Aus diesem Grund ist das Verständnis dafür, wie ein Trauma unser Gewebe, unser Nervensystem und dadurch unser Gefühl von Sicherheit beeinträchtigt, äußerst wichtig, um die Verwicklungen unserer Bindungsmuster besser durchschauen zu können.

Sobald wir einer vermeintlichen Bedrohung ausgesetzt sind, schüttet unser Körper riesige Mengen an Überlebensenergie aus (um zu rennen, zu springen, zu treten, zu schlagen, zu fliehen, zu zerstören – oder zu binden). Verharren wir, durch die Umstände bedingt, allzu lange in diesem aufgeladenen Zustand, ist das so, als würde ein Trennschalter plötzlich unseren Kraftstrom unterbrechen, eine lebensrettende Anpassung uns zu schnell vor zu großer Bedrohung bewahren (oder vor zu geringer, zu lange fehlender Unterstützung). Mit anderen Worten: Wir fallen auseinander, wir dissoziieren. Die gleiche lebensrettende Energie, die uns gewöhnlich mobilisiert und in die Lage versetzt, eine Bedrohung abzuwehren oder ihr zu entkommen, bleibt aufgrund völliger Überforderung im Körper gefangen. Diese eingeschlossene Kraft der Bedrohungsreaktion gerät dann in eine Rückkopplungsschleife: eine sinnlose, zerstörerische und sich ständig wiederholende Konversation zwischen Körper und Gehirn. Unerbittlich verstärkt sie sich selbst, als spräche ein Redner ins Mikrofon. Das Gehirn fragt: »Sind wir okay?«, und unser Körper erwidert: »Ich spüre nichts als totale Anspannung. Sind wir nicht im Begriff zu sterben?« Worauf das Gehirn vermutet: »Dann liegen wir wohl im Sterben. Also müssen wir härter arbeiten.«

Unsere Physiologie überzeugt uns von unseren Emotionen. Die eigentliche Grundlage von heiler Seele und gesundem Körper – die Fähigkeit, uns *sicher* zu fühlen – wird vom Feind namens Trauma ausgehöhlt. Wenn unser Körper feststeckt im Überlebensmodus, richten Empfindungen und Gefühle die Aufmerksamkeit zwanghaft darauf, nach Sicherheit zu suchen. Das wiederum hemmt unsere Lebenskraft, weshalb wir jedes Risiko meiden. Die eingehenden Erfahrungen nehmen tendenziell einen bedrohlichen Charakter an, was unser Vermögen mindert, Kontakt zu anderen herzustellen.

Die schlechte Nachricht lautet: Das Trauma ist eine Tatsache des Lebens, aber (und das ist die gute Nachricht) es muss keine lebenslange Strafe sein. Im Laufe der Jahre habe ich Tausenden von Klienten und Kursteilnehmern vermittelt, dass der Schlüssel zur Bändigung dieses weiten Meeres voll Kummer darin liegt zu lernen, wie man mit winzigen Teilen der Erfahrung (einschließlich körperlichen Regungen, Gefühlen, Bildern, Gedanken, Energien) in Berührung kommt und einem nach dem anderen stückchenweise begegnet. Diese Teile bilden kleine Inseln der Sicherheit inmitten der tobenden Brandung des Traumas. Allmählich verbinden sich dann die Inseln, nach und nach entsteht eine solide Landmasse der (relativen) Sicherheit – ein Ort, an dem wir zurücktreten und jene schmerzlichen Empfindungen und quälenden Gefühle beobachten können, um langsam mit ihnen Frieden zu schließen.

Bald stellen sich wesentliche Fragen, etwa: »Wie viel kann ich fühlen, während ich im Hier und Jetzt präsent bleibe?« Oder: »Wie viel kann ich ertragen, bevor ich mich zurückziehe?« Und: »Was kann ich tun, um innerhalb meiner Bandbreite der Toleranz zu bleiben?« Die Weisheit unseres Körpers liefert die Antworten darauf, wie wir in den reißenden Strömungen von Schrecken, Angst und Hilflosigkeit einen geschützten Raum schaffen: einen kleinen sicheren Hafen, der uns genügend Zeit gibt, jenes herausgelöste Bruchstück der Erfahrung zu erforschen, zu bedenken, auseinanderzunehmen – und zu behalten, was wertvoll ist, und anderes zu verwerfen. Auf diese Weise wandeln wir sukzessive die Botschaft unserer Physiologie um, bis aus Schrecken irgendwann Sicherheit wird. Der Fokus wechselt von Schutzmaßnahme und Fluchtreaktion zu Warmherzigkeit und Verbundenheit, von Panik oder Verschlossenheit zu Erkundung und Mitgefühl. Unser Feind ist geschlagen, die Gefahr gebannt. Wir kommen aus unserem Gehäuse und kümmern uns darum, was uns selbst wie auch anderen Menschen Kraft und Halt verleiht. In solchem Reich herrschen nun Friede und Wohlbefinden. Das Leben gedeiht in einer Fülle von Gefühlen.

Da es zutrifft, dass wir alle einige Schwierigkeiten mit »gesunder« Bindung haben, ist es mir eine große Freude, Sie mit dem vorliegenden Werk bekannt zu machen. Ich wähne mich glücklich, seine Autorin Dr. Heller seit mehreren Jahrzehnten zu kennen. Sie war eine meiner glänzendsten Schülerinnen, eine Person, die ich nach wie vor bewundere und in hohem Maße schätze. Ihre Herzlichkeit und Tatkraft, ihre Fürsorglichkeit und ihr Verständnis sind im Lauf der Jahre Tausenden ihrer Klienten und Kursteilnehmern zugutegekommen. Solche Gaben und Einsichten sind in *Tief verbunden* allgegenwärtig: ein Buch, das Ihnen einen zugänglichen und gleichzeitig beispielhaften Rahmen bietet, Ihre persönlichen, manchmal komplizierten Auseinandersetzungen mit der Bindung zu erkennen, die Diane mit Scharfsinn und in lebhaftem, unprätentiösem Ton darstellt. Die integrierten Übungen werden Ihnen gewiss helfen, Ihr wahres verkörpertes Selbst wiederzuentdecken, und Sie anleiten, Ihre eigenen Hindernisse gegenüber Verbindungen mit anderen einmal mehr zu überwinden.

Es ist ein Buch für Therapeuten, die mit ihren Klienten an Bindungsproblemen arbeiten, zugleich aber auch für jene unter uns, die gerade neue Beziehungen eingehen oder langjährige Verbindungen bereichern möchten oder dabei sind, eine Beziehung zu beenden – und von diesem Abschluss zu lernen und zu genesen. Die Vorstellung, dass Sie eine solch aufregende Reise unternehmen, begeistert mich. Mögen wir alle heldenhaft unsere Widersacher überwinden und Ganzheit, Wohlbefinden und Sinnhaftigkeit in die große Zivilisation einbringen wie auch in die Zivilisation des Selbst.

Peter A. Levine[1]

Einleitung

Ich möchte damit beginnen, Ihnen eine Geschichte zu erzählen, die mir 1988 passierte, als ich gerade meine Hochzeit vorbereitete. Bis dahin blieben nur noch zwei Wochen, und ich war äußerst aufgeregt, aber auch unglaublich beschäftigt, wie Menschen es oft sind kurz vor dem »großen Tag«. Ich fuhr in Denver herum, erledigte hektisch Einkäufe und kümmerte mich um Details, die mit dem bevorstehenden Ereignis zusammenhingen. Bei etwa neunzig Kilometer pro Stunde sah ich aus dem Augenwinkel, wie etwas von meinem Terminplaner zu Boden glitt. Es war eine Porzellanfigur – eine jener Darstellungen von Braut und Bräutigam auf Hochzeitstorten –, und da es meiner künftigen Schwiegermutter viel bedeutet hatte, sie mir zu geben, wollte ich wirklich nicht, dass sie zu Bruch ging. So löste ich im dichten Verkehr auf dem Sante Fe Drive fatalerweise den Sicherheitsgurt und beugte mich vornüber, um die fliehende Figur zu ergreifen. Dabei bewegte ich ungewollt das Lenkrad, wodurch der Wagen einen Schlenker machte und frontal auf ein entgegenkommendes Fahrzeug prallte.

Der Mann im anderen Auto fuhr etwa genauso schnell wie ich. Der Zusammenstoß hatte zur Folge, dass es in die Luft geschleudert wurde und mit dem Dach auf der Straße landete. Zum Glück saß er in einem alten Volvo, der wie ein Panzer gebaut war, und überstand den Unfall verhältnismäßig unbeschadet. Dafür werde ich immer dankbar sein.

Ich hatte nicht so viel Glück. Ohne angeschnallt zu sein, wirbelte mein Körper nach vorn, und mein Kopf zertrümmerte die Windschutzscheibe, was bei mir ein Schädel-Hirn-Trauma verursachte. Das versetzte meiner baldigen Hochzeit zwar einen kleinen Dämpfer, aber ich sagte sie trotzdem nicht ab. Mein Kopf schwoll an wie ein unförmiger roter Basketball, was schon schlimm genug war; darüber hinaus litt ich aber auch an allen Arten unangenehmer Symptome. Ich brachte Zahlen durcheinander. Ich fing an, mich seltsam zu benehmen. Ich stellte das Bügeleisen in den Kühlschrank. Ich vergaß die Milch in der Mikrowelle. Und dann geschah es, dass ich mein Auto den ganzen Tag mit laufendem Motor im Parkhaus bei der Arbeit zurückließ, während der Schlüssel im verschlossenen Fahrzeug steckte. Unnötig zu erwähnen, dass dies eine verwirrende, beängstigende und beschämende Zeit war.

Doch hier kommt der interessante Teil der Geschichte: Ich erlebte auch Momente unglaublicher Glückseligkeit. Bisweilen hatte ich Zustände erweiterter Sinneseindrücke. Ich konnte Dinge sehen und empfinden, die weit jenseits meiner normalen alltäglichen Wahrnehmung lagen. Zugleich fühlte ich mich sanftmütig und offenherzig. Ich erkannte das Beste in anderen, als strahlte es auf natürliche Weise aus ihrem tiefsten Wesen hervor. Diese wunderbaren Erfahrungen hielten etwa sechs Wochen an, und während jener Phase schien ich ein Übermaß von Mitgefühl und Verständnis zu empfangen.

Leider enthüllte diese Erweiterung der Sinne auch einige unerwartete und schwierige Erfahrungen. Abrupt schlug ich eine ungünstige Richtung ein, als stürzte ich durch einen Aufzugsschacht mitten hinein in die finstere Nacht der Seele. Tatsächlich musste ich die nächsten drei oder vier Jahre ziemlich hart kämpfen. Der Autounfall hatte Erinnerungen aus meiner Kindheit wachgerufen – eine traumatische Geschichte, von der ich lange innerlich abgetrennt gewesen war. Mühsam versuchte ich, all die verschiedenen Höhen und Tiefen miteinander in Einklang zu bringen. Offenbar widerfährt dergleichen – insbesondere das Wiedererwachen von traumatischen Erinnerungen – vielen Menschen, die folgenschwere Unfälle überleben.

Ich tat alles Erdenkliche, um zu verstehen, was in mir vorging. In den Gelben Seiten (für diejenigen unter Ihnen, die sie noch kennen ...) suchte ich mehrere Experten heraus und befragte sie. Ich probierte vielerlei Therapien aus. Ich las alles über Trauma und Heilung, was mir in die Hände fiel, und nahm an zahllosen Vorträgen und Workshops zu diesem Thema teil. Im Grunde begab ich mich landesweit auf die Suche, um irgendjemanden zu finden, der mir würde helfen können. Aber nichts entfaltete eine nachhaltige Wirkung. Hier und da stieß ich auf ein paar interessante Angebote und wollte diese Erfahrungen miteinander verbinden, doch nichts bescherte mir die Einsicht und die Erleichterung, deren ich bedurfte.

Dann begegnete ich Peter A. Levine und besuchte einen seiner Workshops mit der Bezeichnung *Somatic Experiencing®* (SE, das ist ein körperorientierter Ansatz zur Lösung von traumatischem Stress). Zu jener Zeit konnte ich mit Peters Verfahren noch nicht viel anfangen, wusste aber, dass es mit einer Regulation des Nervensystems zu tun hatte. Wichtiger noch, ich merkte sofort, dass SE bei mir funktionieren würde. Mit Peters Unterstützung begann ich, mich langsam zu erholen und die Beziehung zwischen Physiologie und Trauma anzuerkennen. Ich lernte Mittel und Wege kennen, effektiv mit meinem Nervensystem zu arbeiten und die Intensität bestimmter Traumafolgestörungen zu verringern. Außerdem eignete ich mir etliche Methoden an, extreme Erfahrungen aufzudecken und in mein Leben zu integrieren. Nach wie vor bleibt Peters Arbeit über SE für mich ebenso höchst lehr- wie hilfreich.

Im Lauf meines Heilungsprozesses beschloss ich, bei Peter zu studieren, und wurde so eine der ersten Vermittlerinnen seiner Methode. Mir bot sich die äußerst schätzenswerte Gelegenheit, mehr als fünfundzwanzig Jahre in der ganzen Welt zu unterrichten. Ich lernte – neben vielem anderem – sehr viel über die Arbeit mit der autonomen Regulation des Nervensystems, wie Symptome die übermäßige Erregung infolge bestürzender Lebensereignisse unterbinden, wie man bisher nicht verarbeitete oder unterdrückte Reaktionen zum Selbstschutz hervorruft und schließlich abstellt. Auch dafür bin ich weiterhin stets dankbar.

Mit der Zeit richtete ich meine Aufmerksamkeit darauf, wie man in Anbetracht von Isolation und Dissoziation, die aus traumatischen Erfahrungen resultieren können, in der Beziehung wieder Verbindungen knüpft. Durch Peter A. Levines Beistand – und die schwer errungenen Lektionen während meines eigenen Heilungsprozesses – erlangte ich die Fähigkeit, Menschen an einigen unfassbar dunklen Orten zu begegnen und mit ihnen zu arbeiten. Ich konnte ihnen helfen, die Heftigkeit ihrer Symptome abzumildern, ihre psychische Widerstandskraft zu stärken und oftmals tatsächlich vollständig zu genesen. Es ist ein echtes Privileg, diese Reise mit anderen zu unternehmen und zu beobachten, wie sie allmählich ihr Leben wieder genießen. Das ist zu meiner Lebensarbeit geworden, und ich habe die feste Absicht, bis ans Ende meiner Tage die mit Trauma und Resilienz einhergehenden Probleme zu erforschen sowie Menschen darin zu unterstützen, ihre Lebendigkeit und ihr Wohlbefinden zurückzugewinnen.

Im Folgenden sind die wichtigsten Themen und Fragen aufgelistet, auf die ich regelmäßig Bezug nehme:

- Wie heilen wir unterbrochene Verbindungen zu uns selbst und zu anderen, und wie können wir zurückfinden zu einem Gefühl von Ganzheit?

- Wie verknüpfen wir unsere vielfältigen Erfahrungen und all die Teile unserer selbst, die sich derart zerbrochen und bruchstückhaft anfühlen?

- Wie überwinden wir unsagbaren Verlust, panische Angst und Machtlosigkeit, um Stärke und Widerstandsfähigkeit wiederzugewinnen?

- Wie gelangen wir zurück in unseren Körper und fühlen uns wieder in sicherer Weise verbunden, wenn uns das Trauma durch Dissoziation oder den Verlust von Grenzen unseres physischen Selbst beraubt?

- Wie beanspruchen wir erneut unser Geburtsrecht, uns geerdet und zentriert zu fühlen, Verbindung und Mitgefühl zu empfinden, Zugang zu haben zu allen Aspekten unserer Menschlichkeit und unserer geistigen Natur?

Ich habe gelernt, dass wir einen Schlüssel zur Beantwortung dieser Fragen finden können, wenn wir die Grundmuster der eigenen frühen Beziehungen (und jener der anderen) mitfühlend verstehen, dann bestimmte Eingriffe vornehmen und/oder maßgebliche korrigierende Erfahrungen machen, indem wir die Bindungstheorie in die Praxis umsetzen. Das Verständnis für den Wert der Bindungstheorie in der Paartherapie, in der individuellen Heilung durch Therapie sowie zwischen bereitwilligen Partnern oder Elternteilen, die für die Weisheit jener Theorie offen sind, ist wirklich revolutionär und unglaublich effizient.

Dieses Buch zielt darauf ab, Ihnen hierbei zu helfen, indem Sie Ihre eigene frühe Geschichte der Bindungen aufdecken, die verschiedenen Bindungstypen verstehen und sich auf praktische Methoden besinnen, um die durch Bindungen verursachten Wunden zu heilen. Es geht also um ein tiefes Eintauchen in unser menschliches Vermögen, wahre, bereichernde Verbindungen einzugehen. Insbesondere werden wir untersuchen, wie jene Wunden unsere Beziehungen als Erwachsene beeinflussen und wie wir die Fähigkeit verbessern können, uns an sicheren Bindungen zu erfreuen, ganz gleich, welche Art von Kindheitserfahrungen wir genossen oder ertragen haben. Durch diese Arbeit werden Sie lernen, was notwendig ist, um tiefe und dauerhafte intime Beziehungen aufzubauen.

•••

Seien wir ehrlich: Das Leben ist manchmal ziemlich hart. Wer auch immer wir sind – wir alle treffen zwangsläufig auf Herausforderungen und Notlagen, die sich unserer Kontrolle entziehen. Wenn Sie nur lange genug auf diesem Planeten wandeln, werden Sie mit irgendeiner Art von Missstimmung oder Verlust, Misshandlung oder Scheidung, Krankheit oder Autounfall, Umweltkatastrophe oder Krieg – oder was dergleichen sonst noch geschehen mag – konfrontiert worden sein. Bisweilen sind diese Ereignisse so überwältigend, dass wir nicht einmal auf sie reagieren können. Solche Vorkommnisse sind nicht zu vermeiden, sondern bilden nur einen Teil dessen, was unser Menschsein ausmacht. Und um das Ganze noch komplizierter zu machen, belegen seit einiger Zeit epigenetische Studien, dass wir in gewisser Hinsicht die Mühen und Kämpfe unserer Vorfahren erben. Auf die eine oder andere Weise werden wir durch all das beeinflusst, was unsere Großeltern, Urgroßeltern und ihre Ahnen erfahren und erlitten haben. Zugleich aber sind wir auch die Frucht ihrer Widerstandsfähigkeit, also ihrer Resilienz: Im Lauf der Zeitalter und unserer Evolution als Spezies haben wir Menschen Entbehrungen hinnehmen müssen und unser Bestes getan, um sie zu ertragen und zu überleben.

Das Leben kann uns also widrige Umstände präsentieren, aber dies ist nicht unser Fehler. Es ist einfach so, was wiederum bedeutet, dass Sie sich nicht schuldig zu fühlen brauchen, als wären allein Sie verantwortlich. Es gibt für jeden von uns zahllose Möglichkeiten, traumatisches Leiden zu erfahren; und die meisten haben nichts damit zu tun, wie wir unser Leben verbringen oder welche Art von Person wir sind. Das ist die schlechte Nachricht.

Aber es gibt auch eine gute: Wir können etwas dagegen tun. Wir alle besitzen von Geburt an die erstaunliche Fähigkeit, zu überleben, zu gesunden und zu gedeihen, was genau der Grund ist, warum wir es überhaupt so weit gebracht haben. Dafür sind wir geschaffen.

Bevor wir nun fortfahren, möchte ich klarstellen, was hier mit dem Begriff »Trauma« gemeint ist, ohne allzu sehr ins fachwissenschaftliche Detail zu gehen: Das Trauma ist die Folge eines Ereignisses, das Sie durchleben, auf das Sie aber kaum Einfluss haben. Manchmal – etwa bei schlimmen Unfällen – bleibt Ihnen nicht einmal die Zeit, sich für den Aufprall zu wappnen. Solche Geschehnisse übersteigen Ihre Fähigkeit, angemessen zu reagieren, was dazu führen mag, dass Sie das Vertrauen in Ihre Gefühle und Gedanken, ja sogar in Ihren Körper verlieren. Dergestalt ist das Trauma eine Form von furchtbarer Angst, Kontrollverlust und tiefer Hilflosigkeit.

Außerdem habe ich angefangen, traumatische Erfahrungen in Zusammenhang mit *Verbindungen* zu sehen. Das Thema der »zerbrochenen Verbindung« ist in meiner Arbeit über die Jahre ständig aufgetaucht: zerbrochene Verbindung zu unserem Körper, zu unserem Selbstgefühl, zu unseren Mitmenschen, zumal jenen, die wir lieben, zerbrochene Verbindung zu dem Gefühl, auf dem Planeten geerdet oder zentriert zu sein, zu Gott, zur Urquelle, zur Lebenskraft, zum Wohlbefinden oder wie immer wir unseren angeborenen Sinn für Spiritualität, offenherzige Bewusstheit und dem Dasein gegenüber beschreiben oder empfinden. Dieses Thema war und ist in meiner Arbeit derart vorherrschend, dass »zerbrochene Verbindung« und »Trauma« für mich fast zu Synonymen geworden sind.

Wenn das Trauma uns heimsucht oder wir viele Beziehungswunden davongetragen haben, mögen wir uns völlig losgelöst fühlen – als wären wir ein winzig kleines Ich, das abgekapselt und mutterseelenallein ist, getrennt von jedem und allem anderen. Meines Erachtens ist es unsere Aufgabe, jene eingebildete Blase platzen zu lassen oder zumindest Brücken zu schlagen zu Menschen, die uns am Herzen liegen. Anscheinend haben unbewältigte Traumata zu einer flächendeckenden Epidemie von Einsamkeit und Leiden geführt, und das nicht nur in unserem Land. Der Beweis für diese Art von weltweitem Schmerz ist jederzeit vorhanden, sobald man die Nachrichten einschaltet. Zum Glück aber ist das nicht die ganze Geschichte. Wir können gesund werden und uns ändern. Wir alle sind imstande, zu genesen und die durchtrennten Verbindungen wiederherzustellen: zu uns selbst, zu anderen, zum Planeten Erde oder zu dem, was alles zusammenhält.

Doch das können wir nicht allein bewerkstelligen. Zunächst einmal können wir in der Isolation nicht genesen. Wir *brauchen* andere Menschen. Stan Tatkin, klinischer Psychologe, Autor, Vortragsredner und Entwickler des *Psychobiological Approach to Couple Therapy* (PACT, »Psychobiologische Methode zur Paartherapie«), erklärt zusammen mit seiner Frau Tracey Boldemann-Tatkin, dass wir in der Beziehung leiden und in der Beziehung heilen.[2] Die Gegenwart der uns nahen Personen bewirkt selbst in den schlimmsten Situationen einen Unterschied. Um nur eine Studie unter Tausenden zu erwähnen: Ein Krankenhaus in Illinois wies nach, dass Komapatienten schneller gesund wurden, wenn sie die Stimmen ihrer Familienmitglieder hören konnten.[3] Ob wir es wollen oder nicht: Wir alle unternehmen diese verrückte und verblüffende menschliche Reise gemeinsam.

Unsere Kultur mag uns in der Auffassung bestärken, wir seien sozusagen Einzelkämpfer, doch weiter kommen wir nach der Devise: »Gemeinsam sind wir stark.« Sie ermöglicht uns, mit Freunden, Kindern, Partnern, Eltern, Geschwistern und allen übrigen Person, die wir kontaktieren – auch Fremden –, einen gesunden Beziehungsraum zu pflegen.

Interessant finde ich eine weitere Studie, in der die physiologischen Reaktionen von Menschen gemessen wurden, die einen steilen Abhang hinaufkletterten. Sie reagierten am stärksten auf Bedrohungen, als sie allein waren, viel schwächer, wenn ein Fremder sie begleitete, und fast gar nicht mehr, sobald sie mit jemandem gingen, dem sie sich verbunden fühlten.[4] Darüber hinaus gibt es unzählige andere Studien, die zum gleichen Schluss kommen: Gehirn und Nervensystem sind nicht voneinander getrennt, sondern miteinander verbunden und sozial orientiert. Im Kern sind wir gesellschaftliche Wesen, reguliert durch die Verbindung mit anderen Menschen.

Natürlich regulieren wir uns auch selbst; und zu lernen, wie man ein Leben lang für sich Sorge trägt, ist von grundlegender Bedeutung. Doch in diesem Buch beschäftigen wir uns insbesondere damit, wie sich das Nervensystem anfangs entwickelt. Idealerweise wachsen Kinder mit Bezugspersonen auf, die als »führende Regulatoren« im Haushalt dienen.[5] Die Eltern regulieren sowohl sich selbst wie auch einander als Paar und Erziehungsteam. Mehr noch, sie schaffen zu Hause eine regulierende Umgebung, die allen Beteiligten zugutekommt, besonders den Kindern. Die Art von regulierender Umgebung, die uns in früher Kindheit zuteilwird, hat einen wesentlichen Einfluss darauf, wie wir während unseres gesamten Lebens die Welt betrachten und mit anderen interagieren. Wenn wir zum Beispiel von einem ausgeglichenen, achtsamen und liebevollen Menschen gehalten, gestillt und gewiegt werden und unser Körper dadurch mehr Lebendigkeit, Entspannung oder Wohlbehagen empfindet, prägen sich diese Qualitäten und regulierenden Eindrücke mittels impliziter, unbewusster Erinnerung unserem Nervensystem und unserem Körper ein.

So lernt das Nervensystem durch den direkten Empfang von Informationen seitens der Bezugspersonen mitzuregulieren, und diese Regulation bestimmt darüber, wer wir auf neurologischer Ebene sind. Wir brauchen den Haut-zu-Haut-Kontakt, liebevolle Blicke und Lächeln, rhythmische Kommunikation von Herzschlag zu Herzschlag. Leider werden wir jedoch in frühem Alter auch durch weniger ideale Umstände leicht beeinflusst. Wenn man nicht mit der beschriebenen Form von mitfühlendem Austausch aufgewachsen ist, weist das Nervensystem an der Stelle, wo die interaktive Regulation stattfinden sollte, eine Lücke auf, weshalb es mit den Jahren schwieriger wird, anderen zu vertrauen, sie um Hilfe zu bitten oder überhaupt nur daran zu denken, dass man bei Bedarf eine Bitte äußert. Wenn die Bindung gestört ist, wird ein Kind oft nicht nach der menschlichen Nähe suchen, die es braucht, um sich sicher zu fühlen. Wie sich herausstellt, können wir weitaus autonomer sein, wenn wir uns auf ein Netzwerk verlassen, das uns unterstützt. Dadurch sind wir in der Lage, die erforderlichen Lebens- und Sozialkompetenzen zu erwerben, sie einzuüben und schließlich im Alltag auszuprobieren, während wir unsere Gaben erforschen und zum Ausdruck bringen. Zwar ist die Zeit des Alleinseins für viele Menschen enorm wichtig, aber allzu häufig halten wir die anderen und die Welt von uns fern aus Angst vor Kritik, Ablehnung, Scham, Demütigung – oder einfach weil wir befürchten, Fehler zu machen. Dabei wäre gerade dies sinnvoll, wie ich es einmal in einem Vortrag hörte: »Ich habe aus meinen Fehlern sehr viel gelernt; ich halte es für eine großartige Idee, hinauszugehen in die Welt und noch ein paar mehr zu machen!«

Sowohl Selbstregulation als auch Koregulation sind im Lauf unseres gesamten Lebens notwendig und vorteilhaft. Etliche unter uns haben sich Methoden angeeignet, um ihr eigenes Nervensystem zu regulieren – durch Yoga, Meditation, Atemtechniken, körperliches Training –, und ich möchte deren Bedeutung und Nützlichkeit keineswegs schmälern. Sich in seiner Haut wohlzufühlen und über die entsprechenden Mittel zu verfügen, die zur Entspannung verhelfen, ist wirklich großartig, doch zu lernen, wie man sich in Gegenwart anderer sicher fühlt, ist revolutionär. Wenn Ihr Nervensystem mit Menschen koregulieren kann und Sie sich sicher, ausgelassen und entspannt fühlen, können Sie einen stärkeren Sinn für sichere Bindung entwickeln und deren tiefgründige Belohnungen genießen, ungeachtet dessen, in welcher Umgebung Sie aufgewachsen sind. Daher betrachte ich das *Zusammensein mit anderen* als eine Form von »Ko-Achtsamkeit«. Wir beziehen die anderen in unsere Meditation, unsere Übung und unsere umfassende Reise zur Heilung mit ein, und sie tun das Gleiche mit uns. Die jeweiligen Ergebnisse unterscheiden sich natürlich, aber die Forschung zeigt, dass wir alle besser abschneiden, wenn wir kooperieren.

Um gemeinsam zu genesen, müssen wir uns sicher fühlen. Gerade in intimen Beziehungen ist das Gefühl einer Bedrohung kontraproduktiv, um Probleme zu lösen (ganz zu schweigen davon, dass es in mehrfacher Hinsicht nicht wünschenswert ist). Sobald wir uns bedroht fühlen, fällt es uns immer schwerer, Zugang zu jenen Bereichen im Gehirn zu finden, die auf Selbsterkenntnis ausgerichtet sind und darüber hinaus der Verbindung zu anderen dienen. Behalten Sie all das im Kopf, während wir zusammen weiter voranschreiten. Versuchen Sie, sich in Ihren Beziehungen sicher zu fühlen, und vergessen Sie nicht, andere zu unterstützen, damit sie sich ebenso fühlen. Seien Sie offen für neue Möglichkeiten, zu gesunden und zu regulieren – sowohl durch eigene Bemühung wie mithilfe der anderen. Das wird tiefere Verbindungen begünstigen und transformatorische Intimität fördern.

Sie werden feststellen, dass dies ein Handbuch ist, das eine Fülle von Vorschlägen und Übungen enthält. Deshalb möchte ich hier die folgende kurze Visualisierungsübung anbieten, damit wir einen ersten Schritt tun.

Bei allen Übungen empfehle ich Ihnen, die Anleitungen zunächst durchzulesen, ehe Sie sie in die Praxis umsetzen. Längere Übungen können Sie auch mehrfach durchlesen, um sich die wesentlichen Elemente zu merken, bevor Sie sie ausführen. Eine gute Methode ist es, sie auf einen Tonträger aufzunehmen, um sich während der Ausführung dann von Ihrer eigenen Stimme leiten zu lassen. Oder aber eine vertraute Person oder Ihr Partner liest sie Ihnen vor.

Sollten Sie den Eindruck haben, durch den Inhalt einer Übung überfordert zu werden, lassen Sie sie zunächst aus und kehren zu ihr zurück, sobald Sie sich stärker fühlen. Bemühen Sie sich dabei gegebenenfalls um die Unterstützung Ihres Partners, eines guten Freundes oder erfahrenen Therapeuten, ganz wie Sie möchten.

ÜBUNG WER HILFT IHNEN, SICH SICHER UND ENTSPANNT ZU FÜHLEN?

Nehmen Sie sich einen Moment, um über all die Menschen in Ihrem Leben nachzudenken, bei denen Sie sich sicher und entspannt fühlen. Vielleicht ist es Ihr Ehepartner, ein Elternteil, Ihre Großmutter oder Ihr Großvater, ein Kind, ein Freund, ein Therapeut, vielleicht ein Fremder, dem Sie in einem Workshop begegnet sind, oder sonst eine für Sie wichtige Person. Es mag sogar Ihr bevorzugtes Haustier sein. Wer immer es ist – Sie können mit diesem Gegenüber festen Boden unter den Füßen finden und sich wirklich wohlfühlen. Sie brauchen nicht jeden Menschen zu visualisieren, der Ihnen in den Sinn kommt, wählen Sie einfach einen oder zwei aus. Wenn niemand der Beschreibung entspricht, ist auch das in Ordnung. An späterer Stelle werde ich darlegen, was in diesem Fall zu tun ist. Doch wenn Ihnen sofort jemand einfällt, dann stellen Sie sich ihn oder sie so genau wie möglich vor. Spüren Sie, wie es ist, mit diesem Wesen zusammen zu sein. Welche Empfindungen regen sich in Ihrem Innern? Wo genau nehmen Sie diese in Ihrem Körper wahr? Nehmen Sie sich Zeit, um die Übung auszuprobieren, und überlassen Sie sich jedem Gefühl von Präsenz und Entspannung, das sich bemerkbar macht.

Kehren wir zurück zu der vorher geschilderten positiven Koregulation, bei der ein Säugling auf liebevolle und wohltuende Weise gehalten wird. Gemäß diesem idealen Szenario (das viel zu wenige von uns erleben) wächst das Kind in einer prosozialen Familie auf, die Schutz, Anwesenheit, Spiel, Beständigkeit und Empfänglichkeit wertschätzt. Wann immer es Töne von sich gibt, die Hand ausstreckt oder in die Gesichter seiner Bezugspersonen schaut, erwidern diese den Blick so, dass das Kind weiß: Es ist etwas Besonderes. Liebe ist fühlbar. Die Bezugspersonen knuddeln das Kind, spielen mit seinen süßen kleinen Fingern und Zehen und berühren es in einer Weise, dass es im tiefsten Innern begreift: Ich bin in Sicherheit. Von frühestem Alter an erkennt das Kind, dass es einen gewissen Einfluss auf die Welt hat, denn sobald es schreit, geschieht etwas Gutes. Noch bevor es über die Wörter verfügt, grundlegende Bedürfnisse und Gefühle auszudrücken, reagiert jemand – ob Mutter, Vater oder ein anderer –, und so vertraut das Kind allmählich auf ein liebevolles, verlässliches Gegenüber, das es zu verstehen und seine Bedürfnisse zu stillen sucht.

In einer wirklich idealen Situation wird alles noch besser. Die Bezugspersonen beschützen das Kind nicht nur, sondern sind auch da, wenn es nicht optimal reagiert, fühlt oder spricht. Was immer in der Erfahrung des Kindes zum Vorschein kommt – Glück, Kummer, Verwirrung, Aufregung oder Wut: Seine Eltern sind auf liebevolle und empfängliche Weise stets gegenwärtig.

Natürlich bezeichne ich das als *ideale* Situation, weil unsere Kindheit so aussehen sollte. So wachsen wir auf mit sicherer Bindung, zu der wir nach John Bowlby, einem der Pioniere der Bindungstheorie, biologisch bestimmt sind. Tatsächlich sind wir programmiert, Bindungen mit anderen herzustellen und zu bewahren. Alle sozialen Säugetiere – einschließlich Menschen – wurden durch die Evolution gestaltet, um sie zusammenzuhalten und ihre Sicherheit zu gewährleisten, bis sie bereit sind, selbstständig in die Welt hinauszugehen und den Zyklus mit den eigenen Nachkommen fortzusetzen, die wiederum sichere Bindungen bei ihren Nachkommen fördern.

Wie wir wissen, läuft das oft nicht wie geplant. Doch unter den Narben und falsch erlernten Verhaltensweisen tragen wir alle dieses Bindungssystem in uns, das auf Vertrauen und das Zusammensein mit geliebten Menschen abzielt. Und je öfter wir auf eine ideale Situation wie die hier geschilderte treffen, desto besser wird das uns innewohnende, auf sichere Bindung angelegte Grundmuster zur Entfaltung kommen. Es bildet sich im Körper auf somatische Weise und formt Nervensystem, Gehirn, ja sogar Gewebe und Muskeln.

Es gibt einen Begriff, den ich hier einführen möchte: Kontingenz. Seine Bedeutung weicht ein wenig ab von dem, was wir uns sonst darunter vorstellen mögen. In diesem Zusammenhang meint Kontingenz eine Beziehungserfahrung, bei der man sich vom Gegenüber verstanden fühlt. Sie spüren deutlich, dass diese Person gut zu Ihnen passt, dass sie mit Ihrer inneren Welt in Einklang ist, dass sie einfach weiß, wer Sie sind. Kurzum, Sie werden begriffen und fühlen sich wahrgenommen. Wenn Sie ihr eine Geschichte oder etwas über eine Ihrer Erfahrungen erzählen, merken Sie, dass sie Ihnen gefühlsbetont und sogar auf geistiger Ebene begegnet. Das ruft eine tiefe Empfindung von Verbundenheit hervor. Natürlich geschieht dergleichen zu selten, denn wenn wir mit anderen sprechen oder ihnen zuhören, sind wir meist nicht aufmerksam genug oder forschen nicht weiter nach, um dieses Gefühl von Kontingenz so zu stärken, dass es zum Ausdruck kommt.

Wichtige Randnotiz: Kontingenz bewirken Sie zum Beispiel durch erhellende Fragen, die Sie Ihrem Gesprächspartner stellen. Solche Fragen zeigen, dass Sie wirklich zuhören und darauf achten, ihn gründlich zu verstehen.

Als Neugeborene haben wir nicht viele Möglichkeiten, uns anders zu bekunden als durch Weinen. Manchmal tun wir das, weil wir offensichtlich ein Bedürfnis verspüren, etwa Hunger, oder wünschen, dass die Windel gewechselt wird. Aber Säuglinge weinen auch, um andere Bedürfnisse mitzuteilen. Ein idealer Elternteil oder Betreuer wird diesen Schreien Gehör schenken und herauszufinden versuchen, was jeder von ihnen bedeutet. Manchmal braucht das Baby ein Schläfchen, dann wieder will es hochgehoben und gehalten oder, im Gegenteil, in Ruhe gelassen werden. Doch entscheidend ist, dass die Bezugsperson zu *verstehen* sucht, was in dem Kind vorgeht. Dadurch kann es sich sicher und entspannt fühlen, vor allem wenn es ein Bedürfnis hat, das jene stillen kann.

Gemäß Daniel J. Siegel, klinischer Professor der Psychologie, Mitgründer und -direktor des *Mindful Awareness Research Center* an der University of California, sind wir »von Natur aus Detektoren der Kontingenz«.[6] Instinktiv wissen wir, wann jemand uns versteht und wann nicht. Unser Gehirn ist fein darauf eingestellt; es reagiert äußerst empfindlich sowohl auf Ungereimtheiten als auch auf Authentisches. Beispielsweise haben Sie bestimmt schon einmal die Erfahrung gemacht, dass Sie jemandem eine heikle persönliche Geschichte erzählten, worauf Ihr Gegenüber in etwa erwiderte: »Ah ja, ich verstehe. Ich weiß genau, was du meinst«, Sie aber die Unrichtigkeit dieser Aussage genau erkannten. Die andere Person glaubte vielleicht, Sie zu verstehen, doch Sie waren überzeugt, dass dies eigentlich nicht zutraf. Ist es nicht verblüffend, dass wir eine solche Unterscheidung treffen können? Wir wachsen auf mit diesem deutlichen Gespür, wann Leute uns verstehen und wann nicht. Das erscheint mir bemerkenswert.

In unseren erwachsenen Beziehungen sieht es so aus, als sollten wir weitaus mehr Mittel zur Verfügung haben als Säuglinge, denn wir können all die Worte benutzen. Doch leider sind wir nicht so gut darin, unsere Bedürfnisse zu artikulieren oder andere zu verstehen, wie wir denken. Bisweilen missverstehen wir einander und fühlen uns möglicherweise nicht nur uneins, sondern auch entfremdet, beschämt oder angegriffen – oder verleiten unabsichtlich andere, sich so zu fühlen. Deshalb ist die Bemühung entscheidend, empfänglicher füreinander zu werden und wirklich zu begreifen, worüber die andere Person spricht. Für Erwachsene ist es enorm wichtig, Kontingenz zu finden, unabhängig davon, ob wir einen Augenblick des Kummers und Leidens oder des Glücks und Vergnügens miteinander teilen. Dieses Gefühl von Einklang und Widerhall ist äußerst förderlich.

Vieles von dem, was in unseren erwachsenen Beziehungen zu geschehen scheint, stammt direkt aus der Geschichte unserer frühen Bindungen. Das Verständnis dafür wird dazu beitragen, uns selbst und andere mit mehr Mitgefühl zu betrachten, weil wir erkennen, dass unsere Beziehungsmuster zum Großteil mehr mit unserer kindlichen Erziehung als mit den Unzulänglichkeiten unseres gegenwärtigen Lebenspartners zu tun haben. Seinetwegen sollten wir uns die Zeit nehmen, mit ihm in Resonanz zu treten, und die grundlegende Erfahrung der Kontingenz begünstigen. Außerdem ist es wichtig, gezielt einige gute Menschen zu finden, die das Gleiche unseretwillen leisten, denn gerade das sind jene Beziehungen, in die wir am meisten investieren möchten. Wie Brené Brown, Professorin an der University of Houston, empfiehlt, sollten wir Ausschau halten nach den Menschen, die es verdienen, unsere Geschichten zu hören.[7] Sie meint, es gebe vielleicht nur wenige Personen in unserem Bekanntenkreis, bei denen wir darauf vertrauen können, dass sie unsere Geschichten mit Respekt behandeln, unsere Verletzlichkeit würdigen und imstande sind, unseren Mitteilungen authentisch zu begegnen.

Als ich entdeckte, wie bedeutsam Kontingenz ist, führte ich in meinen Beziehungen eine Art privaten Flohmarkt durch: Ich identifizierte die Personen mit dem größten Entwicklungspotenzial und beschloss, ihnen mehr Kraft zu widmen. Zugleich wählte ich jene aus, denen ich weniger Kraft widmen würde, weil sie offenbar weder genügend Unterstützung boten noch fähig waren, mich innerlich zu stärken. Ich schlage Ihnen nicht vor, ebenso zu verfahren, ermuntere Sie aber, dafür zu sorgen, dass Ihr persönliches Umfeld solide und zuträglich ist. Interessieren Sie sich mehr für Menschen, die sich sicher fühlen, die verfügbar sind und einfühlsam reagieren. Treffen Sie eine kluge Wahl. Das heißt nicht, Konflikte zu vermeiden, sondern sich auf Menschen zu besinnen, mit denen Sie gegebenenfalls Unstimmigkeiten klären können – auf Beziehungen, die unvermeidliche Meinungsverschiedenheiten und Enttäuschungen überstehen und dadurch schließlich stabiler wie auch flexibler werden. Es heißt nämlich zu Recht, mit *wem* man seine Mahlzeit einnehme, sei wichtiger, als *was* man esse oder *wie* man seine Übungen mache. Wenn es darum geht, sich an gesunden Beziehungen zu erfreuen und in die eigene sichere

Bindung allmählich hineinzuwachsen, kommt es in der Tat darauf an, mit wem man sich im Leben umgibt.

Nun gut, versuchen wir, diese Vorstellung in die Praxis umzusetzen. Die folgende Übung ähnelt in gewisser Weise jener ersten zuvor, ist aber ein bisschen konkreter.

ÜBUNG EINE KONTINGENTE ERFAHRUNG WACHRUFEN

Bitte rufen Sie sich eine bestimmte Erfahrung ins Gedächtnis zurück, bei der Sie sich inmitten einer Versammlung von Menschen ähnlicher Gesinnung oder einer Gemeinschaft von verwandten Seelen fühlten – eine Zeit, in der Sie sich außergewöhnlich geschätzt oder verstanden fühlten. In der vorhergehenden Übung haben wir uns auf gewisse Personen konzentriert, hier aber sollen Sie sich an die Erfahrung selbst erinnern. Vergegenwärtigen Sie sich einfach, wie gut es sich anfühlt, tiefe Einsichten mit anderen zu teilen, jene seltenen Treffen von hellen Köpfen und verwandten Seelen zu genießen, den Sinn für wesentliches Verstehen und Verbundensein zu empfinden.

In ihrem Buch *Die Macht der Liebe*[8] erklärt Barbara Fredrickson, dass diese Momente die Liebe an sich ausmachen, egal, wie lang sie dauern und mit wem Sie sie verbringen. Nehmen Sie sich so viel Zeit wie nötig, um diese Art von Erfahrung vor dem inneren Auge Revue passieren zu lassen. Verinnerlichen Sie das Gefühl nach besten Kräften. Wie war es, verstanden und wahrgenommen zu werden? Was bemerken Sie dabei am deutlichsten auf der emotionalen Ebene oder in Ihrem Körper? Lassen Sie die Tiefe des Einklangs in all seinen Nuancen auf sich wirken. Was fällt Ihnen am meisten auf? Kommt etwas Neues zum Vorschein, was Sie vorher nicht bedacht haben? Wie war das für Sie damals, wie ist es für Sie heute?

Eine Einführung in Bindungstypen

Das menschliche Bindungssystem stellt einen inhärenten, biologischen und natürlichen Prozess dar, der unser gesamtes Verhalten betrifft, zumal wenn es um die Beziehungen zu anderen geht. Obwohl wir hier vor allem der *sicheren* Bindung nachspüren, ist es wichtig hervorzuheben, dass sich – evolutionsgeschichtlich gesehen – jeder Bindungstyp, mit dem wir heutzutage leben, entwickelte, um uns zu beschützen. Selbst unsichere Bindungsmuster sollen uns helfen, gefährliche Situationen zu überleben, und keiner dieser Typen ist unveränderlich in Stein gemeißelt. In den nächsten vier Kapiteln wird jede der vier Anpassungsformen gründlich untersucht, und es werden Methoden aufgezeigt, damit zu arbeiten. Doch zunächst folgt ein kurzer Überblick, um uns auf die Thematik vorzubereiten:

Sichere Bindung: Das ist der Bindungstyp in einer idealen Situation, wie sie zuvor beschrieben wurde. Menschen mit sicherer Bindung wuchsen gewöhnlich auf mit viel Liebe und Unterstützung von durchweg empfänglichen Bezugspersonen. Als Erwachsene stehen sie mit anderen im wechselseitigen Verhältnis und stellen zu ihnen gesunde, fruchtbare Beziehungen her. Sie fühlen sich wohl, ob in der Verbindung oder allein, können flexibel denken, zahlreiche Möglichkeiten wahrnehmen, kommen mit Differenzen klar und lösen Konflikte ohne großes Drama. Sie sind fähig, die Liebe anderer anzunehmen und mühelos zu verzeihen.

Vermeidende Bindung: Menschen mit diesem Bindungstyp haben die Neigung, Intimität von sich fernzuhalten oder die Wichtigkeit von Beziehungen herunterzuspielen. Sie wurden immer wieder vernachlässigt: als Kinder zu oft allein gelassen, von ihren Bezugspersonen abgewiesen. Ihre Eltern waren nicht präsent genug (oder nur dann, wenn sie ihnen irgendeine Aufgabe stellten). Solche ausweichenden Personen haben ihr Bindungssystem teilweise unterbrochen, seine Funktionen gedrosselt. Daher ist es für sie äußerst wichtig, auf sichere und gesunde Weise wieder die Verbindung zu anderen zu knüpfen.

Ambivalente Bindung: Menschen mit ambivalenter Bindung machen sich häufig Sorgen darüber, ob ihre Bedürfnisse gestillt werden oder ob sie sich als geliebtes beziehungsweise liebenswertes Wesen sicher fühlen können. Ihre Eltern mögen ihnen Liebe entgegengebracht haben, aber in der Kindheit wussten sie nie, wann jene sich ablenken lassen oder ihnen gar den Teppich unter den Füßen wegziehen würden. Ihre Fürsorge war nicht vorhersehbar und erfolgte auffallend unregelmäßig. Meist sind diese Menschen überaus wachsam, was erlittene Kränkungen in der Beziehung oder jederlei Andeutung betrifft, sie könnten verlassen werden, wodurch sich ihr Bindungssystem fast ständig in Alarmbereitschaft befindet. Da sie die drohende Unausweichlichkeit des Verlassenseins ahnen, das ihrer Überzeugung nach auch eintreten wird, sind sie oft traurig, enttäuscht oder wütend auf alles, was in ihren erwachsenen Beziehungen tatsächlich passiert. Für ambivalente Personen haben Beständigkeit und Bestätigung höchste Priorität.

Desorientierte Bindung: Dieser Bindungstyp ist durch ein Übermaß an Angst gekennzeichnet, und das Bindungssystem steht im krassen Widerspruch zu dem Instinkt, Bedrohungen heil zu überstehen. Wenn ein Kind angespannt, krank oder verängstigt ist, sucht es naturgemäß Trost und Schutz bei einem liebevollen Elternteil. Aber was macht es, wenn ebendieser Elternteil eine Quelle der Angst und des Kummers ist? Menschen mit desorientierter Bindung können in einer Bedrohungsreaktion stecken bleiben und/oder ohne deutlich erkennbares Muster zwischen Vermeidung und Ambivalenz schwanken. Oft leiden sie an psychischer und physischer Verwirrung. Desorientierte Eltern fürchten sich womöglich vor ihren eigenen Kindern. In der Kindheit betrachteten sie ihre Eltern als Bedrohung, oder diese verbreiteten aufgrund ihres unbewältigten Traumas eine Atmosphäre der Angst und des Schreckens. Desorientierte Personen sind häufig emotional fehlreguliert, plötzlichen Stimmungswechseln unterworfen, innerlich gespalten und abwesend. Da sie schon auf die geringste Störung empfindlich reagieren, ist es in ihrer Lage das Wichtigste, wieder einen ausgeprägten Sinn für Regulation und relative Sicherheit zu entwickeln.

Während wir die verschiedenen Bindungstypen überdenken, lade ich Sie ein, genauer herauszufinden, inwieweit jene mit Ihrer eigenen Erfahrung und der Ihrer Partner, Eltern, Kinder, Freunde übereinstimmen. Versuchen Sie, Ihre Neugier auf die geschilderten Abläufe zu wecken, und bleiben Sie so spielerisch und offen wie möglich. Beachten Sie bitte, dass es sich hier wie gesagt nicht um starre Kategorien handelt und dass man eine Mischung von mehreren Bindungstypen aufweisen kann. Vielleicht erkennen Sie sich in den Aussagen zur sicheren Bindung wieder, aber ein Teil von Ihnen neigt zur Vermeidung, während ein anderer ambivalent scheint. Oder Sie sind situationsbedingt desorientiert und werden unter einer bestimmten Art von Druck ausgesprochen ängstlich.

Gewiss ist Ihnen bereits klar, dass unterschiedliche Beziehungen unterschiedliche Eigenschaften, Gefühle und Reaktionen in Ihnen hervorrufen. Zahlreiche Variablen sind in Betracht zu ziehen, und das Ziel besteht keineswegs darin, sich selbst und andere in Kategorien zu pressen, die nicht immer zutreffen. Vielmehr geht es um die Einsicht, dass Ihre bestimmenden Verhaltensmuster fließender und beherrschbarer werden können. Ich hoffe, dass Sie jede bestehende Form von Selbstkritik und Verurteilung umso mehr loslassen, je gründlicher Sie sich selbst und jene Anpassungen erkennen. Voller

Mitgefühl machen wir einen Anfang, egal, wo wir gerade stehen, setzen uns dafür ein, die inneren Wunden nach besten Kräften zu heilen, und steigern dabei unsere Fähigkeiten, sichere Bindungen einzugehen.

Da unser Interesse an Bindungstypen in hohem Maße mit Liebesbeziehungen zu tun hat, erscheint es mir wichtig zu betonen, dass unser Bindungssystem stets aktiv ist. Wenn wir jemanden mit der Zeit besser kennenlernen, vielleicht im Rahmen einer Partnersuche, wenn wir zunehmend von diesem Menschen abhängen und auch er immer stärker auf uns angewiesen ist, werden wir füreinander zur wichtigsten Bindungsfigur. Es dauert eine Weile, bis wir ihn neurologisch als relativ festen Bestandteil unseres Lebens anerkennen. Durch die frühen Phasen romantischer Beziehungen gleiten wir mit einer gewissen Euphorie, die bezaubernd, kraftspendend und aufregend wirken kann. Das kommt teilweise daher, dass wir den Rausch des biochemischen Cocktails verspüren, der dazu dient, die Anziehung zum Gegenüber aufrechtzuerhalten. Leider übersehen wir (oder ignorieren gar) in diesem Zustand einige wichtige Warnsignale hinsichtlich unseres Partners. Wie der Volksmund weiß: »Liebe macht blind.« Deshalb rate ich, weitreichende Entscheidungen über die Beziehung erst zu einem späteren Zeitpunkt zu treffen, nachdem die Konzentration von Oxytocin, Vasopressin und anderen chemischen Stoffen ein wenig schwächer geworden ist.

Außerdem empfehle ich Ihnen, Ihre vergangenen Beziehungen ins Auge zu fassen, um sie im Nachhinein einer Prüfung zu unterziehen. Haben Sie bei Ihrem Partner ab einer gewissen Phase eine Verschiebung der Wahrnehmungen und Vorstellungen festgestellt? Hat sich irgendwann zwischen dem ersten und zweiten Jahr etwas Wesentliches verändert? Dieses Phänomen lässt sich nicht immer leicht zurückverfolgen, denn vieles von dem, was geschah, ist inzwischen verinnerlicht und größtenteils unbewusst. Aber ich denke, die meisten von uns sind dennoch in der Lage, mit einigem Abstand wichtige, scheinbar aus dem Nichts aufgetauchte Veränderungen in den Beziehungen zu erkennen und einzuordnen.

Kognitive Entwicklung, Gehirnforschung und Bindungstheorie

Natürlich kommen unsere Erfahrungen nicht aus dem Nirgendwo. Um besser zu verstehen, wie tiefgreifend wir beeinflusst werden von Umständen und Ereignissen, die sehr früh in unserem Leben geschehen, wollen wir einen kurzen Blick auf die Wissenschaft und ihre Erklärung der Funktionsweisen von Nervensystem und Gehirn werfen.

In den frühesten Lebensphasen saugen wir alles auf, was um uns herum passiert, insbesondere die ständigen Informationen von den Menschen, die die Verantwortung tragen, für uns zu sorgen. Etwa in den ersten eineinhalb Lebensjahren besitzen wir nicht die kognitiven Fähigkeiten, die notwendig sind, um aus irgendeiner dieser Mitteilungen eine Geschichte zu formen. Es findet nur eine fortwährende Verschmelzung von Bildern, Gefühlen, Ereignissen, Farben und Empfindungen statt, die nicht in unser bewusstes Gedächtnis eingeht, sondern ins *implizite* oder »noch unbewusste« *Gedächtnis*. Es ist, als würden Körper, Geist und Seele als ein ununterbrochen laufendes Tonbandgerät zusammenwirken, das alles aufzeichnet, was uns widerfährt. Doch in so jungem, beeinflussbarem Alter verfügen wir über kein Mittel, das Band zurückzuspulen und den Aufnahmen irgendeine Art von Sinn zu geben. Die meisten Menschen können diese sehr frühen Erinnerungen nicht abrufen, wohl aber deutlich wahrnehmen, wann sie ausgelöst werden. Oft sind wir imstande, Empfindungen, Handlungen oder Gesten zurückzuverfolgen, die wichtige Ereignisse in unserem impliziten Gedächtnis offenbaren, sie durch erhöhte Aufmerksamkeit ans Licht bringen und dadurch mehr Möglichkeiten für unsere Weiterentwicklung und Heilung schaffen.

Diese frühen Erfahrungen bleiben in unserem impliziten Gedächtnis, weil unser Gehirn zu der Zeit, als sie sich einprägten, noch nicht voll entwickelt war. Mit dem Älterwerden erlangen wir öfter Zugang zum *Hippocampus,* einem Teil des Gehirns unterhalb der Hirnrinde, der mit unserem Bewusstsein von Zeit und Raum in Zusammenhang gebracht wird. Der Hippocampus entwickelt sich allmählich während der ersten achtzehn Monate unseres Lebens, doch bis dahin können wir eine Erfahrung weder im Raum festmachen noch der Vergangenheit, Gegenwart oder Zukunft zuordnen. Sowohl die mit der Bindung wie jene mit dem Trauma assoziierten Gedächtnisinhalte sind häufig eingebettet in einen schnellen Lernkreislauf, in dem die Dinge derart rasch in unserer Erfahrung geschehen, dass sie den Hippocampus gänzlich überspringen. Im Fall der frühen, auf Bindung bezogenen Erinnerungen ereignet sich dieser Prozess einfach deshalb, weil der Hippocampus noch nicht entwickelt ist. Mit dem Trauma passiert das Gleiche, denn die Erfahrung ist so bestürzend intensiv und abrupt, dass unser Nervensystem nicht damit fertig wird, weshalb sie dann jene höherfunktionalen Bereiche des Gehirns umgeht, die eine Integration ermöglichen würden.

Obwohl die Entwicklung des Hippocampus einige Zeit beansprucht, kommt Ihr Gehirn ziemlich gut vorbereitet in diese Welt. Es wird sozusagen »dick geboren« und hat Unmengen überschüssiger Zellen – zusätzliches Potenzial – für den Fall, dass man sie einmal braucht. Auf solche Weise ist das Gehirn gut veranlagt, denn so gestaltet kann es sich aller möglicher Szenarien annehmen. Wenn Sie in einer prosozialen Familie aufwachsen, in der Menschen wirklich präsent sind, sich spielerisch verhalten, Schutz und Sicherheit bieten, klammert Ihr Gehirn einige der auf Abwehr eingestellten Hirnbereiche aus, mit denen Sie geboren wurden, und betont stattdessen die eher relationalen Aspekte. Das heißt, Sie werden Ihr Umfeld wahrscheinlich weniger nach Gefahren absuchen, nicht chronisch überwachsam sein, ständig bereit, eine Bedrohungsreaktion zu zeigen. Generell wachsen Sie heran im Vertrauen auf andere Menschen und erwarten in Ihren Beziehungen Zuversicht und Entgegenkommen.

Demgemäß sind die Teile Ihres Gehirns, die mit sicherer Bindung zusammenhängen, stark ausgebildet, hoch entwickelt und leicht zugänglich.

Aber was spielt sich ab, wenn Sie nicht in einer idealen Situation groß werden? Vielleicht sind Sie in einem Kriegsgebiet zur Welt gekommen, Ihre Eltern sind suchtkrank, oder ein Elternteil ist schwer depressiv. Oder Ihre Bezugsperson verletzt Sie tief und flößt Ihnen Furcht ein. Oder sie hat ihr eigenes Trauma nicht verarbeitet und geht verängstigt und unerreichbar durchs Leben. Dann klammert Ihr Gehirn jene Bereiche aus, die sichere Bindungen unterstützen, und verstärkt seine defensiven Strukturen. Um Ihre Situation zu bewältigen und der überall lauernden Gefahr zu begegnen, neigen Sie zu übertriebenen Bedrohungsreaktionen. Auf diese Weise wird das Gehirn aufgrund der ringsum herrschenden Beziehungen geformt, je nachdem, wie wir sie erfahren.

Natürlich ist das praktisch. Man erkennt die Intelligenz, die darin zum Ausdruck kommt. Wenn Sie mehr Schutz vor anderen brauchen, ist es angemessen, eine Art Radarsystem zu entwickeln, das die ersten Gefahrenzeichen aufspürt. Doch die Sache wird komplizierter, wenn Sie später im Leben auf sichere, förderliche Beziehungen stoßen. In der Kindheit passen wir alle uns an jedes Beziehungsumfeld an, in dem wir aufwachsen. Das ist uns meistens nur teilweise bewusst, aber in unserem Körper gespeichert, und dementsprechend treten wir mit anderen in Beziehung – nach Maßgabe unseres impliziten Gedächtnisses (auch »*prozedurales* Gedächtnis« genannt), das unsere sämtlichen Gedanken über die Welt prägt. Dies erklärt, warum wir uns manchmal in bestimmter Weise verhalten und Gefühle empfinden, die uns fehl am Platz oder schlecht angepasst erscheinen. Egal, welche Geschichten uns das *deklarative* oder *explizite* Gedächtnis über unsere frühen persönlichen Wechselbeziehungen erzählt – wenn wir ein Nervensystem haben, das in Reaktion auf wiederkehrende Bedrohungen geformt wurde, wird unsere Bedrohungsreaktion in späteren Jahren umso leichter ausgelöst. Aufgrund dieser frühen Prägung ist dann einige Arbeit vonnöten, um den Übergang zur sicheren Bindung zu vollziehen. Und wenn wir tatsächlich erschüttert sind, verfallen wir womöglich in Angststarre, bewegen uns nicht mehr und sind außerstande, zu sprechen oder zu hören. So hat das Trauma eine tiefgreifende Wirkung auf unser soziales Verhalten – unser »soziales Engagement«, wie der Universitätsprofessor und Entwickler der *Polyvagal Theory* Stephen Porges es nennt.[9]

Natürlich brauchen wir unsere Bedrohungsreaktion im täglichen Leben, um mit akuten Gefahren umzugehen. Nur sollten wir jene abschwächen, damit sie nicht zu oft übertrieben ist. Unser Ziel besteht darin zu lernen, wie man die Alarmzentrale im Gehirn – die *Amygdala* – beruhigt, und unseren mittleren präfrontalen Kortex zu aktivieren, was wiederum notwendig ist, um auf sinnvolle Weise mit anderen in Beziehung zu treten.

Gemäß dem Psychologen, Vortragsredner und Autor Rick Hanson, der sich mit der Verbindung von Neurowissenschaften und Achtsamkeit beschäftigt, neigt unser Gehirn deshalb ein wenig zu Angst und Bedrohung, weil seine wichtigste Aufgabe darin besteht, uns zu beschützen.[10] Das können wir auch positiv sehen. Für uns als Erwachsene, die Interesse daran haben, die Vorteile einer sicheren Bindung zu erlangen, bedeutet diese Neigung, dass wir all dem Guten, das uns zuteilwird, mehr Aufmerksamkeit schenken müssen. Daher verbringe ich mit meinen Klienten ausgiebig Zeit, um an korrektiven Erfahrungen zu arbeiten, und Sie werden viele davon in diesem Buch finden.

Es spielt keine Rolle, ob unser Nervensystem vorbereitet ist auf Bedrohung oder auf Sicherheit, denn unterhalb dieser ursprünglichen Strukturierung ist unser Gehirn mit *Neuroplastizität* ausgestattet. Mit anderen Worten: Sein Aufbau dient dazu, Weiterentwicklung und Anpassung zu ermöglichen. Demnach können wir unsere neuronalen Bahnen im Erwachsenenalter beeinflussen und in die Richtung sicherer Bindungen lenken. Wir sind von Grund auf zur Heilung bestimmt. Selbst wenn unsere Kindheit nicht ideal war, ist uns ein sicheres Bindungssystem biologisch einprogrammiert. Wir haben die Aufgabe, genauer herauszufinden, wodurch es beeinträchtigt wird, und zu lernen, was wir tun können, um gerade jene Neigungen zur Sicherheit stärker hervortreten zu lassen. Wir streben danach, unsere sicheren Bindungen freizulegen, sodass sie schließlich über jedes Beziehungstrauma oder jede Bindungsstörung triumphieren – oder dass wir zumindest psychisch widerstandsfähiger werden und schneller vom Kummer genesen.

Wir können nie völlig sicher sein, uns aber auf einen Zustand relativer Sicherheit zubewegen. Nie werden unsere Bedürfnisse ganz gestillt, und nie werden wir der perfekte Elternteil sein (noch ihn haben). Zum Glück ist das für eine tiefe und dauerhafte innere Heilung aber auch nicht notwendig. In dem Maße, wie wir unserem verwundeten Selbst entwachsen und uns zu sicherer verbundenen, widerstandsfähigeren Menschen entwickeln, können wir den gleichen Prozess bei anderen fördern und für unsere Familienmitglieder, Freunde wie auch darüber hinaus zu Initiatoren der Intimität und erfahrenen Beziehungscoachs werden. Auf den Punkt gebracht, ist dies das Thema des Buches, das Sie in Händen halten.

Werfen wir nun einen Blick auf die beiden Seiten des elterlichen Verhaltens. Jeder von uns ist gewissermaßen ein noch unvollendetes Werk, und sicherlich hatten auch Ihre Eltern ungeachtet ihrer eher bewundernswerten Eigenschaften noch einige unerledigte Angelegenheiten zu regeln. Von daher mögen Sie die folgende Übung als hilfreich empfinden, um genauer zu betrachten, was damals problematisch und schmerzlich war, ebenso aber die von der Familie empfangenen Gaben in Augenschein zu nehmen. Allzu oft überschatten nämlich unsere Erinnerungen an schwierige Zeiten die Wohltaten, die uns zuteilwurden. Daher zielt die Übung darauf ab, den Gesamtzusammenhang deutlicher zu erkennen – sowohl erlittene Wunden einzugestehen und zu betrauern als auch die erlangten weisen Einsichten zu würdigen. Natürlich werden wir häufig auch klüger und mitfühlender, indem wir unsere Wunden heilen.

ÜBUNG VOLLKOMMEN UNVOLLKOMMEN

1. Teil: Was fehlte, oder was war schmerzhaft?

Vielleicht beginnen Sie die Übung damit, dass Sie eine Liste der Unzulänglichkeiten oder Schwächen Ihrer Eltern anfertigen – jener Umstände oder Verhaltensweisen, die den schlechtesten Einfluss auf Sie als Kind hatten. Wichtig ist, was geschah, und wichtiger noch, wie Sie es verinnerlicht haben. Manchmal ist es leichter, die negativen Eigenschaften der Eltern zu schildern, als sich an irgendeine der positiven zu erinnern, vor allem für jene unter uns mit einem ambivalenten oder desorientierten Bindungstyp. Unsere negativen Erfahrungen können die neutralen oder eigentlich guten Erfahrungen im Alltag überschatten, bis wir nach dem Ausheilen vieler früher Wunden wieder einen Sinn für letztere bekommen. Menschen mit vermeidendem Bindungstyp neigen dazu, ihre Geschichte überwiegend als tadellos einzustufen, bis sie dann plötzlich Gefühle ungestillter Sehnsucht verspüren und erkennen, was ihnen in der Beziehung fehlte.

2. Teil: Was war wohltuend oder förderlich?

Meine Mutter war eine strenge Lehrerin. Sie litt unter unbewältigten seelischen Belastungen, war aber auch lebenslustig und freigebig. Obwohl sie bisweilen ein weniger idealer Elternteil war, verlieh sie ihrer Liebe zu mir auf ganz eigene Art Ausdruck – mit besonderen Feiern, großzügigen Geschenken, indem sie bei Projekten half, die mir am Herzen lagen, und mich mitnahm zur Schnäppchenjagd, von uns als »Schatzsuche« bezeichnet.

Außerdem leistete meine Mutter einen wichtigen Beitrag für die Gemeinschaft (während des Zweiten Weltkriegs übermittelte sie Telegramme zwischen Soldaten und ihren Familien, engagierte sich für Freiwilligendienste im Krankenhaus und arbeitete mit verschiedenen gemeinnützigen Gruppen zusammen).

Mein Vater war ähnlich vielschichtig: Ohne Kontakt zu seinem emotionalen Selbst und ständig mit seiner Arbeit beschäftigt, konnte er dennoch ebenso still wie treu seine Liebe bekunden, indem er für die Familie sorgte, abends die Türen abschloss, mein Fahrrad reparierte, mir Wasserskifahren beibrachte und bei Picknicks großartige Grillgerichte zubereitete. Darüber hinaus war für ihn die ehrenamtliche Tätigkeit ein Grundwert, der bis heute in unserer Familie überdauert hat. Unter den gegebenen Umständen gaben meine Eltern ihr Bestes und lehrten uns wichtige Grundwerte.

Versuchen Sie, jeden Ihrer beiden Elternteile durch die Linse zu betrachten, wie sie Ihnen ihre Liebe zeigten. Notieren Sie all jene Maßnahmen, durch die Sie von Ihren wichtigsten Bezugspersonen grundlegende Lektionen gelernt, Fähigkeiten erworben und Einsichten gewonnen haben. Das kann Ihnen helfen, Mutter und Vater an ihren besten Tagen zu beschreiben. Entscheiden Sie, so weit es Ihnen möglich ist, im Zweifelsfall zu ihren Gunsten, und bedenken Sie, dass sie ihr Bestmögliches gegeben haben, mit welchem Maß an unbewältigtem Schock oder Bindungstrauma sie auch lebten, welche Mittel, Bildungswege und Heilmethoden ihnen damals auch zugänglich waren. Finden Sie heraus, ob Sie neben ihren Mängeln und verletzenden Verhaltensweisen die innige Fürsorglichkeit aufspüren können, die sie Ihnen zukommen ließen, ungeachtet dessen, wie verschwommen oder unartikuliert sie im Ausdruck ihrer Liebe waren. Was entdecken Sie dabei?

Das Gedächtnis und das ursprüngliche Beziehungsmuster

Es ist hilfreich, in Betracht zu ziehen, wie das *ursprüngliche Beziehungsmuster* aufgebaut und wie diese »Schablone« dann in unsere erwachsenen Beziehungen übertragen wird, ohne dass wir es überhaupt bemerken. Da wir uns dieses Vorgangs nicht bewusst sind, agieren wir alle möglichen Verhaltensmuster aus, ohne zu wissen, warum, und lasten sie ungerechterweise oft uns selbst oder unserem Partner an. Ein unbewältigtes Trauma hat das Potenzial, unser Leben fortlaufend und nachhaltig einzuschränken. Besonders unsere nicht aufgearbeitete Bindungsgeschichte – die Quelle unseres ursprünglichen Beziehungsmusters – kann sich in unsere erwachsenen Beziehungen einschleichen und alle Arten von Problemen hervorrufen. Das ist unvermeidlich, solange wir uns über die Ursache solcher zerstörerischen Muster nicht im Klaren sind. Wir mögen sie ständig wiederholen, blind gegenüber unserem eigenen Verhalten, zugleich aber imstande, ihre Entfaltung im Leben der uns nahen Menschen wahrzunehmen. Wir bringen zum Ausdruck, was wir weder sehen noch begreifen können, wenn nicht das Licht der Achtsamkeit und des Mitgefühls jene dunklen Orte auslöscht, die uns im Zustand des Verletztseins und der Unverfügbarkeit festhalten.

Demnach sollten wir verstehen, wie unser ursprüngliches Beziehungsmuster sich bildet, wie wir erkennen, wann alles gut läuft, wie wir das soziale Umfeld für uns sicherer machen, wie wir wissen, wann die Dinge nicht so gut laufen und wie wir uns von den definierbaren Mustern gestörter Bindungen fernhalten. Sobald uns das ursprüngliche Beziehungsmuster deutlicher bewusst ist, können wir tatsächlich uns selbst helfen, um zu genesen und gesunde Bindungsmuster wiederzuerlangen, die uns für das weitere Leben vielerlei Vorteile bescheren. Auch wenn wir nicht mit sicherer Bindung aufgewachsen sind, können wir sie später lernen. Zu diesem Zweck werden wir bestimmte Methoden einüben, die implizite Erinnerung an die von uns geformten Beziehungsmuster schrittweise zu stimulieren, damit diese mehr zum Vorschein kommen. So sind wir in der Lage, sie zu verarbeiten, einzugliedern und ein stärkeres Gefühl für Lösung und Heilung zu entwickeln.

Zugleich werden wir jene uns einschränkenden Beziehungsmuster durch einige neue Muster verbessern und anpassen. Solche Alternativen standen uns anfangs nicht zur Verfügung, sind aber von unschätzbarem Wert, um tiefere Befriedigung zu empfinden und das Wohlbefinden zu steigern. Unsere angeborene Fähigkeit, die vor langer Zeit erlernten Beziehungsmuster zu aktualisieren, bezeichnen Gehirnforscher als »Gedächtniskonsolidierung«.[11] Diesen Begriff haben Bruce Ecker und seine Kollegen von Laborstudien auf den natürlichen Prozess persönlicher Entwicklung und Veränderung übertragen. Gewiss können wir unsere Lebensgeschichte nicht ändern, dafür aber die Regeln, Rollen, Bedeutungen, Überzeugungen und Bewältigungstaktiken, die wir aufgrund der frühen Ereignisse entworfen haben, um einige begrenzende Faktoren loszuwerden, die uns das Versprechen auf sichere Bindung vorenthalten. Es geht nicht darum zu verdrängen, was uns widerfahren ist, sondern um die Offenheit gegenüber einem umfassenderen inneren Vermögen – heute und in Zukunft.

Die Übungen

Dank neuer Perspektiven und erfahrungsbezogener Übungen werden wir unsere Bindungsstörungen untersuchen und behandeln. Somit können wir an derartigen Störungen eine Korrektur vornehmen und allmählich fühlen, was sichere Bindung bedeutet. Einige dieser Übungen werden Ihnen nützlicher scheinen als andere, und welche für Sie am heilsamsten sind, mag sich mit der Zeit ändern. Vielleicht kommen sie Ihnen einfach vor, aber bedenken Sie, dass sie einen größeren Prozess erfassen und in Gang setzen sollen. Ihr Zweck besteht darin, die Tür jeweils nur einen Spaltbreit zu öffnen, sodass Sie zu verstehen beginnen und für sich selbst wie für andere ein bisschen besser sorgen.

Die erfahrungsbezogenen Übungen können sich in unterschiedlicher Weise bei Ihnen bemerkbar machen. Sobald wir auf eine Erfahrung korrigierend einwirken und tatsächlich erhalten, was wir brauchen, empfinden wir manchmal Erleichterung und eine sprunghaft erhöhte Resilienz, die uns Kraft gibt. Oder wir spüren zwar die Erleichterung, aber sie führt zu einem tieferen Bewusstsein davon, was uns früher sehr schmerzlich gefehlt hat. Wenn das geschieht, brauchen wir Zeit und Unterstützung, um den Verlust zu betrauern, und können erst danach das Hilfsmittel aufnehmen und zur »Instandsetzung« übergehen. Beide Erfahrungen sind wesentlich für die Heilung. Daher möchte ich betonen, dass Sie Ihrem eigenen Rhythmus folgen sollen. Sehen Sie sich keinesfalls genötigt, die Tür mit einem Schlag aufzustoßen.

Wichtig ist auch, dass Sie sich von diesen positiven Übungen beeinflussen lassen und die Erfahrungen sowohl in Ihrem physischen wie auch im emotionalen Selbst deutlich empfinden. Das sind die erwähnten korrigierenden Erfahrungen, und sie sind notwendig für die Gedächtniskonsolidierung, also für jenen natürlichen neuronalen Prozess im Gehirn, der eine grundlegende Veränderung hervorrufen kann: die vollständige und endgültige Beseitigung eines erworbenen Verhaltens oder einer emotionalen Reaktion. Wenn die Erinnerungen mit positiv aufgeladenen, neuartig kodierten Impulsen in Ihr Gehirn zurückkehren, ist das etwa so, als wäre ihnen ein heilsamer Keim eingesetzt worden, der die Erinnerung an die Wunde in eine gesunde Richtung lenkt und der Lösung näherbringt. Sie werden das damalige Geschehen oder die ihm innewohnende Wahrheit nicht zwangsläufig vergessen, oftmals aber befreit sein vom damit verbundenen Unbehagen, das Sie bislang förmlich verfolgt hat.

Demgegenüber mögen einige Übungen alte Wunden aufreißen, und das kann äußerst beängstigend sein. Wenn Sie in diesem Topf rühren, steigt manchmal etwas Unangenehmes an die Oberfläche. Das ist normal. Sobald Sie Ihr ursprüngliches Beziehungsmuster abrufen und Zugang zu Ihrem impliziten Gedächtnis finden – was eher auf den Körper bezogen ist und gewöhnlich unbewusst abläuft –, werden Sie sich fühlen, als fänden die früheren Erfahrungen in dem Moment noch einmal statt. Nicht so, als lägen sie etliche Jahre zurück, sondern als ereigneten sie sich hier und jetzt. Sie nehmen sich dann vielleicht nicht mehr als Erwachsenen wahr, der zum Beispiel in seinem Wohnzimmer sitzt, sondern werden gedanklich in die Vergangenheit zurückgezogen bis zu dem Zeitpunkt, als man Ihnen die Wunde zugefügt hat, deren heftiger Schmerz noch immer ausgelöst wird. Ihr Bewusstsein ist derart auf den Zustand eines inneren Kindes beschränkt, dass Sie das Gefühl verlieren, ein Erwachsener zu sein, und durchleben abermals das traumatische Ereignis mit den signifikanten Beobachtungen, Geräuschen, Gerüchen, Emotionen und Empfindungen aus früherer Zeit. Ganz gleich, vor wie vielen Jahrzehnten diese Erfahrung Ihnen eingeprägt wurde – Sie fühlen sie hautnah, als spielte sie sich, wieder ganz frisch, in der Gegenwart ab. Verständlicherweise kann dies ebenso erschreckend wie verwirrend sein. Falls es bei irgendeiner Untersuchung oder Übung im Buch dazu kommen sollte, so machen Sie sich klar, dass so etwas völlig normal ist. Sie mögen Halt finden, indem Sie sich stets klarmachen, dass Sie eine frühe Erinnerung aufspüren und zutage fördern und dass die Ergebnisse einer solch mutigen Erforschung manchmal irritieren können.

Wenn etwas in Ihrem Inneren auftaucht, was sich zu intensiv anfühlt, können Sie sich, wie gesagt, jederzeit zurückziehen oder eine Pause einlegen. Da wir mit frühen Erinnerungen in Ihrem impliziten Gedächtnis arbeiten, ist es ratsam, gut für sich selbst zu sorgen. Achten Sie darauf, dass Sie sich von alldem nicht erdrücken lassen. Nehmen Sie gegebenenfalls eine »Auszeit«. Sie haben stets die Möglichkeit, zu einer Übung irgendwann später zurückzukehren. Außerdem können Sie diese Verfahren im Beisein einer zuverlässigen und hilfsbereiten Person ausprobieren – eines ausgebildeten Therapeuten, eines liebevollen Freundes oder Partners. Das mag besonders heilsam sein und ist an sich schon ein wunderbares Beispiel für den pfleglichen Umgang mit sich selbst.

Darüber hinaus können Sie beschließen, einzig und allein auf jene *Fähigkeiten zur sicheren Bindung* oder FSB (*Secure Attachment Skills*, SAS) zu bauen, die ich an verschiedenen Stellen des Buches thematisiere. Offenbar lösen sie weniger häufig das Gefühl der Überwältigung aus, können eingeübt und als zuverlässige Grundlage verwendet werden, um die Qualität jeder Ihrer zwischenmenschlichen Beziehungen zu verbessern.

Fragen zur Beurteilung

Die anschließenden vier Kapitel enden mit einigen formlosen Fragen. Diese sollen nicht endgültig, erschöpfend oder gar allzu wissenschaftlich beantwortet werden. Sie dienen einfach dazu, Ihnen mehr oder weniger auch intuitiv die Beurteilung zu erleichtern, inwieweit Sie mit dem jeweils erörterten Bindungstyp übereinstimmen. Wahrscheinlich werden Sie nach der Lektüre des Kapitels bereits eine ziemlich genaue Vorstellung davon haben, ob die geschilderte Art der Anpassung auf Sie zutrifft; doch die Fragen mögen helfen, es Ihnen ein wenig klarer zu machen. Es versteht sich hoffentlich von selbst, dass sie nicht darauf abzielen, Sie in eine von vier vorgegebenen Kategorien einzufügen, geschweige denn zu pressen. Im Grunde wünsche ich mir, dass Sie durch die Beschäftigung mit den Fragen umso besser erkennen, wie individuell und wie fließend Ihr Bindungsmuster sein kann, zuweilen auch abhängig von der Person an Ihrer Seite, auf die sich Ihre besondere Aufmerksamkeit richtet.

Mein Vorschlag wäre, jede der Fragen in zwei Anläufen zu beantworten. Antworten Sie zunächst in einem Zustand der Entspannung, später dann in einem Zustand der Anspannung (unter Stress neigen wir dazu, in das ursprüngliche, durch die Mängel unserer frühen Bezugspersonen beeinflussten Bindungsmuster zurückzufallen).

Achten Sie darauf, wie sich die Ergebnisse unterscheiden. Außerdem können Sie ausprobieren, die Fragen im Hinblick auf diverse wichtige Beziehungen zu beantworten, in denen Sie im Lauf der Jahre gewesen sind – mit Eltern, Lebenspartnern und anderen Menschen.

Der Lohn

Wenn wir mehr über unser Bindungsmuster erfahren und es sowohl mit klarem Verstand wie mit gütiger Einstellung untersuchen, sind wir imstande, die Dinge weniger persönlich zu nehmen und mehr Mitgefühl mit uns selbst und mit anderen zu entwickeln. Durch eine neue – und hoffentlich sanftere – Betrachtungsweise können wir mit unserer Bindungsgeschichte vertraut werden und genauer verstehen, wie sich bestimmte Muster während unseres Lebens wiederholen. Sobald wir erkennen, dass so vieles von dem, was in unseren erwachsenen Beziehungen passiert, auf frühe Interaktionen zurückgeht, deren wir uns nicht mehr oder nur vage erinnern, können wir einige der uns selbst und den Nächsten geltenden Vorwürfe fallen lassen, die aus unvermeidlichem Beziehungsleid resultieren. Wer sich selbst versteht, erlangt die Freiheit, andere zu verstehen, und das hilft uns, deutlicher zu erkennen, was sie durchmachen. All dies beschleunigt unsere innere Heilung. In dem Maße, wie wir genesen, gleichen wir uns der sicheren Bindung weiter an, die wiederum unsere Fähigkeit verstärkt, Liebe zu schenken.

Naturgemäß sehnen sich Nervensystem und Gehirn nach gesunden äußeren Verhältnissen und harmonischen Beziehungen. Wenn wir uns also an der sicheren Bindung orientieren, bieten wir unserem Gehirn mehr Möglichkeiten zur Anpassung, aus denen es wählen kann. Die sichere Bindung verschafft uns einen breiter angelegten Zugang zu verschiedenen Gehirnfunktionen und unterstützt die Selbstregulation des Nervensystems. Herausforderungen werfen uns nicht mehr so leicht aus der Bahn wie vorher, und wir stellen fest, dass wir allmählich robuster werden. Wir kommen besser mit uns aus – achten bewusster auf die eigenen Gedanken, Gefühle und Reaktionen – und verstehen uns besser mit anderen; das heißt, wir werden offener und empfänglicher für ihre Erfahrungen. Schließlich stimmen wir uns mehr auf das Beziehungsgeflecht zwischen uns und anderen ein und fördern damit den dynamischen Prozess, der durch Zusammenkunft entsteht. Dan Siegel spricht hier vom Sinn für »MWe«, und das bedeutet: *me* (ich) und *we* (wir) zusammen.[12] Dank sicherer Bindung wünschen wir uns in zunehmendem Maß, was *für uns alle* gut ist, was der gesamten menschlichen Gemeinschaft und dem Planeten dient, unabhängig von der Zugehörigkeit zu Gruppe oder Land, Geschlecht oder was auch immer. Wir fangen an, uns die wechselseitige Verbundenheit aller Mitglieder der menschlichen Familie zunutze zu machen.

Es ist nicht zu leugnen, dass diese Arbeit herausfordernd sein kann. Doch ziehen Sie nur einmal den Lohn dafür in Erwägung: Sie entdecken Ihr wahres Selbst, werden gesünder, entfalten Ihre angeborene Fähigkeit, mit anderen in Beziehung zu treten, erfahren tiefere Intimität, größere Authentizität und fühlen sich trotz Verletzlichkeit sicherer.

Im ersten Kapitel werden wir eingehend untersuchen, was sichere Bindung ist und was nicht. Darüber herrscht viel Verwirrung, die ich ein wenig zu klären hoffe. Das Verständnis für die Grundvoraussetzungen sicherer Bindung wird dazu beitragen, uns in dieser Richtung neu zu orientieren und ein gesundes Beziehungsmuster zu entwerfen. Sie werden sehen, dass die Hinwendung zu sicherer Bindung bedeutet, sich mehr einzustimmen auf heilsame Beziehungen und Zusammenhalt und sich weniger zu beschäftigen mit der eigenen Reaktivität, dem Geleitetwerden von Impulsen und Neigungen oder dem seelischen Schmerz. Es bedeutet, etwas weitaus Vorteilhafteres zu wählen – zugunsten unserer selbst, der geliebten Menschen und der Welt im Ganzen.

Sichere Bindung

Obwohl die sichere Bindung für viele von uns außer Reichweite zu liegen scheint oder wie ein Traumziel klingen mag, bildet sie doch das grundlegende Muster, nach dem wir handeln sollen. Wie unerreichbar sie uns auch vorkommt – sie ist stets gegenwärtig und wartet nur darauf, entdeckt, erinnert, angewandt und ausgedrückt zu werden. Dann und wann können wir den Zugang zur sicheren Bindung verlieren, nie aber die uns innewohnende Fähigkeit, sie wiederzufinden. Außerdem sind wir mit der Zeit imstande zu lernen, sie auf natürlichere Weise zu verkörpern, sodass wir, wenn wir angespannt sind oder durch irgendein Ereignis außer Fassung geraten, nicht automatisch den unsicher damit verknüpften Gedanken, Gefühlen und Impulsen folgen, die uns keine guten Dienste leisten. Während wir uns mit der sicheren Bindung allmählich vertraut machen, werden unsere Beziehungen einfacher und lohnender – wir sind also weniger reaktiv, empfänglicher, verfügbarer für Verbindungen, gesünder und viel eher bereit, sichere Bindungstendenzen bei anderen ans Licht zu bringen.

Mit all diesen positiven Ausblicken im Kopf möchte ich Ihnen eine klare Vorstellung davon geben, wie eine sichere Bindung aussieht. Doch wollen wir uns zunächst einmal verdeutlichen, was sie *nicht ist*.

Meine Mutter pflegte zu sagen: »Du hast ein Dach überm Kopf und drei Mahlzeiten am Tag, worüber also beschwerst du dich?« Einige

Leute denken, dass solch wesentliche Dinge – ein Zuhause, Nahrung, medizinische Grundversorgung und so fort – genügen. Nach einer gewissen Art von Weltbetrachtung mag das bestimmt genug sein, doch die sichere Bindung erfordert weitaus mehr. Als Kind brauchte auch ich, wie jedes Kind, noch vieles andere. Sichere Bindung bedeutet nicht, dass ein Kind alles bekommt, was es sich je wünschen könnte, dass man verwöhnt wird, alles immer reibungslos läuft, man sich nie aufregt oder die eigenen Eltern vollkommene Heilige sind. Und zum Glück bedeutet sie auch nicht, dass man als Eltern perfekt sein muss, um die sichere Bindung in den Kindern zu fördern.

Ed Tronick ist ein Pionier auf dem Gebiet der Entwicklungspsychologie. Seinen Forschungen zufolge benötigen wir lediglich 30 Prozent unserer Zeit, um in Einklang mit unseren geliebten Wesen zu sein.[13] Wenn Sie es mal aus dieser Perspektive betrachten, ist das ein durchaus erreichbarer Wert. Damit ist wohl nicht gemeint, dass Sie zu 70 Prozent Ihrer Zeit ein schrecklicher Elternteil sein könnten, aber meines Erachtens ist die Botschaft ziemlich eindeutig: Wir alle können unser Bestmögliches tun und innerlich entspannt bleiben.

Darüber hinaus ist sichere Bindung nicht gleichzusetzen mit einem Persönlichkeitstyp, weshalb ich Ihnen keinesfalls einreden möchte, dass wir biedere, nette Menschen sein sollen, die sich dauernd ernst nehmen. Genauso wenig ist sie eine Form von illusorischem Optimismus, der mit den täglichen Prüfungen und Problemen der realen Welt nichts zu tun hat. Wenn demnach sichere Bindung nicht dafür steht, dass lediglich die Grundbedürfnisse gestillt werden, wenn sie kein Leben fortwährender Perfektion verlangt und sich nicht auf den Typus einer sonderbar fröhlichen, entrückten Person bezieht, was ist sie dann eigentlich? Kurzum, sichere Bindung ist Übereinstimmung. Sie spiegelt eine hinreichend positive Umgebung wider, die Grundvertrauen schafft und weckt.

Es folgen einige Kennzeichen, die ein wenig genauer erklären sollen, worum es hier geht:

Geborgenheit: Besonders für Kinder bedeutet sichere Bindung, dass sie sich von den Eltern als Garanten für ihre Sicherheit umsorgt und behütet fühlen. Die Eltern achten darauf, was wir tagsüber machen, wissen, mit wem wir unterwegs sind, und sorgen – gemäß unserem Alter – dafür, dass ein verantwortungsbewusster Erwachsener uns beaufsichtigt, wenn sie selbst nicht in der Nähe sind. Desgleichen habe ich, als ich aufwuchs, nicht oft erfahren. Die Zeiten waren anders, und Kinder hielten sich überwiegend im Freien auf. Meine Eltern erwarteten, dass ich um sechs Uhr abends zum Essen daheim sein würde, hatten aber kaum eine Vorstellung davon, was ich vorher unternahm, wo ich mich aufhielt oder mit wem ich zusammen war. Ich kam nach Hause, wenn ich Hunger hatte. Ich musste mich mit Spielkameraden nicht extra verabreden und nahm auch nur an relativ wenigen außerschulischen Aktivitäten teil. Wenn uns die Eltern das Gefühl von Geborgenheit vermitteln, werden wir darauf vorbereitet, während des Heranreifens besser auf uns aufzupassen. Wie bei der Beziehung zwischen interaktiver Regulation und Selbstregulation lernen wir, für uns Sorge zu tragen, indem wir von früh an durch die wichtigen Erwachsenen in unserem Leben angemessenen Schutz erhalten. Als Erwachsene fühlen wir uns dann sicher mit unseren Liebsten wie auch innerhalb der Gemeinschaft und erwecken darüber hinaus in den anderen das Gefühl von Geborgenheit.

Anwesenheit und Unterstützung: Für Kinder bedeutet Unterstützung, dass sie mitfühlende Eltern haben, die sie auf ihrer Seite wissen. Sie sind in unserem Leben präsent, geben uns Rückendeckung und *verstehen* uns. Das ist jenes wunderbare, in der Einleitung bereits erwähnte Gefühl von Kontingenz. Mit einem Partner oder Freund wiederum bedeutet Unterstützung, dass wir diesen exklusiven Raum genießen, in dem wir einander wirklich kennen, uns in einer Weise erkannt und geschätzt fühlen, die äußerst wohltuend ist. Wir spüren, dass wir jemanden in der Nähe haben, auf den wir uns vollkommen verlassen können. Menschen mit sicherer Bindung bitten ganz natürlich um Unterstützung, wenn sie deren bedürfen; außerdem bieten sie anderen großzügig ihre Hilfe an.

Autonomie und Interdependenz: In der Kindheit entwickeln wir allmählich ein autonomes Verhalten, wenn wir von unseren Eltern Geborgenheit und Unterstützung erfahren – allerdings nicht in dem Maße, dass sie jedes kleine Detail in unserem Leben überwachen und kontrollieren. Mit anderen Worten: Eltern können ihre Aufgaben erledigen, ohne zu weit zu gehen und die Unabhängigkeit zu unterdrücken. Und wir können einfach Kinder sein. Alt genug, sind wir in der Lage, eine Zeit lang allein loszugehen, die Welt zu erforschen, unsere eigenen Entdeckungen und Fehler zu machen. Nach der Rückkehr wissen wir, dass die Eltern für uns da sind, bereit, die Verbindung wiederherzustellen und uns zu lieben, wie sie es immer schon getan haben. Sie gewähren uns jenen liebevollen Raum, in dem wir reifen können, ohne die Risiken, die aus ständiger Interaktion oder der üblichen Zeit vor dem Monitor resultieren, mit nur wenig oder gar keinem direkten Kontakt oder persönlichen Austausch. Sobald wir die Fähigkeit entwickeln, ebenso positiv abhängig wie unabhängig zu sein, wird uns das wahre Geschenk der wechselseitigen Abhängigkeit, der Interdependenz zuteil. Dann können wir dank echter Gegenseitigkeit Unterstützung leisten und erhalten, Liebe schenken und empfangen, unsere Bedürfnisse zum Ausdruck bringen und gestillt bekommen. Das Gleiche gilt für unsere erwachsenen Beziehungen. Der autonome Aspekt der sicheren Bindung bedeutet, dass wir fließend, ohne groß Aufhebens davon zu machen, vom Alleinsein zum Zusammensein übergehen können. Zwischen beiden Zuständen herrscht ein gesundes Gleichgewicht. Beachten Sie bitte: *Autonomie* wird hier weder als Synonym von *Isolation* noch von übersteigerter *Autarkie* verstanden.

Entspannung: Beziehungen, in denen wir unseren Schutzschild ablegen, entspannen und wir selbst sein können, sind von unschätzbarem Wert. Kleine Kinder lieben es über alles, wenn man mit ihnen spielt, in ihre Welt eintritt und gemeinsam Spaß hat. Das kann auf natürliche Weise geschehen, wenn die Beziehung sicher und förderlich ist, also gekennzeichnet durch Spiel und Vergnügen, Leichtigkeit und Humor. Anders gesagt: Wir sind sehr gern zusammen und freuen uns darauf, weil es einfach so unterhaltsam ist. Doch diese Entspannung hat ihre Grenzen, insbesondere bei Kindern. Sie besteht nur in Verbindung mit Beschränkungen und Konsequenzen. Es ist wichtig, dass Kinder wissen: Grenzen und Nähe können Hand in Hand gehen.

Vertrauen: Vertrauen ist ein wesentliches Thema, das jedoch oft missverstanden wird. Die meisten von uns haben gelernt, es anderen Menschen auf bestimmten Ebenen entgegenzubringen, wenn wir entsprechende Erfahrungen mit ihnen gemacht haben. Wenn zum Beispiel Jack immer pünktlich ist, beginne ich schnell darauf zu vertrauen, dass er bei unseren geplanten Unternehmungen rechtzeitig zur Stelle sein wird. Brandon ist im Notfall immer für mich da und Birgit eine wundervolle Partnerin, um zusammen Abenteuer durchzustehen. Ich habe gelernt, mich dank ihrer jeweiligen Eigenschaften auf sie zu verlassen, und das ist eine schöne, pragmatische Variante des Vertrauens – aber es ist nicht jene, die ich hier meine. Das Vertrauen, um das es eigentlich geht, charakterisiert ein Gefühl, dass die Welt ein überwiegend angenehmer Ort ist – eine Überzeugung, dass Heilung, Verständnis und Güte sich selbst in dunkleren Zeiten durchsetzen werden. Diese Art von Vertrauen stammt normalerweise aus einem positiven Umfeld in der Kindheit, in dem wir meistens gehalten und mit einer »hinreichend guten Erziehung« groß wurden, um die vom englischen Kinderarzt und Psychoanalytiker Donald Winnicott geprägte Formulierung zu benutzen. Gemeint ist damit eine positive, »haltende Umgebung«, die grundlegendes Vertrauen schafft.[14] Mit dieser Fürsorglichkeit wachsen wir auf im Glauben, dass die Menschen wesentlich gut und wohlgesinnt sind, und vertrauen dieser entscheidenden Tatsache im Umgang mit ihnen. Personen jedoch, die mit signifikanten Beziehungswunden aufwachsen, haben zum Vertrauen oft ein gespaltenes Verhältnis. Entweder sie vertrauen generell niemandem – beargwöhnen also jede Situation, persönliche Beziehung, Gemeinschaft, Regierung und so fort –, oder sie haben überhaupt nur ein geringes Unterscheidungsvermögen und vertrauen blind allen Situationen und Leuten, die ihnen begegnen. Die letztere Neigung bezeichne ich als »wahlloses Vertrauenschenken«, dadurch ist die Katastrophe schon programmiert. Diese Menschen geraten regelmäßig in unruhige oder riskante Beziehungen, die bei anderen die Alarmglocken schrillen ließen, und bringen sich jedes Mal in eine Lage, in der sie noch mehr verletzt werden. Aber wenn ich hier über Vertrauen spreche, meine ich weder etwas Naives noch Gefährliches, sondern vielmehr etwas grundsätzlich Heilsames und Stärkendes. Es ist das felsenfeste Vertrauen in die wesentliche Güte des Lebens – eine fundamental positive Einstellung gegenüber dem, worum sich das Leben dreht –, doch mit einer gehörigen Portion an gesundem Urteilsvermögen. Diese Art von Vertrauen gibt Kraft und ermöglicht wahres Verzeihen. Das Grundgefühl von Vertrauen wiederherzustellen ist also ein wichtiger Abschnitt auf jenem Weg, der uns in die sichere Bindung zurückführt.

Resilienz: Es macht einen himmelweiten Unterschied, ob wir das Universum als böswillig oder freundlich betrachten. Wie wir uns die Welt vorstellen, beeinflusst die Art und Weise, wie wir sie erfahren. Wenn wir uns des tiefen Vertrauens in die Welt erfreuen, heißt das: Wir sind im Innersten optimistisch und unerschütterlich. Wir erholen uns schneller von Strapazen und sind imstande, unsere Kräfte ziemlich gut zu sammeln, wenn der sprichwörtliche Zoff uns zusetzt. Wir verstehen uns besser darauf, Unterstützung zu erhalten, um Beistand zu bitten und uns bei der Lösung von Problemen selbst zu helfen. Dadurch wiederum lernen wir, der Welt und uns selbst noch mehr zu vertrauen.

Unterstützung erhalten

Da Sie nun etwas mehr darüber wissen, wie eine sichere Bindung aussieht, lade ich Sie dazu ein, dieses Wissen als Hilfsmittel in Beziehungen anzuwenden. Bei der folgenden Übung geht es darum, Ihre Beziehungen genauer unter die Lupe nehmen, wie Sie es bereits bei den Übungen in der Einleitung getan haben.

ÜBUNG DIE SICHERE BINDUNG VERGEGENWÄRTIGEN

Setzen Sie sich zunächst auf einen Stuhl, und lenken Sie Ihre Aufmerksamkeit auf den Körper. Erübrigen Sie einen Moment, um Ihre Füße auf dem Boden zu spüren und Ihre Atmung bewusst wahrzunehmen. Sobald Sie ein wenig geerdet sind, gehen Sie gedanklich die wichtigen Beziehungen in Ihrem Leben durch. Vor allem sollen Sie nach jenen Menschen Ausschau halten, die als Repräsentanten einer sicheren Bindung hervorstechen. Bestimmte Eigenschaften dieser Personen, ihr Verhalten oder Ihre Interaktionen mit ihnen geben Ihnen ein Gefühl von Vertrauen, Sicherheit, Unterstützung, Zuverlässigkeit, Verbundenheit, Verständnis und

Präsenz. Achten Sie einfach darauf, wer Ihnen in den Sinn kommt. Es kann irgendjemand sein in Ihrer Vergangenheit oder Gegenwart – ob Familienmitglied, Lehrer, Coach, Therapeut, Freund, sogar ein Fremder oder ein Haustier.

Versammeln Sie diese Leute in Gedanken um sich. Visualisieren Sie, in einem schützenden Raum und in liebevoller Atmosphäre von ihnen umgeben zu sein. Was passiert dabei mit Ihnen auf emotionaler Ebene? Merken Sie, wie Sie sanfter werden oder sich vielleicht beschützter und geborgener fühlen? Sind Sie offener oder verschlossener als vorher? Wo regt sich die Empfindung im Körper? Machen Sie sich bewusst, wie es ist, mit solchen Menschen zusammen zu sein. Spüren Sie ihr Wohlwollen, und registrieren Sie jedes physische und emotionale Detail dieser Erfahrung.

Die sichere Bindung in sich selbst und in anderen fördern

Die zahlreichen Ausführungen darüber, wie eine sichere Bindung aussieht, werden manch einem vielleicht das Leben schwer machen, weil der Anspruch hoch zu sein scheint. So betrachtet, kann es leicht passieren, dass wir uns überfordert fühlen. Das verstehe ich sehr wohl, aber meines Erachtens ist es ganz normal, ab und zu dieses Gefühl zu haben.

Wir alle zeigen emotionale Reaktionen, auf die wir nicht stolz sind. Die meisten von uns tragen ihren Teil zu Auseinandersetzungen und unnötig schwierigen Gesprächen bei. Viele sind einfach nicht so präsent, wie sie es gern wären. Wir fühlen uns nicht ganz *da* – entweder werden wir durch eine Situation oder Person abgelenkt, oder wir sind nicht so aufmerksam, wie wir es unserer Meinung nach sein sollten. Auch hier gilt: All das ist normal. Es geschieht regelmäßig, zumindest bei mir ist es so! Entscheidend ist, achtsam genug zu sein, um zu bemerken, wann etwas nicht gerade ideal ist. Das heißt, man verfügt über ein gewisses Maß an Geistesgegenwart, um zu erkennen, dass die Dinge ein wenig aus dem Ruder gelaufen sind, wie auch an Mitgefühl, um einen erneuten Versuch zu unternehmen und seine Sache besser zu machen. Es steht mehr Spielraum zur Verfügung, als Sie denken. Erinnern Sie sich an die zuvor genannten Forschungen von Ed Tronick,[15] die belegen, dass schon 30 Prozent der mit den geliebten Menschen in Einklang verbrachten Zeit ausreichen können, um die sichere Bindung zu fördern. Es ist also in Ordnung, wenn man mal ein Projekt verpatzt, Fehler macht und weniger als perfekt ist. Das Bindungssystem verzeiht, und daher macht es bereits einen enormen Unterschied, wenn wir feststellen, dass etwas schiefgegangen ist, und den entstandenen Schaden so bald wie möglich beheben wollen.

Natürlich können wir alle unsere Aufgaben erfolgreicher bewältigen, und dazu bedarf es der Übung. Deshalb möchte ich Ihnen im weiteren Verlauf des Kapitels einige Mittel und Wege aufzeigen, die Pflege sicherer Bindungen in sich selbst und in anderen zu lernen. Diese Methoden sollen Ihre *Fähigkeiten zur sicheren Bindung* (FSB) stärken. Es geht nicht darum, jede von ihnen zu meistern, sondern einige auszuwählen, an denen Sie gern arbeiten möchten, und sie nach besten Kräften einzuüben. Hoffentlich sind bestimmte Fähigkeiten darunter, die für jeden gelten und die Sie dann auch anderen Menschen anbieten können, Fähigkeiten, die in Ihren Beziehungen wechselseitig zur Anwendung kommen und die schließlich bei Ihnen und allen Beteiligten die sichere Bindung fördern.

FSB Nr. 1: Hören Sie aufmerksam zu

Beginnen wir mit einer der offensichtlichsten Fähigkeiten. Wir alle wissen um den Wert des Zuhörens, aber die meisten von uns haben sich nie wirklich Zeit genommen, diese Fähigkeit konsequent weiterzuentwickeln. Wenn wir unserem Gegenüber aufmerksam zuhören, etwas erwidern und Fragen stellen, die uns helfen, den anderen besser zu begreifen, ermöglichen wir ihm, uns zu informieren, was momentan mit ihm geschieht – nicht nur oberflächlich, sondern so, dass er ins Thema eintauchen, seine Gefühle voll empfinden und uns gegenüber zum Ausdruck bringen kann, bis wir ihn wirklich verstehen. Durch ein solches Zuhören sind wir imstande, jenes Gefühl von Kontingenz zu vermitteln, von dem bereits die Rede war. Wir hören nicht bloß hin, bis die andere Person eine Atempause einlegt, damit wir dann das Gespräch an uns reißen und sagen, was uns durch den Kopf geht. Aufmerksam zuzuhören bedeutet, dass wir mit gut überlegten Fragen reagieren, die Verständnis bekunden und fördern sollen, und immer Raum lassen, ehe wir unseren Standpunkt darlegen.

Es ist wichtig hervorzuheben, dass wir im Zuhören die Mitteilungen der anderen Person weder glauben noch mit ihnen übereinstimmen müssen. Sie kann über alles sprechen – sogar uns vorwerfen, mit jemand anderem im Restaurant zu flirten, sie bei der Weihnachtsfeier im Stich zu lassen oder eine häusliche Pflicht zu versäumen, die zu erfüllen wir versprochen haben (zum Beispiel das Geschirr abzuwaschen). Jemandem wirklich zuzuhören heißt, nicht sofort mit Ablehnung oder Kritik auf das Gesagte zu reagieren. Statt sein Anliegen zu ignorieren oder darüber in Streit zu geraten, hören wir einfach zu. Das ist alles. Und wir können den Raum der Kontingenz noch erweitern, indem wir versuchen, mit ihm in Einklang zu kommen, etwa durch die folgende Bemerkung: »Ich verstehe, warum du dich darüber aufregst, und spüre, dass es dich wirklich verletzt hat.« Mit anderen Worten: Diese Form des Zuhörens bedeutet, all die Themen, die den anderen beschäftigen, zu halten – zu bergen – und völlig präsent zu sein, ungeachtet seiner emotionalen Reaktionen.

Immer wieder überrascht mich die Kraft des Zuhörens in meinem eigenen Leben. Als ich vor einigen Jahren in Europa unterrichtete, waren manche Kursteilnehmer unzufrieden mit der Art der Ausbildung. Sie brachten das Thema zur Sprache, und ich gab mein Bestes, um ihnen Gehör zu schenken und alle aufzufordern, ihrem Herzen Luft zu machen. Es erscheint mir äußerst wichtig, dass eine Führungsperson sich so verhält. Ich versuchte, die Diskussion in Gang zu halten, bis jeder, der etwas sagen wollte, seiner Unzufriedenheit Ausdruck geben konnte, was fast eine Stunde in Anspruch nahm. Ich bemühte mich, nur insofern einzugreifen, als ich den Raum öffnete, damit ihre Gefühle an die Oberfläche kämen und wahrgenommen würden. Nachdem ihre Beiträge beendet waren, wiederholte ich so genau wie möglich, was ich erfahren hatte, bat um Klarstellungen und lud sie ein, eine Kaffeepause einzulegen, während meine Mitarbeiter und ich zusammenkamen, um die vorgebrachten Probleme anzugehen.

Während dieses Treffens nahmen wir uns die Botschaften zu Herzen und ließen uns einige konkrete Maßnahmen einfallen, um die Gruppe besser zu unterstützen. Dann berichtete ich den Teilnehmern, was wir für sie zu tun vorschlügen, wobei ich möglichst viele Bitten berücksichtigte. Anschließend wandten wir uns wieder der eigentlichen Ausbildung zu.

Als wir nach deren Abschluss die ausgefüllten Feedbackformulare erhielten, erfuhren wir interessanterweise, dass es gerade jener Meinungsaustausch war, den die Teilnehmer am meisten zu schätzen wussten. Sie betonten, eine Vermittlerin und ein Team zu haben, die ihnen tatsächlich zuhörten und genügend Zeit erübrigten, sich mit ihren Problemen auseinanderzusetzen, statt sie beiseitezuschieben oder abzuwürgen. Da die Veranstaltung in einem etwas hierarchisch-strengen Rahmen stattfand, machte es für die Gruppe einen erheblichen Unterschied, mit Leitern zu arbeiten, die offen, ohne Härte oder Kritik reagierten oder einfach von ihrer Macht Gebrauch machten. Das war für mich eine unglaublich wichtige Lektion.

Meiner Ansicht nach haben die meisten von uns eines gemeinsam: Mehr noch, als vom Gegenteil überzeugt oder beschwichtigt zu werden, wollen wir einfach nur, dass man uns auf einer tiefen Ebene zuhört. Gewiss kann das manchmal anstrengend sein, denn Beziehungen konfrontieren uns auch mit vielen unangenehmen Umständen. Im Umgang mit anderen Menschen, vor allem den uns nächsten, sind Herausforderungen an der Tagesordnung. Doch wenn wir nach besten Kräften zuhören, können wir aus schwierigen Situationen das Beste machen und verfügen so über eine weitaus bessere Möglichkeit, die Kluft zwischen uns und der Person, der wir zuhören, zu schließen.

FSB Nr. 2: Üben Sie Präsenz ein

Durch genaues Zuhören zeigen wir Präsenz, eines der schönsten Geschenke, die wir uns selbst und unseren Nächsten in Beziehungen machen können. Präsenz ist keine statische Angelegenheit, sondern eine Seinsweise. Das heißt, verfügbar zu sein, der anderen Person Aufmerksamkeit entgegenzubringen und ihr zu erkennen zu geben, dass wir für sie da sind, was auch geschehe; dass wir uns mit aller Kraft bemühen, die eigenen Sorgen und Probleme zurückzustellen und im Miteinander jede Ablenkung zu vermeiden. Das mag uns schwerfallen in der heutigen Welt, in der wir häufig mit unseren elektronischen Geräten beschäftigt sind, aber gerade deshalb empfehle ich ganz besonders, Mobiltelefon oder Tablet zur Seite zu legen, wenn Sie jemandem signalisieren möchten, dass Sie für ihn wirklich präsent sind. Natürlich ist das nicht immer ohne Einschränkung möglich, doch wir können bestimmte Gesten pflegen, um Präsenz einzuüben und dadurch für andere wie für uns selbst zugänglicher zu werden.

Ich habe einen Bekannten namens Jim, er ist ein viel beschäftigter Therapeut und Coach. Er hat zahlreiche Anfragen, erzählte mir aber, dass er alle geschäftlichen Angelegenheiten hinter sich zu lassen versuche, wenn er nach Hause zurückkehre und seine Eltern wiedersehe. Er nehme keine Anrufe entgegen, begebe sich nicht ins Internet, unternehme nichts, was ihn davon ablenken könnte, für Mutter und Vater vollständig präsent zu sein. Jim tut sein Bestes, den beiden jene drei oder vier Tage zu widmen, ohne Unterbrechung. Das habe, meint er, ihre Beziehung grundlegend verändert und ihnen ermöglicht, um einiges gesünder zu werden – allein deshalb, weil Jim sich regelmäßig zu Hause einfindet.

Also beschloss ich, das einmal selbst auszuprobieren. Während der früheren Besuche bei meinen Eltern wollte ich Versäumtes nachholen und sämtliche bislang unerledigten Anrufe oder E-Mails beantworten. Darauf verzichtete ich jetzt, wenn ich mit ihnen zusammen war, und nahm mir vor, zu 100 Prozent da zu sein, also wie nie zuvor. Ich machte meiner Mutter Pediküren und Maniküren, sah mit ihr fern, und so genossen wir interessante und wertvolle Gespräche darüber, was ihr im Leben wichtig war, was Sinn hatte, was sie bereute, was lustig war, sowie über viele andere Themen, einschließlich Geschichte und Mode. Mit meinem Vater unternahm ich Radtouren und blieb bei ihm in der Werkstatt, um Gegenstände zu reparieren – nun, die meisten Reparaturen führte er aus, aber ich war zugegen als Gefährtin. Ich brachte sogar eine Kamera mit und drehte ein Video, in dem ich meine Eltern über ihr Leben befragte. Sie sprachen über ihre Geschwister, Freunde, Lehrer und Eltern, über ihre ersten Jobs, ersten Lieben und ersten Küsse, über Tanzveranstaltungen an der Highschool und den Abschlussball. Mein Vater gab einige Auskünfte – die mir etwas peinlicher waren als erwartet – über seine frühen Verführungskünste hinter dem Eiscafé, wo er nach der Schule arbeitete. Er teilte mit, dass er aufgrund seiner strengen religiösen Erziehung als Junge weder tanzen noch auf Partys gehen durfte. Meine Mutter erzählte eine überraschende Geschichte über den Besuch in einem Leichenschauhaus am Abend ihres Abschlussballs, womit sie eine Mutprobe ablegte. Beide schilderten, wie sie als Familie vor dem Radio saßen und sich dann in den Fünfzigerjahren an den neuen Fernsehprogrammen erfreuten. Kurzum, ich erfuhr eine Vielfalt entzückender Details über sie, und durch meine so geartete Präsenz veränderte sich unsere Beziehung. Wir waren sogar imstande, mancherlei Probleme zu klären, die seit meiner Kindheit zwischen uns fortbestanden hatten. Das wiederum öffnete den Raum für tiefere Intimität und Verbundenheit.

Die Verpflichtung einzugehen, dass man sich in einer Welt voller Ablenkungen nicht ablenken lässt von der Gegenwart eines anderen Menschen, ist eine ebenso wirksame wie erfüllende Übung. Dafür sollten die meisten von uns heute ihre elektronischen Geräte wenigstens eine Weile zur Seite legen, um nicht abgelenkt und innerlich aufgerieben zu werden. Versuchen Sie es einmal beim Abendessen: Legen Sie die stummgeschalteten Mobiltelefone all derer, die um den Tisch sitzen, in einen Korb, während Sie gemeinsam die Speisen genießen und erkennen, wie positiv dies Ihre Fähigkeit beeinflusst, miteinander in Verbindung zu treten. Aufmerksamkeit ist ein äußerst kostbares Gut, weshalb ich Ihnen rate, so viel Zeit wie möglich ohne Geräte zu verbringen, von Angesicht zu Angesicht.

Die Menschen wissen, ob man vollkommen präsent ist oder nicht, und das spielt für sie eine wichtige Rolle. Versuchen Sie demnächst, vollständig bei der Sache zu sein, wenn Sie mit jemandem telefonieren. Statt dabei etwas anderes zu tun – im Internet surfen oder Geschirr abwaschen –, sitzen Sie ruhig da, und bemühen Sie sich, so aufmerksam wie möglich zu sein. Widmen Sie den Personen, die Ihnen etwas bedeuten, ungestört Zeit, und achten Sie darauf, wie das Ihre Beziehungen wesentlich verändert. (Wenn Sie mehr über die Macht der Präsenz in Beziehungen herausfinden möchten, empfehle ich Ihnen besonders die Lektüre des Buches *Das Ja-Experiment* von Shonda Rhimes.[16])

FSB Nr.3: Kommen Sie mit anderen in Einklang

Mit anderen in Einklang zu kommen ist fast gleichbedeutend mit Einfühlsamkeit oder sicherer Bindung an sich. Hier würde ich diese Qualität gern als eine Fähigkeit vorstellen, die wir verfeinern können, impliziert sie doch eine wunderbare Kombination von Zuhören, Präsenz und einem hohen Maß an Mitgefühl. Der Psychologe und Autor Dan Goleman würdigt Paul Ekman – Therapeut und Pionier bei der Erforschung des Zusammenhangs zwischen Gefühlsleben und Gesichtsausdruck – vor allem für dessen Darstellung der drei Arten von Empathie: *kognitiv, emotional* und *mitfühlend* (was Dan als *empathic concern* [»empathische Sorge«] bezeichnet).[17] Kognitive Empathie verweist auf unsere Fähigkeit, die Weltanschauung eines Menschen zu begreifen, während emotionale Empathie bedeutet, dass wir mit seinen Gefühlen übereinstimmen. Empathische Sorge wiederum ist wahrer Einklang: Über das mentale und emotionale Einvernehmen hinaus begegnen wir dem anderen in einer Art, die ihm zu erkennen gibt, dass er nicht allein ist. Wir sind ergriffen von seinen Freuden, und wenn er zu kämpfen hat, möchten wir Beistand leisten – also konkrete Maßnahmen ergreifen, um ihm zu helfen.

Daher umfasst diese Fähigkeit, Einklang herzustellen, einige weitere Faktoren. Wir entwickeln ein starkes Interesse für die Erfahrungen der anderen, bemühen uns zu verstehen, worum es ihnen eigentlich geht, neue Seiten an ihnen zu entdecken und mit ihnen in Resonanz zu treten. Wie sehen sie die Welt? Wie fühlen sie? Egal, welche Emotionen oder Situationen auftauchen – in Einklang zu sein heißt auch, dass wir unser Bestmögliches tun, um uns mit anderen zu verbinden und sie wissen zu lassen, dass wir für sie da sind. Somit kann jenes Gefühl von Kontingenz zum Ausdruck kommen. Es gibt den anderen die Gewissheit, dass wir sie wirklich verstehen und auf ihrer Seite sind. Das ist eine Erfahrung von unschätzbarem Wert, die man im zwischenmenschlichen Austausch empfangen und weitergeben sollte.

Durch das Engagement für ein harmonisches Miteinander bleiben wir selbst dann mit anderen verbunden, wenn der Einklang verloren geht, und dieses Wissen ist in Beziehungen entscheidend. Wir sind auf Verbindung ausgerichtet, uns aber auch im Klaren, ob und wann sie nicht ganz so ist, wie wir es gern hätten. Wenn Sie das Gefühl verspüren, mit einem bestimmten Menschen nicht auf gleicher Wellenlänge zu sein, oder sich sorgen, seine Lage oder Gemütsverfassung nicht genau zu durchschauen, so bitten Sie ihn, näher zu erläutern, was er mitzuteilen versucht. Stellen Sie ihm einfühlsame Fragen, die zur Klärung beitragen.

FSB Nr.4: Bemühen Sie sich um gemeinsame Aufmerksamkeit

Die folgenden Fähigkeiten – gedacht für Menschen, die etwas zusammen machen – können als Voraussetzungen für gemeinsame Aufmerksamkeit betrachtet werden. Mit diesem Begriff ist gemeint, füreinander da zu sein, was immer Sie auch tun: zusammen meditieren, zu Ihrer Lieblingsmusik tanzen, Witze erzählen, Speisen zubereiten oder Übungen ausführen. Jede Aktivität kann dazu dienen, die sichere Bindung mit Ihrem Partner, Kind, Familienmitglied oder Freund dank gemeinsamer Aufmerksamkeit zu festigen. Beispielsweise schauen Sie sich zusammen vom Sofa aus einen Film an und sind trotzdem imstande, gemeinsame Aufmerksamkeit einzuüben (indem Sie etwa Blickkontakt herstellen, miteinander lachen oder später ein Gespräch über den Film führen).

FSB Nr.5: Halten Sie den Kontakt aufrecht

Eines der Kennzeichen sicherer Bindung ist stete Empfänglichkeit. Den Kontakt aufrechtzuerhalten bedeutet, dass Sie nach besten Kräften mit dem anderen Menschen verbunden bleiben, ob durch Blickkontakt, Berührung, Textnachrichten oder Verabredungen in Ihrem Lieblingsrestaurant. Um diese Fähigkeit einzuüben, bedarf es nur ein wenig mehr Achtsamkeit bei der Beantwortung von Mitteilungen dieser Person. Als Erwachsene können wir die Sprache einsetzen, um andere zu erreichen, doch manchmal sind wir nicht so direkt und benutzen – ähnlich wie Säuglinge das Schreien – Klagen, Konflikte und Streitereien, um jene Verbindung herzustellen, die wir hinter alldem suchen. Zum Beispiel verbirgt sich hinter der Klage »Ich kann nicht glauben, dass du schon wieder ohne mich auf Geschäftsreise gehst« die Botschaft »Ich liebe dich wirklich und will mit dir zusammen sein, daher fehlst du mir, wenn du fort bist«. Denken Sie daran in Ihren Beziehungen. Wenn jemand einen Vorwurf an Sie richtet, mag viel mehr dahinterstecken. Versuchen Sie, sich klarzumachen, dass die Qualität Ihrer Reaktion dem Gegenüber unendlich viel bedeuten mag.

In dieser Hinsicht ist das Timing wichtig. Wenn ein Säugling laut schreit und Sie bis zum Ende des Tages warten, um auf das Signal zu reagieren, wird sein Bedürfnis wahrscheinlich nicht gestillt, denn er kann sich noch nicht selbst versorgen und wird deshalb schrecklich leiden. Darüber hinaus mag er noch vielerlei andere Bedürfnisse haben, um die man sich kümmern muss. Wenn ich als Erwachsene Sie um etwas bitte und drei Wochen lang keine Antwort von Ihnen erhalte, wird sich das so anfühlen, als hätten Sie kein besonderes Interesse an der Verbindung zu mir. Selbst wenn die Antwort »Nein« lauten sollte, kommt es darauf an, in welchem Zeitrahmen sie erfolgt. Folglich müssen wir zeitnah reagieren. Außerdem sollte die Qualität der Reaktion der jeweiligen Bitte entsprechen, damit diese so gut wie möglich erfüllt werden kann.

Natürlich ist es bei der Einübung der Kontaktpflege mit jemand anderem entscheidend, nicht Buch darüber zu führen, wer am besten oder am raschesten reagiert. Ebenso selbstverständlich sollte sein, dass die ablehnende Haltung gegenüber einem geäußerten Bedürfnis weder der Kontaktpflege noch der sicheren Bindung förderlich ist. Natürlich sind wir nicht immer in der Lage, sofort auf den Hilferuf oder das Ansinnen unseres Partners zu reagieren, aber wir alle können uns bessern und die Rufe nach Verbindung mit etwas mehr Mitgefühl und Bereitwilligkeit beantworten.

FSB Nr.6: Achten Sie aufs Kommen und Gehen

Wie *FSB Nr.4: Bemühen Sie sich um gemeinsame Aufmerksamkeit,* kann auch diese Fähigkeit ein weites Gebiet abdecken. Unser Bindungssystem reagiert empfindlich, wenn Menschen sich uns nähern, wenn sie uns verlassen und darauf, was infolge dieser Wechsel in unseren Beziehungen passiert. Für einige von uns ist ein Wiedersehen schwieriger als ein Aufbruch – und umgekehrt. Es ist interessant zu beobachten, welche Auswirkungen das Kommen und Gehen der anderen auf unser tägliches Leben hat. Was für eine Art von Mensch sind Sie? Reagieren Sie feinfühlig, wenn andere sich Ihnen nähern? Vermeiden Sie es, auf Leute zuzugehen? Sind Sie bekümmert, wenn jemand sich verabschiedet und fortgeht?

Stan Tatkin empfiehlt eine wunderbare Übung namens *Welcome Home Exercise* (»Willkommen-zu-Hause-Übung«).[18] Vielleicht bereiten Sie in der Küche gerade das Abendessen zu, und Ihr Partner kehrt von einem langen Arbeitstag zurück. In dieser Übung brauchen Sie nur die Herdstufen niedriger zu drehen, an Ihren Partner heranzutreten und ihn fest in die Arme zu schließen. Dann verharren Sie beide, Bauch an Bauch, in dieser Ganzkörperumarmung lange genug, bis die Körper sich entspannen und regulieren können. Wie bereits erwähnt, ist unser Nervensystem in der Weise gestaltet, dass es koreguliert, und so ist dies eine Methode, mit dem Nervensystem des Partners direkt zu interagieren. Sie verbinden Ihre Körper und regulieren einander, was den Ton vorgibt für Ihre weitere Zweisamkeit. Es besteht kein Zweifel: Wenn Sie einen anderen Menschen als neurologisch regulierend empfinden, möchte Ihr Körper wirklich bei ihm sein. Stellen Sie sich das einmal vor!

Die Schlafenszeit am Ende des Tages ist für Paare eine wichtige Übergangsphase. In welcher Verfassung gehen Sie abends zu Bett? Wegen verschiedener Arbeitszeiten oder anderer Verpflichtungen schlafen die Partner heutzutage nicht immer zusammen ein, daher sollten Sie, wann immer möglich, einige Augenblicke der Achtsamkeit einplanen, um sich eine gute Nacht zu wünschen. Oder Sie vollziehen vor dem gemeinsamen Einschlafen ein Ritual, um den Tag in gegenseitigem Einvernehmen abzuschließen – und sei es nur durch ein etwa viertelstündiges Gespräch darüber, was während der Arbeit passiert ist.

Eines meiner bevorzugten Paare, Dee und Freddy, praktiziert ein Ritual für Schokoladenliebhaber, das ich großartig finde. Abends legen sie eine neu entdeckte Sorte oder Trüffelpraline auf das Kopfkissen des Partners, sodass beide sich an ihrer Lieblingsnascherei erfreuen können, während sie das Tagesgeschehen besprechen und miteinander teilen. Regelmäßig erübrigen sie diese Zeit, um selbst die kleinste Störung, die vielleicht aufgetreten ist – auch in ihrer Beziehung –, zu klären und zu beseitigen. Das ist nicht bloß ein angenehmes Ritual, um den Tag zu beenden, sondern eine wunderbare Geste der Wertschätzung, Verbundenheit und Liebe.

Außerdem können wir kleine Dinge tun, um den Tag zu beginnen. Einige Menschen frühstücken zusammen, bereiten füreinander den Kaffee zu oder unternehmen einen Spaziergang in der Nachbarschaft. Was immer es ist – versuchen Sie, ein gemeinsames Ritual festzulegen, das die Bedeutung von Kommen und Gehen würdigt. Wenn

Sie daraus eine Priorität machen, wird sich Ihre Bindung umso mehr verstärken.

FSB Nr.7: Benutzen Sie Ihre Augen

Wir sind neurologisch dazu bestimmt, von Angesicht zu Angesicht zu kommunizieren. Zwar verschicken wir Nachrichten mit Worten und Emojis, antworten einander über die sozialen Medien und bleiben regelmäßig in Kontakt durch E-Mails – all das hat seinen Platz in der heutigen Welt –, doch nichts davon bietet jene Art von geistig-seelischer »Grundnahrung«, die uns durch körperliche Anwesenheit und Augenkontakt zuteilwird. Auf meinem Arbeitsgebiet spricht man häufig von *attachment gaze* (»verbindendem Blick«) oder *beam gleam* (»Leuchten in den Augen«). (Der Ausdruck wurde geprägt von Patti Elledge, die in unseren DARe-Workshops unterrichtet. Das Kürzel steht für *Dynamic Attachment Re-patterning experience* [»Die Umgestaltung der Bindung durch dynamische Erfahrung«]). Das heißt, wir benutzen den Augenkontakt, um anderen ein Gefühl von Freundlichkeit und Empfänglichkeit zu übermitteln beziehungsweise das Gleiche von ihnen zu erhalten oder beides gleichzeitig zu erfahren. Es ist dieser Blick, der besagt: »Du bedeutest mir viel«, »Du bist fantastisch« oder »Ich liebe dich« ... Überlegen Sie einmal, wie Ihre Augen auf die andere Person wirken, wenn Sie sie anschauen. Welche Botschaft senden Sie aus? Irgendwann hat jeder von uns strenge – beschämende, wütende oder gehässige – Blicke empfangen, und schon einer davon kann Ihr ganzes Wesen förmlich lahmlegen. Aber auch das Gegenteil ist wahr. Beachten Sie einfach, was passiert, wenn Sie Ihren Augen gestatten, gegenüber jemand anderem Verbundenheit und Wertschätzung auszudrücken.

Vergessen Sie dabei jedoch nicht, dass Menschen ihren Blick abwenden können, sobald sie in Schwierigkeiten geraten (und sich dann zum Beispiel schämen). Nicht immer ist es eine gute Idee, den Augenkontakt aufrechterhalten oder gar hervorrufen zu wollen. Teenager finden ihn oft aufdringlich oder aggressiv, und die Forderung des Elternteils »Schau mich an, wenn ich mit dir rede!« löst gewöhnlich nur noch mehr Widerstand aus. Bisweilen ist es besser, Seite an Seite zu gehen und zu sprechen oder gemeinsam an überwiegend stillen Tätigkeiten teilzunehmen wie Angeln, Gärtnern oder Nähen. In manchen Kulturen wird freundlicher Augenkontakt als eine sexuelle Einladung verstanden; in anderen ist es ein Zeichen von Respektlosigkeit, wenn Kinder einem Erwachsenen direkt in die Augen sehen.

Augenkontakt ist also nicht überall nützlich oder angemessen, aber wenn er es ist, gehört er zu den leichtesten Methoden, die sichere Bindung zu fördern. Er kostet nichts, bereitet kaum Mühe, und man kann ihn fast jederzeit herstellen – mit äußerst günstigen Ergebnissen, insofern er das zwischenmenschliche Band festigt. Probieren Sie ihn aus, wenn Sie zum Beispiel mit Ihrem Partner auf einer Party sind. Werfen Sie ihm durch den Raum einen innigen, strahlenden Blick zu. Benutzen Sie die Augen, um ihn wissen zu lassen, dass Sie ihn großartig finden und ganz besonders schätzen. Das beansprucht nur zwei Sekunden Ihrer Zeit, aber ich versichere Ihnen, es wird ihm unendlich viel bedeuten. Sie können den verbindenden Blick sogar mit Ihrem Haustier einüben. Nehmen Sie genau wahr, wie es reagiert. Wir werden diese Übung auf andere Weise versuchen, wenn wir im zweiten Kapitel die vermeidende Bindung näher betrachten.

FSB Nr. 8: Widmen Sie sich dem Spiel

Das ist eine herrliche Art, Ihr Bindungssystem zu pflegen. Denken Sie nur einmal daran, wie sehr Kinder es mögen, miteinander zu spielen, mit ihren Eltern, anderen liebenswürdigen Erwachsenen oder Fantasiewesen. Anscheinend gibt es für sie auf der Welt nichts

Wichtigeres als das. Wir Erwachsenen hingegen neigen dazu, uns ausschließlich auf die Arbeit zu konzentrieren und die Bedeutung des Spiels zu übersehen. Doch es ist ein probates Mittel, Verbundenheit und Vertrauen zu fördern.

Wir stecken uns so viele Ziele im Leben, aber was wäre, wenn wir das Vergnügen an die erste Stelle setzten und tatsächlich mehr Spaß mit anderen hätten? Probieren Sie mit Ihrem Partner ein neues Spiel aus, oder entdecken Sie eine Aktivität wieder, die Sie beide in der Kindheit genossen haben. Natürlich geht es nicht darum, dass einer gewinnt, sondern dass Sie sich zusammen amüsieren.

Mehr Zeit fürs Spiel aufzubringen ist eine der angenehmsten Methoden, Ihre Erfahrung von sicherer Bindung zu verschönern. Werden Sie kreativ, und vergnügen Sie sich! Eine meiner Freundinnen namens Sharon kaufte ihrem Mann einen Fedora-Hut, wie Humphrey Bogart ihn trug, und lieh sich »Casablanca« aus (den Lieblingsfilm ihres Mannes). Annie überraschte ihren Ehemann mit einem Abend in den Batting Cages, obwohl sie noch nie einen Baseballschläger geschwungen hatte. Ralph besorgte Karten für Theater, Oper und Kabarett und meldete sich mit seiner Partnerin für Kochkurse an. Matt und Suzie nahmen zusammen Tangounterricht. Minigolf, Wandern, Brettspiele, Jagen, Vogelbeobachtung, Rafting, Hochschulvorlesungen, Weinprobe – die Möglichkeiten sind endlos!

FSB Nr.9: »Entautomatisieren« Sie sich

Damit wir unsere Aufgaben wirksamer bewältigen, automatisiert das Gehirn wiederkehrende Prozesse so weit wie möglich. Nachdem wir zum Beispiel Fahrradfahren gelernt haben, geschieht der Ablauf quasi wie von selbst, damit wir unsere Aufmerksamkeit anderem widmen können, etwa dem Straßenverkehr. Auf die gleiche Weise lernen wir schreiben, lesen, addieren und subtrahieren und so weiter.

Wir brauchen nicht mehr jedes Mal über jeden Schritt nachzudenken. Stan Tatkin macht allerdings auf unsere Neigung aufmerksam, auch unsere Partner zu »automatisieren«.[19] Wir erwarten, dass sie sich innerhalb einer bestimmten, nicht gerade dehnbaren Bandbreite verhalten und entsprechend reagieren, ja hängen vielleicht dem Irrglauben an, alles zu wissen, was es über diese Person zu wissen gibt. Welch eine lächerliche Annahme! Jeder Mensch in unserem Leben ist ein einzigartiges, sich entfaltendes Universum. Es ist weitaus lohnender, diese Tatsache zu beherzigen und ihn so zu behandeln, wie es seiner immerzu wunderbaren Existenz angemessen ist.

Ein Weg in dieser Richtung wäre zum Beispiel, neue und ungewöhnliche Aktivitäten ausfindig zu machen, denen man gemeinsam nachgeht. Das wird Ihnen helfen, an verschiedenen Aspekten Ihrer Nächsten interessiert und mit ihnen verbunden zu bleiben. Neuheit erzeugt im Gehirn Anziehung. Sie hält unsere Beziehungen lebendig, aufregend und leidenschaftlich. Je mehr Neues und Vielschichtiges wir zulassen, desto mehr sorgen wir dafür, dass in unseren Beziehungen ungeahnte Optionen auftauchen. Dadurch geht das Interesse nicht verloren. Es ist also wichtig, offen zu bleiben für all die unterschiedlichen Möglichkeiten, wie Ihr Partner sein könnte und wer er eigentlich ist, anstatt vorauszusetzen, dass Sie ihn bereits kennen, und damit sei alles erledigt. Es ist nicht erledigt, es endet nie. Jeder Tag ist ein neuer Anfang.

FSB Nr. 10: Ausbessern, ausbessern, ausbessern

Der psychologische Forscher und Kliniker John Gottman führte eine Studie mit Frischvermählten durch, die er dann sechs Jahre lang begleitete.[20] Jene Paare, die verheiratet blieben, hatten 86 Prozent der Zeit damit verbracht, Risse in ihrer Beziehung auszubessern, wohingegen die Geschiedenen dafür nur 33 Prozent der Zeit aufwendeten.

In diesem Punkt besteht also zwischen beiden Gruppen ein gravierender Unterschied. Hätte ich gern, dass Sie aus dem ersten Kapitel eine einzige Botschaft mitnehmen, würde ich vor allem die nennen: wie wichtig es ist, brüchige Stellen wieder instand zu setzen.

Niemand von uns ist die ganze Zeit über präsent, im Einklang mit sich und der Welt, ausgelassen oder sehr gut im Zuhören. So ist es nun einmal. Wir alle machen Fehler oder sind nicht in der Lage, uns gleichzeitig um dieses und jenes zu kümmern. Genau hier kommt die »Mängelbeseitigung« ins Spiel. Sich diese Fähigkeit anzueignen ist ein wesentlicher Faktor, um die sichere Bindung zu bewahren. Die Herausforderung liegt jedoch darin, dass die meisten von uns nie gelernt haben, wie man sich entschuldigt oder die aus der Herkunftsfamilie stammenden Schäden behebt. So einfach das klingt, habe ich doch auch die Erfahrung gemacht, dass wir nur selten wissen, wie so etwas geht. Vergessen Sie daher nicht: Ihnen oder Ihrem Partner mag es nicht unbedingt natürlich erscheinen, gewisse Probleme aus der Welt zu schaffen.

Sobald etwas schiefläuft, spielt es eigentlich keine Rolle, wer den ersten Schritt zur »Wiederherstellung« unternimmt oder sich entschuldigt. Idealerweise gehen beide relativ bald an die Arbeit. Selbstverständlich brauchen wir manchmal eine Auszeit, um uns zu sammeln. Ich zumindest weiß, dass sie für mich notwendig ist. Aber dann kehren wir gemeinsam zurück, um jede Art von Enttäuschung oder Verletzung zu durchleuchten, die sich ereignet hat. Außerdem ist es entscheidend, ausdrücklich anzuerkennen, wenn jemand uns zu helfen versucht.

Falls Sie je nach der Rückkehr von der Arbeit zu Hause feststellen mussten, dass Ihr Hund im Müll gewühlt oder einen Gegenstand auf den Küchenboden geschleudert hat, wissen Sie: Sogar Tiere können Scham empfinden, wenn sie etwas falsch gemacht haben. Nachdem mein Hund Max einen Raubüberfall auf den Mülleimer in der Küche verübt hat, nähert er sich mir, den pelzigen kleinen Kopf gesenkt, und wedelt zaghaft mit dem Schwanz. Scham ist eine natürliche Reaktion in uns allen, und es ist wichtig, sie bei anderen wahrzunehmen, damit wir ein Gefühl von Verbindung und Zusammengehörigkeit wiedererlangen können. Hunde sind äußerst gesellige Wesen. Wenn wir sie zur Strafe zwanzig Minuten in den Hof oder Vorgarten sperren, dann ist das eine Zeitspanne, die sie gerade noch ertragen können. Was darüber hinausgeht, wird sie verletzen, als wären sie verstoßen oder im Stich gelassen worden. Stellen Sie sich jetzt vor, um wie vieles empfindlicher Ihre Kinder sind. Unterbrechungen, die Distanz schaffen, können nützlich sein, aber auch schaden oder tiefen Schmerz verursachen, wenn sie zu lange dauern. Weitaus besser ist es, enger in Kontakt zu bleiben und an einer Wiedergutmachung zu arbeiten. Wenn ein Kind auf Sie zugeht und sagt, es tue ihm leid, oder Ihnen ein Bild überreicht, das es allein für Sie gemalt hat, sollten Sie unbedingt lernen, offenherzig darauf zu reagieren.

Manchmal blocken wir die Versuche derer ab, die mit uns zusammen die Sache richten möchten. Vielleicht haben sie sich unserer Meinung nach nicht angemessen entschuldigt oder klar ausgedrückt. Oder wir denken, sie würden nicht wirklich verstehen, wie sehr wir uns von ihnen verletzt fühlen. Möglicherweise haben sie auch erst viel später Entschädigung geleistet, als wir es von ihnen erwartet hatten. Nun, worauf ich hinauswill: Wir alle sollten uns bemühen, ein wenig großzügiger zu sein. Wenn jemand mit einer versöhnlichen Geste an Sie herantritt, so versuchen Sie, diese anzuerkennen, und seien Sie dankbar dafür, statt zu beanstanden, wie unzureichend sie ist. Der Vertrauensbonus wird Ihnen beiden zugutekommen.

Natürlich müssen wir auch lernen, wie wir selbst anfangen, einen entstandenen Schaden wiedergutzumachen. Dazu bedarf es der bereits erörterten Fähigkeit des Zuhörens. Lassen Sie alle Erklärungen, Rechtfertigungen, Meinungsverschiedenheiten außer Acht, und hören Sie einfach zu. Bedenken Sie dabei jedoch, dass die meisten Auslöser unserer Reaktionen von der eigenen Bindungsgeschichte herrühren.

Wenn Ihr Partner in der Beziehung also irgendeine Art von Verletzung empfindet, handelt es sich gewöhnlich nicht um eine frische Wunde, und daher offenbart sie nicht nur, was *Sie* getan oder versäumt haben. Anders ausgedrückt: Wahrscheinlich werden Sie die Angelegenheit nicht bereinigen, indem Sie sich in gekonnter Manier rechtfertigen. Vielmehr geschieht im Partner etwas auf einer tieferen Ebene.

Es ist nicht schlimm, in Beziehungen Fehler zu begehen. Wirklich nicht. Die gute Nachricht lautet: Daraus resultierende Konflikte können Ihre Beziehung festigen, solange Sie lernen, wie man sie löst. Ed Tronick erinnert uns daran, dass der günstige Zustand in einer Beziehung nicht auf lineare, direkte Weise erreicht wird.[21] Es ist eher wie beim Segeln, wenn der Wind das Boot etwas vom Kurs abbringt und man die notwendigen Änderungen vornimmt, um sich im Zickzack auf das gewünschte Ziel zuzubewegen. Wenn Sie in einer Beziehung etwas falsch machen, werden die kleinen Umwege nicht zwangsläufig das ganze Unternehmen scheitern lassen. Die Stabilität der Beziehung kann gerade durch das Ausräumen von Differenzen erhöht werden. Natürlich wollen wir nicht absichtlich Konflikte heraufbeschwören, doch allein, »weil wir auch nur Menschen sind«, verpatzen wir schon genug. Wichtig ist, unser Möglichstes zu tun und den Einklang wiederzufinden, sobald die unvermeidlichen Missklänge hörbar werden.

Gibt es Menschen in Ihrem Leben, die in letzter Zeit versucht haben, eine heikle Angelegenheit gemeinsam mit Ihnen zu regeln? Denken Sie in Ruhe darüber nach. Rufen Sie sich jede Person ins Gedächtnis, die ihre Hand ausstrecken und mit Ihnen in Verbindung treten wollte, der Sie aber keine Beachtung geschenkt oder die kalte Schulter gezeigt haben. Vielleicht haben Sie nicht auf ihre neueste SMS reagiert oder die Antwort auf ihre Mailbox-Nachricht hinausgezögert, weil Sie keine Lust verspürten, sie zu kontaktieren oder zu sehen. Wie wäre es, offen zu werden für ihre Bemühung, die Situation zu klären? Sind Sie bereit, es zu versuchen?

Außerdem möchte ich Sie dazu ermuntern, über jene Personen nachzudenken, auf die Sie gern zugehen würden, um gemeinsam gewisse Störgeräusche abzustellen. Unter Umständen haben Sie das Gefühl, dass in Ihrer Beziehung etwas aus dem Lot geraten ist, und verspüren den Wunsch, den Raum für eine Wiederaufnahme der Verbindung zu öffnen. Dann müssen Sie womöglich Ihren Anteil an der Unstimmigkeit eingestehen oder sich für eine kleinere Verletzung entschuldigen. Wie wäre es, mit dieser Person das Gleichgewicht wiederherzustellen? In welcher Weise könnte sich dadurch die Beziehung verändern?

Überprüfen Sie das einmal. Nehmen Sie genau wahr, was passiert, wenn Sie diese Art von Reparatur zulassen oder selbst einleiten. Bisweilen mögen wir sie jemandem anbieten, der dafür nicht bereit oder besonders empfänglich ist. Auch das ist in Ordnung. Die Fähigkeit, etwaige Schäden im zwischenmenschlichen Bereich zu beseitigen, ist unverzichtbar, daher müssen wir sie erlernen und einüben, unabhängig davon, wie das Ergebnis ausfallen wird. Je öfter wir solche Anstrengungen unternehmen, desto besser verstehen wir uns darauf. Zugleich ist das eine Methode, unsere Beziehungen direkt auf den aktuellen Stand zu bringen. Wir laden gewissermaßen die neueste Software herunter, und im Idealfall funktioniert das System reibungsloser. So sind wir imstande, einen Schritt nach vorn zu machen und unsere Beziehungskompetenzen insgesamt zu erweitern.

In den alltäglichen Beziehungen ist es hilfreich, ein Gespräch darüber zu führen, wie Sie Versuche zur Konfliktlösung unterstützen können, und zwar noch bevor Sie sich in einer Phase befinden, in der mindestens einer der Beteiligten Gefahr läuft, in die alten Automatismen zurückzufallen. Dabei entwirft man ein Ritual, das der Klärung dient. Es mag einfach in einem speziellen Wort bestehen, das Sie verwenden, um Ihr Einverständnis zu signalisieren, und das für niemanden sonst einen Sinn ergeben muss. Sie könnten zum Beispiel sagen: »Wassermelone«, »Pfannkuchen« oder »Gehen wir segeln«, zumal wenn das Wort oder der Satz auf etwas hindeutet, was Sie beide gern essen oder gemeinsam unternehmen. Dadurch bekunden Sie Ihre Bereitschaft zur Versöhnung, und diese Geste wird die Energie, die in der Auseinandersetzung wirksam ist, verändern oder die entstandene Kluft überbrücken. Außerdem sollten Sie eine angemessene Geste ausführen oder ein visuelles Signal senden, etwa eine Kerze anzünden, sobald Sie gewillt sind, sich zu entschuldigen. Es ist eine Möglichkeit zu sagen: »Ich möchte das hinter mir lassen. Ich möchte mich wirklich versöhnen und mit dir wieder zusammenkommen.« Vielleicht zündet die andere Person dann ja auch eine Kerze an und erwidert damit: »Gut, ich bin bereit, zuzuhören und mit dir wieder in Verbindung zu treten.«

Als ich meinen sehr großen Mann heiratete, stand ich bei unserer Umarmung auf der untersten Stufe der Treppe. Daraus wurde unser Ritual, mit dem wir Probleme bereinigten: Sobald ich bereit war, stellte ich mich auf jene Stufe, was er wiederum als das Signal erkannte, um dann auf mich zuzugehen, sodass wir uns umarmen und versöhnen konnten. Da sind vielerlei Möglichkeiten, derartige Rituale in Ihre Beziehungen einzubringen. Es spielt keine Rolle, wie die entsprechende Handlung nach außen wirkt, solange sie Ihnen hilft, Unstimmigkeiten zu klären, gesund zu werden und Resilienz zu entwickeln.

FSB Nr. 11: Schaffen und erweitern Sie Ihre Ressourcen

An dieser Stelle möchte ich mich einigen Übungen zuwenden, die Sie allein und für sich selbst ausführen können, um die sichere Bindung zu fördern. In der Einleitung erwähnte ich bereits, dass sich Bindungsmuster nicht nur innerhalb einer Lebensspanne herausbilden, ausgehend von Erfahrungen, die Sie in Ihrer Kindheit machen. Tatsächlich kann unser Bindungstyp – mit seinen Vor- und Nachteilen – über Generationen weitergegeben werden. In gewisser Weise erben wir also die Bindungsmuster unserer gesamten Vorfahren. Einigen erscheint das vielleicht als Schreckensnachricht, aber vergessen Sie nicht, dass die Neuroplastizität an der Ausgestaltung unseres Nervensystems wesentlichen Anteil hat. Obwohl es stimmt, dass allzu viele unter uns von Eltern großgezogen wurden, die alte Wunden aus ihrer Kindheit und obendrein die Leiden ihrer Vorfahren in sich trugen – Wunden, die niemals ganz verheilt sind und zur Folge hatten, dass unsere Eltern (sowie deren Eltern) ihr Leben lang kämpfen mussten –, trifft doch ebenfalls zu, dass unsere persönlichen Anpassungsformen hinsichtlich der Bindung nicht in Stein gemeißelt sind. Da einige von uns mit traumatischen Altlasten zu tun haben, möchte ich ein paar Übungen anbieten, die sich jene uns angeborene Neuroplastizität zunutze machen.

Manche Eltern, die unter chronischen seelischen Schmerzen leiden, fordern ihre Kinder bewusst oder unbewusst auf, sich um sie zu kümmern. Diese Art von Beziehung ist natürlich das genaue Gegenteil dessen, wie es sein sollte. Eltern sind dazu da, Kinder zu beschützen, ihre Bedürfnisse zu stillen und nach ihnen zu schauen – nicht umgekehrt. Nicht, dass Kinder nie etwas für ihre Eltern erledigen sollten, aber sie sind weder dazu bestimmt noch reif genug, die Probleme von Erwachsenen zu lösen und als stellvertretende Bezugsperson oder Partner zu fungieren. Wenn Eltern ihre Kinder in dieser Weise behandeln, resultiert daraus oft eine Form von unsicherer Bindung.

Falls Ihnen einer der genannten Aspekte aus Ihrer Kindheit bekannt vorkommt, lade ich Sie zu der folgenden Übung ein, die Ihnen helfen soll, sich in Richtung der sicheren Bindung neu zu orientieren.

ÜBUNG DEN ROLLENTAUSCH MIT IHRER MUTTER ODER MUTTERFIGUR UMKEHREN

Beginnen wir damit, dass Sie sich Ihre Mutter vorstellen. Sehen Sie sie vor sich, während sie heranwuchs. Versuchen Sie, ein deutliches Gefühl dafür zu bekommen, wer Ihre Mutter war und worum es ihr ging – welche Sorgen sie hatte, welche Bedürfnisse, vor welchen Herausforderungen sie stand und dergleichen. Fühlen Sie sich so intensiv wie möglich in ihre Erfahrungswelt ein.

Nun stellen Sie sich vor, dass Ihre Mutter all die Unterstützung bekam, die sie von anderen fürsorglichen Erwachsenen brauchte, wenn sie mit irgendeiner misslichen Lage konfrontiert war. Malen Sie sich in dieser Fantasie aus, dass sie Zugang hatte zu jeder Stärke, Eigenschaft, Weisheit oder Gemeinschaft, die ihr genau so halfen, wie sie es während ihrer Kindheit bis ins Erwachsenenalter benötigte. Entscheidend ist, dass Sie sich gerade nicht vorstellen, diese Bedürfnisse zu stillen. Visualisieren Sie in dieser Übung vielmehr, dass andere tüchtige wie fürsorgliche Erwachsene für sie da waren. Sehen Sie Ihre Mutter umgeben von kompetenten, liebevollen Erwachsenen, die ihr jede erdenkliche Unterstützung zuteilwerden ließen, deren sie bedurfte. Als Kind Ihrer Mutter müssen Sie nichts tun, sondern beobachten nur, was sich vor Ihrem inneren Auge abspielt. Betrachten Sie den Film, den Sie mit Ihrer Einbildungskraft erschaffen. Verfolgen Sie, wie diese so großzügigen, zugewandten Erwachsenen sich Ihrer Mutter annehmen, und bemerken Sie jedes Detail, das durch deren Pflege offenbar wird. Vielleicht lächelt Ihre Mutter öfter oder geht etwas leichtfüßiger durch die Welt. Sie ist glücklicher, stärker und besser gewappnet, den kommenden Herausforderungen zu begegnen. Achten Sie auf die Veränderungen in ihr, während ihr zuteilwird, was sie braucht. Sie mag sich weiterentwickeln,

genesen, Spaß haben und über mehr Energie verfügen – und dann auch imstande sein, sich als Elternteil aufmerksamer und weniger gereizt aufzuführen.
Meine Klientin Lisa stellte sich vor, ihre Mutter habe Freundinnen wie die von Mary Tyler Moore verkörperte Figur in der gleichnamigen Sitcom aus den Siebzigerjahren. [Diese lief in Deutschland erstmals unter dem Titel »Oh Mary« im Vorabendprogramm des Ersten. In ihr wurde ein für damalige Verhältnisse anderes Frauenbild gezeigt: eine unverheiratete berufstätige Frau, deren Leben nicht mehr darauf ausgerichtet war, einen Mann zu finden.] Lisa sah ihre Mutter also in einem literarischen Gesprächskreis voller unabhängiger, berufstätiger Frauen – das genaue Gegenteil zur Mutter, die sich überfordert und lahmgelegt fühlte durch ihre zehn direkt nacheinander geborenen Kinder und die völlig abhängig war von ihrem Mann. In Lisas Vorstellungsvermögen erfreute sich die freiere Mutter an der Gesellschaft starker, emanzipierter Frauen, wodurch bei ihr die Gefühle von Schuld und Scham, der Mutter zur Last zu fallen, nachließen und sie ebenfalls eine größere Freiheit verspürte. Sie hatte nicht mehr den Eindruck, sich selbst aufopfern und für ihre Mutter sorgen zu müssen, weil diese nun (in der Vorstellung) ihre Freundinnen hatte und von anderen Erwachsenen unterstützt werden konnte. Obwohl der literarische Zirkel nur eingebildet war, gelang es Lisa, mithilfe der dargestellten Szene ihre Innenwelt zu entwirren.
Richten Sie jetzt die Aufmerksamkeit auf sich selbst. Wie fühlen Sie sich als Kind gegenüber Ihrer Mutter bei der Vorstellung, dass sie vollkommen versorgt, beschützt, unterstützt, vergnügt und zufrieden ist? Welche Signale nehmen Sie in Ihrem Körper wahr? Was passiert mit Ihnen auf der emotionalen Ebene? Inwieweit unterscheidet sich Ihre momentane Erfahrung von der früheren, da die Mutter nun kompetente Erwachsene in ihrem Leben hat und weder Sie noch irgendein anderes Kind braucht, das sich

um sie kümmert? Prüfen Sie diese Fragen, und achten Sie auf all die neuen zum Vorschein kommenden Gedanken, Gefühle und sonstigen Empfindungen.

Erübrigen Sie bitte etwas Zeit, um zu notieren, wie diese Übung auf Sie wirkt. Was geschieht, wenn Sie sich vorstellen, dass Ihre Mutter gut versorgt war? Viele Menschen verspüren nach dieser Übung ein tiefes Gefühl von Erleichterung. Einige können sogar visualisieren, ihre Kindheit zu genießen, und fühlen sich vielleicht zum ersten Mal unbeschwert.

Als mein Freund Alan diese Übung durchführte, beobachtete er, wie seine früher ständig erschöpfte Mutter nun am Küchenherd stand, eine Melodie vor sich hin summte und lächelte. Dann bemerkte er seinen Vater, der eintrat, die Arme um die Hüfte seiner Mutter legte und sie hätschelte, während beide sich tanzend durch die Küche bewegten und sie gelegentlich die Suppe umrührte.

Dieses Bild unterschied sich deutlich davon, was sich tatsächlich in seiner Kindheit abspielte. Sein trunksüchtiger Vater neigte zu Wutanfällen, und seine Mutter hatte Angst vor ihm. Dennoch gestattete sich Alan jetzt, eine andere Szenerie wahrzunehmen, und bemerkte dabei, wie sich etwas in ihm veränderte. Als er seine Eltern in liebevoller Verbundenheit sah, war seine familiäre Umgebung aufbauend, harmonisch und fröhlich. Da für ihn keine Notwendigkeit mehr bestand, loszuhasten und seine Mutter in irgendeiner Weise zu versorgen, fühlte er sich als Kind allmählich ruhiger, unbekümmerter und weniger ängstlich. Alan fiel auf, dass er sich in seiner Vorstellung leichter auf das Spiel mit seinen Geschwistern und die eigenen Hobbys – etwa Modellflugzeuge bauen – konzentrieren konnte. Indem er dank diesem wirksamen imaginären Prozess gleichsam durch die Hintertür ins Elternhaus zurückging, wurde ihm für einen Augenblick bewusst, wie sichere Bindung sich anfühlt.

Natürlich kann man die Vergangenheit nicht ändern. Darum geht es ja auch nicht. Es ist vielmehr äußerst wichtig, dass auch Ihre emotionalen, psychischen und spirituellen Wesensanteile eine Möglichkeit bekommen zu erfahren, wie grundlegend anders sichere Bindung sein kann, und die neuen Eindrücke zu verinnerlichen. Das veranlasst Ihre tief verwurzelte sichere Bindung, kurz »Hallo« zu sagen. Dadurch gewinnen Sie einen flüchtigen Eindruck davon, welche Regungen sie in Ihnen hervorruft, und Sie können heute als Erwachsener beginnen, sich an ihr neu zu orientieren.

ÜBUNG DEN ROLLENTAUSCH MIT IHREM VATER ODER IHRER VATERFIGUR UMKEHREN

Versuchen wir nun die gleiche Übung mit Ihrem Vater. Versetzen Sie sich nach besten Kräften in seine Erfahrungswelt. Worin bestehen seine eigentlichen Grundbedürfnisse? Was mag seine tiefste Wunde sein, wenn Sie ihn nun einmal genauer betrachten? Bemühen Sie sich, ihn so vollständig und so deutlich wie möglich zu sehen – seine Herausforderungen, Mängel, Verletzungen und Gaben. Stellen Sie sich vor, dass einige treusorgende Familienmitglieder, mitfühlende Freunde oder kluge ältere Menschen ihm Gesellschaft leisten. Wenn Sie für ihn den perfekten Lehrmeister erfinden könnten – wer wäre es?

Auch hier gilt: Dieser Lehrmeister oder Ratgeber sind nicht Sie, sondern ein tüchtiger, freundlicher und zuverlässiger Erwachsener, der einfach weiß, was zu tun oder zu empfehlen ist. Beachten Sie, wie diese Person (es können auch mehrere sein) Ihrem Vater in schwierigen Zeiten Beistand leistet, ihn mit Sanftmut und Humor großzieht oder schlichtweg da ist, um all seine Bedürfnisse zu stillen. Beobachten Sie, wie Ihr Vater darauf reagiert. Sehen Sie ihn lächeln, stark und gut gerüstet aufwachsen, während er sich unterstützt fühlt, auch später als Erwachsener. Vergegenwärtigen Sie sich, welchen Eindruck die Veränderungen erwecken, während er auf solche Weise begünstigt und geliebt durchs Leben geht. Richten Sie jetzt den Fokus auf sich selbst. Was fühlen Sie in diesem Augenblick? Was geschieht in Ihrem Herzen? Welche Empfindungen regen sich in Ihrem Körper? Wie ist es, Ihren Vater so gut gerüstet, gefördert und geliebt zu sehen? Inwieweit unterscheidet sich Ihre momentane Erfahrung von der früheren, da Sie erkennen, dass er umsorgt wird? Aufgrund seiner gestillten Bedürfnisse mag er über mehr Kraft und ein größeres Aufnahmevermögen verfügen, um für Sie und Ihre Geschwister ein besserer Vater zu sein. Was passiert, wenn seine Fähigkeiten befreit werden und Ihnen als Kind zugänglich sind? Was ändert sich dadurch für Sie?

Wir alle kommen voller Liebe und Mitgefühl zur Welt, werden uns aber während des Heranwachsens der Leiden ringsum gewahr, gerade bei unseren Eltern. Natürlich möchten wir die Leerstellen in ihrem Leben ausfüllen, ihre Wunden heilen und ihre unbefriedigten Bedürfnisse stillen. Doch das können wir nicht. Erstens ist es nicht unsere Aufgabe. Zweitens sind wir weder alt genug noch entsprechend ausgestattet, um sie zu meistern, so eifrig wir uns auch bemühen. Wenn wir demnach mit Eltern groß werden, die darauf angewiesen sind, dass wir uns in irgendeiner Form um sie kümmern, gehen wir ständig mit dem Gefühl durchs Leben, sie im Stich zu lassen. Wir werden dem Anspruch nicht wirklich gerecht, scheitern mal mehr, mal weniger.

In Anbetracht dessen schlage ich vor, dass Sie die obigen beiden Übungen gegebenenfalls mehrmals machen. Beziehen Sie andere Mutter- und Vaterfiguren mit ein, doch konzentrieren Sie sich jeweils nur auf eine Beziehung. Es funktioniert besser, eine einzelne Person statt eine Gruppe zu visualisieren.

Wie gesagt: Obwohl diese Erfahrung in der Vorstellung stattfindet, wird sie Ihnen helfen, die durch Beziehungen geschlagenen Wunden zu heilen. Es spielt keine Rolle, inwieweit sich Ihre Geschichte von der imaginären Darstellung unterscheidet. Indem Sie Erinnerungen zurückrufen und sie mit positiv besetzten gegensätzlichen Bildern durchdringen, ändert das zwar nicht Ihre Vergangenheit, aber es vermischt die frühen Ereignisse mit aktuell zur Verfügung stehenden Mitteln.

Sobald wir mit der ursprünglichen Wunde in Berührung kommen, wird sie dank der Gedächtniskonsolidierung empfänglich für Veränderungen. Machen wir zum Beispiel die tief empfundene Erfahrung einer sicheren Bindung, so kann dieses neu gewonnene Mittel zum festen Bestandteil der primären Erinnerung werden. Wird das Gehirn dann sowohl mit der alten Verletzung wie mit der sie maßgeblich korrigierenden Erfahrung konfrontiert – einer frischen Erinnerung, die neue Mittel bereitstellt –, wählt es aufgrund seiner Funktionsweise die anpassungsfähigere Variante oder Reaktion. Bildlich gesprochen: Die Aussaat eines Samens der Erfahrung rings um die sichere Bindung gibt dem Gehirn die Möglichkeit, eine gesündere Richtung einzuschlagen.

Und noch einmal sei klargestellt, dass es bei diesen Übungen nicht darum geht, die Vergangenheit zu leugnen, sondern darum, in eine hellere, von innerer Stärke geprägte Zukunft aufzubrechen.

Wenn wir mit Eltern groß geworden sind, die uns verletzt oder unsere Bedürfnisse nicht gestillt haben, mag es manchmal schwierig sein, ihnen zu helfen, während sie altern und mehr Beistand benötigen. Gelingt es uns, von der eigenen Geschichte zu genesen, können wir vielleicht öfter und in authentischer Weise für sie verfügbar sein. Wir sehen, wie ihre nicht verheilten Bindungswunden wieder zutage treten – deutlicher noch unter der Belastung zunehmender Gebrechlichkeit, etwa in Gestalt übermäßiger Anhänglichkeit oder unrealistischen Autonomiestrebens. Im letzteren Fall mag ein Elternteil in

Wut geraten, wenn er Sie oder andere um Hilfe bitten muss. Edith zum Beispiel, die Mutter meiner Freundin, wurde misstrauisch und ein bisschen paranoid, weil sie glaubte, von ihren Kindern durch die Einrichtung eines Treuhandkontos finanziell ausgenutzt zu werden. Nichts lag der Wahrheit ferner. Doch der Verlust finanzieller Unabhängigkeit war für sie beunruhigend, weil die Kinder ihre Rechnungen bezahlten und ihre Steuererklärung anfertigten. Wenn also bei Ihren Eltern im Alter frühere Bindungswunden erneut auftauchen oder sich weiterhin bemerkbar machen – was in der Regel auch geschieht –, sind Sie womöglich dazu aufgerufen, Ihre Fähigkeiten zur sicheren Bindung einzuüben und damit die Eltern noch in diesem Lebensstadium zu unterstützen.

FSB Nr. 12a: Widmen Sie sich dem Guten

Während der Genesung von einem Trauma ist es wichtig, die eigenen Wunden zu untersuchen, sie behutsam zu versorgen und mitfühlend mit sich selbst umzugehen, damit der Heilungsprozess weiter voranschreitet. Allerdings müssen wir dabei aufpassen, nicht in das zu verfallen, was die Autorin und Heilerin Caroline Myss *woundology* nennt – das heißt, unser Leben ausschließlich durch unsere Leiden und Mühen zu definieren.[22] Dies kann uns daran hindern, innerlich zu wachsen und die Ansichten über die Welt im Allgemeinen und unsere Beziehungen im Besonderen zu ändern. Deshalb ist es ebenso wichtig, das Positive in unserem Leben pfleglich zu behandeln, und genau darum geht es beim Erlernen der Fähigkeiten zur sicheren Bindung. Wir möchten die Gabe entwickeln, klar zu erkennen, was bei uns richtig läuft, und Wege entdecken, unsere Beziehungen so zu pflegen, dass sie Glück und Wohlbefinden bescheren.

So wie Pflanzen der Sonne entgegenwachsen, blühen wir auf, wenn wir uns an der sicheren Bindung orientieren. Zu diesem Zweck ist es wertvoll, bewusst jene angenehmen Gefühle wahrzunehmen, die mit sicherer Bindung einhergehen. Die meisten von uns sind bereits talentiert genug, verletzte Gefühle zu identifizieren, sobald etwas schiefgeht, sie müssen aber eine Art Radarsystem entwickeln, um zu erkennen, wann alles reibungslos läuft. Wie gut erfassen wir die Hinweise auf eine wahre Verbindung? Wie gut richten wir uns an der »zoetropischen Zone« aus? Im Griechischen steht *zoē̂in* für »leben« und *tropē̂* für »Wendung«, also bedeutet »zoetropisch« etwa so viel wie »dem Leben zugewandt«. Demgemäß ist die »zoetropische Zone« gekennzeichnet durch lebensbejahende Gefühle und Erfahrungen – vergleichbar einer Sonnenblume, die während ihres Wachstums ganz natürlich dem Licht zustrebt. Genau diesem Phänomen sind wir hier auf der Spur. Im Wesentlichen möchten wir vertraut sein mit dem, was uns angemessen und zuträglich ist, und es in unserem Leben stärker hervorheben. Ich hoffe, es versteht sich von selbst, dass damit nicht gemeint ist, Wunden und Traumata einfach zu ignorieren. Dergleichen ist offensichtlich nicht hilfreich. Vielmehr befürworte ich eine Verfahrensweise, bei der nicht *ausschließlich* die eigenen Probleme und Konflikte in Betracht gezogen werden.

Dieses Thema fällt in das Fachgebiet von Rick Hanson, den ich bereits in der Einleitung erwähnt habe. Ich kann Ihnen nur empfehlen, sich einmal mit seinen Forschungen zu beschäftigen (siehe Literaturverzeichnis). Am relevantesten für die hier behandelten Fähigkeiten zur sicheren Bindung ist Ricks prononcierte Feststellung, dass es darauf ankommt, sich lange genug positive Erfahrungen zu vergegenwärtigen, wodurch eingefahrene neuronale Prozesse im Gehirn dann tatsächlich verändert werden. Bedenken Sie stets, dass das Gehirn dazu durchaus fähig ist, ja dazu bestimmt, zu genesen und sich in günstiger Weise weiterzuentwickeln. Deshalb ist es so wichtig, sich zu öffnen für jene korrigierenden Erfahrungen, wie sie die bisherigen Übungen hervorrufen. Wenn wir unsere Aufmerksamkeit auf positive Vorstellungen lenken und frühere Erinnerungen mit neu gewonnenen Einsichten anreichern, nähern wir uns allmählich der sicheren Bindung. Genau das bewirkt den Wandel, den wir uns im Leben wünschen.

Außerdem empfehle ich Ihnen und Ihrer Familie betont positiv ausgerichtete Medien, Bücher und Erfahrungen. Sie können Ihr sicheres Bindungssystem mit vielerlei Nahrung versorgen, indem Sie prosoziale Fernsehsendungen und Filme anschauen, aufbauende Bücher lesen oder wohltuende Workshops besuchen. Ich spreche mich für das Fernsehen nicht aus, damit Sie süchtig werden nach irgendwelchen schlechten Gewohnheiten, sondern um Ihnen etwas anzubieten, das leicht verfügbar ist, wenn Sie ohnehin fernsehen. Mir persönlich gefiel zum Beispiel besonders »Parenthood«[23] – eine Serie auf NBC über die Familie Braverman: Obwohl ihre Mitglieder zahlreiche Konflikte erleben und allerlei schwierige Erfahrungen durchmachen, findet diese Familie einen Weg, sie gemeinsam zu bewältigen und ein Gefühl von liebevoller Verbindung aufrechtzuerhalten (oder wiederzuerlangen). Der Psychiater und Neurowissenschaftler Amir Levine empfiehlt den Film »Brooklyn – Eine Liebe zwischen zwei Welten«, der von Menschen handelt, die überwiegend aufgrund sicherer Bindungsmuster miteinander in Beziehung treten.[24] Ein weiteres Beispiel für sichere Bindung ist die Mutter-Tochter-Beziehung zwischen Lorelai und Rory Gilmore in der Fernsehserie »Gilmore Girls«[25]. Wenngleich deren Beziehung einen gewissen Mangel an Grenzen zwischen Elternteil und Kind widerspiegeln mag, ist sie doch zumeist Ausdruck einer sicheren Bindung.

Natürlich sind das nur ein paar Optionen unter Tausenden. Und weil das, was Sie betrachten, Sie beeinflusst, empfehle ich Ihnen zusätzlich, die Zahl der dysfunktionalen, Missbrauch darstellenden oder sonstwie gewalttätigen Filme, die Sie anschauen, zu reduzieren. Ich sage nicht, Sie sollten sie völlig meiden, sondern möchte Sie nur dazu ermuntern, vertrauter zu werden mit dem, was gesunden Beziehungen förderlich ist; und das heißt, Ihr Netzwerk sicherer Bindungen mit »nahrhafter Kost« zu pflegen. Was lenkt Ihre Aufmerksamkeit in diese Richtung?

Begünstigen die Bücher, die Sie lesen, und die Sendungen, die Sie verfolgen, eine sichere Bindung – oder aber bestimmte Tendenzen, die für Sie und Ihre Familie weniger ideal sind? Nicht zuletzt lohnt es, darüber einmal nachzudenken und gegebenenfalls etwas Neues auszuprobieren. Wenn Sie öfter und unmittelbarer mit sicheren Bindungen in Berührung kommen möchten, so machen Sie sie ausfindig bei Ihren Ratgebern und Freunden, in Beziehungen und Medien. Der Lohn der sicheren Bindung ist zweifellos die Mühe wert.

Um dieses Kapitel erfreulich ausklingen zu lassen, sollten Sie sich der folgenden Betrachtung hingeben. Widmen Sie sich – und sei es nur für ein paar Minuten – einmal all dem, was in Ihrem Leben wunschgemäß verläuft.

ÜBUNG WAS FUNKTIONIERT?

Nehmen Sie sich einen Moment, um über die Eigenschaften einer sicheren Bindung sowie die dafür notwendigen, in diesem Kapitel dargestellten Fähigkeiten nachzudenken. Mit welchen davon sind Sie schon vertraut, welche sind in Ihrem heutigen Leben wirksam? Mit wem fühlen (oder fühlten) Sie sich sicher verbunden? Welche Mittel wenden Sie an, um solche gesunden Beziehungen zu fördern? Mit anderen Worten: Was läuft bereits gut und richtig in Ihrem Leben?

Falls die Frage schwer zu beantworten ist (weil vielleicht nur sehr wenig von alldem bei Ihnen Widerhall findet), konzentrieren Sie sich einfach auf jene Aspekte im vorliegenden Kapitel, die Sie am meisten ansprechen. Welche der Fähigkeiten zur sicheren Bindung versetzen Sie förmlich in Begeisterung, welche würden Sie gern einüben? Möglicherweise den Augenkontakt oder die längeren Umarmungen. Oder Sie möchten mehr Fernsehsendungen anschauen, die gesunde Beziehungen widerspiegeln. Eventuell geben Sie sich Mühe, auf E-Mails, Kurztextnachrichten und Anrufe schneller zu reagieren. Wie könnten Sie ausdrucksvoller oder fürsorglicher sein, wenn dies für Sie ein Problem ist? Wie könnten Sie einüben, die Zeit des Alleinseins zu genießen, und lernen, sich selbst zu beruhigen, wenn das eine Herausforderung für Sie ist? Wie könnten Sie in Ihrer Kindererziehung oder Partnerschaft mehr »Sicherheitsmaßnahmen ergreifen«? Vielleicht halten Sie Ihren Partner öfter an der Hand und beteuern großzügiger Ihre Liebe und Hingabe. Worauf möchten Sie im weiteren Fortgang den Schwerpunkt legen?

Wie immer Ihre Antworten auf diese Fragen ausfallen – achten Sie einmal genau darauf, in welcher Weise sich Ihre Beziehungen ändern, sobald Sie die genannten Fähigkeiten und Methoden in den Vordergrund rücken. Die sichere Bindung ist Ihr Geburtsrecht, und indem Sie deren Ausdrucksformen einüben, wird sie in Ihrem Leben umso offensichtlicher und bestimmender.

FRAGEN ZUR BEURTEILUNG DER SICHEREN BINDUNG

- *Möchten Sie anderen nah sein, fällt es Ihnen leicht, Verbindungen zu knüpfen, und erwarten Sie, dass Beziehungen gut funktionieren?*
- *Fühlen Sie sich meistens entspannt in Gegenwart der Menschen, die Ihnen nah sind?*
- *Vollziehen Sie den Übergang vom Allein- zum Zusammensein fließend und ohne große Schwierigkeiten?*

- *Können Sie und Ihr Partner sich mühelos entschuldigen und in jedem Konflikt auf eine Win-win-Lösung hinarbeiten?*
- *Glauben Sie, dass Menschen grundsätzlich gutherzig sind?*
- *Ist es für Sie wichtig, die Bedürfnisse Ihrer Nächsten zu erfüllen?*
- *Bitten Sie ohne Umschweife und deutlich darum, dass Ihre eigenen Bedürfnisse gestillt werden?*
- *Sind Sie präsent für Ihre Liebsten, und befreien Sie sich von Ablenkungen, sobald Sie mit ihnen in engeren Kontakt treten?*
- *Bemühen Sie sich, die Sicherheit in Ihren Beziehungen zu gewährleisten, und beschützen Sie die Menschen, denen Sie sich nah fühlen?*
- *Freuen Sie sich darauf, Zeit mit Ihrem Partner und Ihren Freunden zu verbringen?*
- *Sind Sie liebevoll zu denen, die Ihnen am Herzen liegen?*
- *Respektieren Sie bei anderen die Bedürfnisse nach Privatsphäre?*
- *Wie wichtig sind gesunde Grenzen für Sie?*
- *Suchen Sie das Weite, sobald in einer Beziehung zu vieles schiefläuft – wohl wissend, dass es andere großartige Möglichkeiten für erfüllende Beziehungen gibt?*
- *Erübrigen Sie regelmäßig Zeit, um sich dem Spiel zu widmen?*

Vermeidende Bindung

Bislang haben wir uns auf die sichere Bindung konzentriert, die Reise begonnen mit Blick auf das Endziel. Nun aber möchte ich mich damit beschäftigen, was wir tun, wenn unser Leben nicht so angenehm verläuft. Insbesondere meine ich hier Störungen in der Bindung – die verschiedenen Arten von unsicherer Bindung, mit der so viele von uns zu kämpfen haben. Sie werden sehen, dass ich gern auch den Begriff »Bindungsanpassung« verwende, und zwar aus gutem Grund. Als Säuglinge brauchen wir unsere Eltern, um zu überleben; in dieser Hinsicht haben wir keine Wahl. *Wir passen uns an*, je nachdem, welche Fähigkeiten sie haben oder vermissen lassen. Auf einer grundlegenden Ebene reagieren wir und entwickeln uns nach Maßgabe dessen, was funktioniert oder fehlschlägt.

Ganz gleich, wo wir im Leben schließlich ankommen (und das heißt, welchen Bindungstyp wir verkörpern), verdient in meinen Augen die Tatsache, dass wir uns so gut wie möglich angepasst haben, durchaus Respekt und zumindest ein wenig Wertschätzung für das Dilemma, dem sich jedes Kind ausgesetzt sieht. Wenn wir das große Los ziehen, wachsen wir vielleicht in einer Familie auf, die mit sicherer Bindung gesegnet ist. Anderenfalls bleibt uns nichts anderes übrig als die Anpassung an die Einschränkungen unserer Bezugspersonen. Sie erfolgt, indem wir unsere natürlichen Bindungsbedürfnisse weiterhin optimal zu stillen versuchen, selbst wenn das paradoxerweise bedeutet, dass wir unser Bedürfnis nach inniger Verbindung unterdrücken.

Bis in die Siebzigerjahre gab es kaum nennenswerte Untersuchungen darüber, wie Kinder Bindungsanpassungen vornehmen. Zu jener Zeit führte Mary Ainsworth ihre Studien unter dem Titel *Strange Situation* (»Fremde Situation«) durch.[26] Ainsworth, Entwicklungspsychologin und Forscherin, die bei John Bowlby studiert hatte, entwickelte ein Verfahren, mit dem etwa hundert Familien mit Kindern zwischen zwölf und achtzehn Monaten beobachtet wurden. Die Kinder waren in einem Raum mit ihren Müttern und einem Fremden, spielten mit wenigen Spielsachen, während die Forscher verfolgten und aufzeichneten, was passierte, wenn die Mutter sich für eine Weile entfernte und dann zurückkehrte. Einige Kinder wurden aufgeregt, als ihre Mutter wiederauftauchte, umarmten sie oder forderten sie auf, mit ihnen zu spielen. Viele zeigten fast keinerlei Anspannung und reagierten dementsprechend positiv. Manche indes reagierten ganz anders. Als ihre Mutter wiederkam, taten sie so, als wäre ihnen das egal, oder ignorierten ihre Mutter vollkommen und spielten einfach allein weiter. Anfangs dachten die Forscher, diese Kinder seien lediglich gleichgültig, doch als sie physiologische Messungen mit einbezogen, wiesen die kleinen Probanden eine Vielzahl von Stresssymptomen auf. In Wirklichkeit reagierten sie heftig auf das Kommen und Gehen der Mutter, verhielten sich aber auf ihre Art, um solche Erfahrungen zu verschleiern. In gewisser Hinsicht hatten sie ihre normalen Reaktionen »ausgeschaltet« und wendeten dafür viel Energie auf.

Diese Studien enthalten weitaus mehr Erkenntnisse, als ich hier darlegen kann, einschließlich derer, die bei anschließenden Untersuchungen gewonnen wurde – nämlich dass Kleinkinder gegenüber anderen Bezugspersonen verschiedene Bindungstypen zum Ausdruck bringen können. Doch im Rahmen dieses Kapitels möchte ich den Fokus auf die zuvor beschriebenen Kinder richten. Ainsworth bezeichnete deren Form von unsicherer Bindung als *vermeidend* wegen der Art und Weise, wie sie auf Distanz blieben und nicht mehr nach dem Band suchten, das von ihrer Mutter ausging. Ihr Signalruf hatte sich angepasst; in zahlreichen Fällen war er einfach abgestellt.[27] Wenn wir Erwachsene mit solch einem Verhalten vor uns sehen, betrachten wir sie als selbstgenügsam, abweisend, unnahbar oder abgekapselt, aber die obige Studie zeigt, dass da wesentlich mehr passiert, als es auf den ersten Blick scheint. Nicht von ungefähr heißt dieser Bindungstyp bei Erwachsenen »abweisend«.

Faktoren, die zur vermeidenden Bindung beitragen

Ich arbeitete einmal mit einem Geschäftsmann namens Harold aus Chicago. Als er aufwuchs, war seine Mutter ziemlich leidgeplagt und hatte Mühe, ihm gegenüber präsent und liebevoll zu sein. Zugleich aber war sie gewissenhaft darauf bedacht, regelmäßig das Haus zu säubern. Harold sagte, er erinnere sich, dass er in seinem Kinderbett allein gelassen wurde – ohne Spielsachen, Mobiles oder irgendetwas sonst, was der Unterhaltung gedient hätte –, während seine Mutter um ihn herum staubsaugte, als wäre er gar nicht da. So wuchs er in deutlich spürbarer Vereinsamung auf, ohne jene Zuwendung zu erfahren, die für den Aufbau eines wohlregulierten Nervensystems notwendig ist. Harold kam in Behandlung, weil ihm die Fähigkeiten fehlten, mit seiner Frau in tiefere Verbindung zu treten.

Leider macht sein Beispiel eine Vielzahl von Faktoren deutlich, die bei Kindern an der Entwicklung der vermeidenden Anpassung beteiligt sind und bis ins Erwachsenenalter weiterwirken können:

Vereinsamung: Einfach ausgedrückt, werden Kinder vielleicht zu oft allein gelassen. Selbst wenn sie nicht völlig ausgeschlossen oder isoliert sind, wachsen sie ohne genügend persönlichen Kontakt mit ihren Bezugspersonen heran.

Mangel an Präsenz: Auch wenn die Eltern in der Nähe sind, zeigen sie nicht genug Präsenz. Bezugspersonen mögen zwar körperlich anwesend sein, psychisch und emotional aber so abwesend, dass das Kind das Gefühl hat, es sei niemand zu Hause.

Aufgabenbasierte Präsenz: Möglicherweise sind Eltern nur dann für ihre Kinder da, wenn sie ihnen etwas beizubringen versuchen. Kinder interpretieren diese Art von Präsenz folgendermaßen: »Ich bin für dich da, aber nur, wenn du übst oder Aufgaben erfüllst.«

Fehlende Berührung: Ich habe zuvor erwähnt, wie wichtig die zärtliche Berührung für Kinder ist. Leider müssen allzu viele von ihnen darauf verzichten. Sie mögen von zahlreichen Erwachsenen umgeben sein und dennoch eine vermeidende Bindung ohne angemessenen mitfühlenden körperlichen Kontakt entwickeln. Sie leiden unter »Berührungshunger«.

Emotionale Vernachlässigung: Dies bedeutet, dass Bezugspersonen für die emotionalen Bedürfnisse ihrer Kinder nicht empfänglich sind. Entweder bekommen die Kinder keine zeitnahe, gehaltvolle Reaktion, oder ihr Gefühlsleben insgesamt entbehrt jeglicher Pflege. Ihre vorherrschende Erfahrung besteht darin, dass praktisch nie jemand ansprechbar ist.

Unstimmiger Gesichtsausdruck: Eltern mögen Mienen aufsetzen, die nicht ihrer eigentlichen Gemütsverfassung entsprechen (indem sie zum Beispiel Doppelbotschaften aussenden wie lächeln, wenn sie erkennbar wütend oder traurig sind). Kinder, die solche expressive Dissonanz immer wieder erfahren, haben Mühe, sich durch eine stimmige Mimik authentisch auszudrücken. Außerdem fällt es ihnen schwer, soziale Signale zu verstehen, zu deuten oder in passender Weise auszusenden.

Gestörtes Engagement: Wenn kleine Kinder etwa krank sind und außerstande, ein typisches Bindungsverhalten an den Tag zu legen, rufen sie in manchen Fällen bei ihren Eltern keine angemessenen Reaktionen hervor, die von sicherer Bindung zeugen. Das kann auch in der anderen Richtung geschehen, wenn ein Elternteil körperlich nicht in der Lage ist, auf das Kind so zu reagieren, dass dessen sicheres Bindungssystem aktiviert wird.

Zurückweisung: Zu allem Unglück leiden einige Kinder unter der unverhohlenen Zurückweisung seitens ihrer Eltern. Selbst wenn diese Ablehnung nicht mit offener Feindseligkeit einhergeht, kann sie doch tiefgreifende Auswirkungen auf Kinder haben, besonders infolge regelmäßiger Wiederholung.

Um es noch einmal zu betonen: Was auch immer uns in der Kindheit widerfährt – wir passen uns den jeweiligen Bezugspersonen an. Aufgrund der Interaktion mit ihnen und ihrem Nervensystem verinnerlichen wir, wie wir Beziehungen wahrnehmen, und entwickeln bestimmte Strategien, um unsere emotionalen und sozialen Bedürfnisse zu stillen. Auf diese Weise prägen wir uns das ursprüngliche Beziehungsmuster ein, wie es in der Einleitung beschrieben wurde. Strecken wir die Hand aus und stoßen wir häufig auf Nachlässigkeit oder Zurückweisung, ist es völlig verständlich, dass wir unser nach Bindung strebendes Verhalten einschränken werden. Und wenn die Eltern unsere emotionalen Bedürfnisse nicht durch sorgfältige Reaktionen stillen, ist es durchaus vernünftig, dass wir anfangen, zunehmend auf uns selbst zu bauen. Wir werden reaktiv autonom. Dies unterscheidet sich vom normalen Entwicklungsprozess, in dem wir immer mehr Aufgaben umso geschickter bewältigen, eben weil es einige Dinge gibt, für die Kinder in so frühem Alter nicht gerüstet sind oder die sie sich nicht selbst beschaffen können. Es ist eines, als Erwachsener eigenständig zu sein, doch etwas ganz anderes, als kleines Kind dazu gezwungen zu werden.

In diesem Zusammenhang erhebe ich Widerspruch gegen die Behauptungen in einigen Büchern zum Thema »Bindungstheorie«, die da lauten, Menschen mit vermeidender Bindung wollten keine Verbindung eingehen, etwas an ihnen brauche oder wünsche keine Beziehungen. Meines Erachtens ist das völlig falsch. Ich bin überzeugt, dass wir uns alle nach Liebe und Verbundenheit sehnen und dass diese Sehnsucht direkt aus unserem sicheren Bindungssystem kommt, das jedem innewohnt – ungeachtet unseres Bindungstyps.

Wir wachsen vielleicht in einer Umgebung auf, in der Beziehungen weder sicher noch förderlich sind, und haben folglich Probleme damit, uns die Verletzlichkeit gegenüber anderen zu gestatten. Doch das bedeutet keineswegs, dass wir Verbindungen und die ihnen zugrunde liegende Nähe generell ablehnen. Falls wir dem vermeidenden Bindungstyp angehören, sind wir möglicherweise getrennt von der Sehnsucht, uns zu verbinden. Während sich meine Klienten mit ihren durch Vernachlässigung geschlagenen Wunden auseinandersetzen, stellen sie fest, dass sie genauso wie jeder Mensch den Wunsch haben, Beziehungen herzustellen. Nur ist es ein wirklich großes Risiko – das einen mit dem Gefühl von tiefer Verletzbarkeit zurücklässt –, sich gegenüber anderen zu öffnen. Dennoch werde ich nicht müde zu wiederholen: Sichere Bindung ist für uns alle verfügbar. Und jene unter uns, die sich mittels vermeidender Strategien angepasst haben, sind keine Ausnahme.

Wie eine vermeidende Bindung nach außen wirkt

»Unbeteiligt«, »in die eigene Welt versunken«, »gefühllos«, »kalt«, »reserviert«, »einsamer Wolf«, »Arbeitstier« – das sind nur wenige Kennzeichen, die gewöhnlich den Menschen mit vermeidendem Bindungstyp zugeschrieben werden. Werfen wir hier jedoch einen genaueren Blick darauf, wie sich die vermeidende Anpassung manifestiert (besonders im Erwachsenenalter), und auch auf einige Gründe hinter diesen Ausdrucksformen.

Unbehagen in der Beziehung und isoliertes Selbstgefühl

Wenn wir mit einer vermeidenden Anpassung aufwachsen, sind wir oft von anderen Menschen abgekapselt, wie leicht nachvollziehbar ist. Das Alleinsein mag uns als natürlicher Zustand erscheinen, und so reifen wir mit einem stark losgelösten Selbstgefühl heran. Wir ziehen es vor, unsere Angelegenheiten selbstständig zu regeln, statt um Hilfe zu bitten oder uns anderen in gemeinsamen Projekten anzuschließen; oder wir bauen weniger problematische Beziehungen zu unbelebten Objekten wie Besitztümern oder nichtmenschlichen Freunden auf, also etwa Tieren oder Pflanzen. Bisweilen kann sich die Sehnsucht nach menschlichem Kontakt regen, und dann mögen wir es vielleicht nicht, allein zu sein – was manchmal auch ein niederschmetternd schmerzliches Gefühl hervorruft –, aber uns ist nicht bewusst, dass es eine andere Seinsweise gibt. Wir wissen einfach nicht, wie es ist, in einem angenehmen Beziehungsumfeld zu leben. Viele Personen mit vermeidendem Bindungstyp kommen sich wie Ausgestoßene oder Außerirdische vor – als würde dieses hohe Maß an Abgeschiedenheit ein völlig andersartiges Lebewesen aus ihnen machen. In einigen extremen Fällen bezeichnen sie sich selbst sogar als *Es*, als wären sie unpersönliche Roboter oder Maschinen.

Da unser ursprüngliches Beziehungsmuster uns zu verstehen gibt, dass zwischenmenschliche Verbindungen nicht guttun, werten wir sie während des Heranwachsens ab. Gewöhnlich wenden wir uns dann nicht an andere, eben weil wir nicht erwarten, dass sie für uns da sind oder unsere Bedürfnisse stillen. Erleben wir also von früh an Beziehungen als etwas überwiegend Negatives und Schmerzliches, scheint es durchaus sinnvoll zu sein, dass wir sie im Erwachsenenalter weder suchen noch uns darauf verlassen. In unserem impliziten Gedächtnis war die Nähe zu anderen keine angenehme Erfahrung. Es gibt vielleicht ein paar Freunde, aber kaum einen, mit dem wir über einen gewissen Zeitraum eine tiefe, vertrauensvolle Verbindung pflegen. In sexueller Hinsicht ziehen wir womöglich einmalige Abenteuer oder Selbstbefriedigung den länger andauernden intimen Beziehungen vor. Und selbst wenn wir uns zu einer Beziehung entschließen, haben wir wohl große Mühe, dem Partner auf glaubwürdige und fürsorgliche Weise unser Engagement zu bekunden.

Unter Umständen empfinden wir es nicht einmal als Verlust, wenn Menschen fortgegangen sind, die uns wichtig waren. Zunächst mögen wir ein Gefühl von Erleichterung verspüren, sobald sie sich von uns entfernen – wegen ihrer Arbeit, einer Reise, der Scheidung oder gar infolge ihres Todes –, eine Art kurzzeitige »Trennungseuphorie«, da der Druck, in Verbindung treten zu müssen, fürs Erste verschwunden ist. Eventuell wird uns das Ausmaß des eigenen Getrenntseins wirklich erst bewusst, wenn wir mit dem inneren Heilungsprozess beginnen. Kurzum: Bei vermeidenden Personen ist das Bindungssystem unteraktiviert – so als wäre ein Teil von ihnen abgeschaltet, weil sie besonders während der ersten Lebensjahre nicht oft genug in den Genuss wohltuender, förderlicher Beziehungen gekommen sind.

Dennoch sehnt sich jeder eigentlich nach Verbindung, trotz der unausgesprochenen Angst vor Zurückweisung. Sie führt dazu, dass sich jemand mit vermeidendem Bindungstyp vermutlich äußerst verletzbar fühlt, sobald er in einer Beziehung seinen Schutzschild ablegt. Aber wie jeder andere kann er im Lauf der Zeit die uns allen angeborene sichere Bindung wiederfinden, vor allem durch einen fürsorglichen Partner oder Freund, der ihm ein verlässliches Miteinander bietet. Er kann lernen, diesem Menschen zu vertrauen, und empfänglich werden für die wahre Hingabe, die in der Beziehung vorhanden ist.

Abspaltung

Vermeidenden Personen kann es angenehm und normal erscheinen, sich nach außen hin abzugrenzen. Wir verfügen über deaktivierende Strategien, um Distanz zu wahren, sobald der Druck, eine Verbindung herzustellen, übermächtig wird. Die ursprüngliche Vernachlässigung, die uns widerfuhr, mag derart schmerzlich gewesen sein, dass der einzige Ausweg darin bestand, die Flucht zu ergreifen in einen Zustand fast vollständiger Abkapselung. Oft werden sich solche Menschen durch Aktivitäten ablenken, die die Loslösung von anderen weiter vorantreiben – etwa im Internet surfen, Computerspiele spielen, fernsehen, ja sogar meditieren. Manchmal tun sie dergleichen, um wieder Boden unter die Füße zu bekommen und ein intensiveres Gefühl von Präsenz zurückzugewinnen, doch allzu häufig verstärken derlei Aktivitäten nur die Entkörperlichung und Ausgrenzung. Am Ende fühlen sie sich vielleicht ruhiger, gleichzeitig aber weniger verbunden mit sich selbst und anderen.

Denjenigen unter uns, die sich mit der Anpassung durch Vermeidung identifizieren, empfehle ich, ihre Aufmerksamkeit etwas mehr als sonst üblich auf die eigene physische und emotionale Präsenz zu richten. Statt beispielsweise auf die gewohnten Methoden zur Bewältigung des Alltags zurückzugreifen (sagen wir, eine Zeit lang am Computer gedanklich abzuschalten), beschließen wir, uns lieber mit unseren Nächsten zu beschäftigen und nach besten Kräften eine Verbindung zu ihnen aufzubauen. Da diese Annäherung für vermeidende Personen meist eine echte Herausforderung bedeutet, mag es anfangs ratsam sein, bewusst zu entscheiden, wann und mit wem sie diesen Schritt tun, bis er sich ganz natürlich anfühlt. Mein Vorschlag lautet, andere einfach um etwas zu bitten, was man braucht (etwa ein Glas Wasser oder Hilfe bei einer Reparatur im Haus), oder das Tagesgeschehen mit ihnen zu teilen.

Wenn Sie Partner von jemandem mit diesem Bindungstyp sind, so geben Sie sich alle Mühe, seine Unabhängigkeit, Reserviertheit oder Abschätzigkeit nicht zu persönlich zu nehmen. Solche Menschen haben in frühen Jahren auf die ihnen zugemutete Vernachlässigung oder Ablehnung dadurch reagiert, dass sie ihr Bindungssystem deaktivierten. Sie haben gelernt, sich abzuschotten, ziehen sich immer wieder zurück und wenden viel Energie auf, ihr Bedürfnis nach Verbindung zu zügeln. Es kann ihnen besonders schwerfallen, eine intimere Beziehung aufrechtzuerhalten, solange sie sich nicht vornehmen, die Fähigkeiten zur sicheren Bindung zu entwickeln und jene für Heilung und Verbindung notwendige Arbeit zu leisten.

Falls Sie sich in diesem Bindungstyp wiedererkennen, können Sie die folgende Übung ausprobieren, um einige Ihrer tief verwurzelten (zumeist unbewussten) Gefühle hinsichtlich des Verbundenseins zu hinterfragen.

ÜBUNG ÜBEN SIE SICH IN GEMEINSAMER AUFMERKSAMKEIT

Diejenigen unter uns, die mit der vermeidenden Anpassungsform aufgewachsen sind, bevorzugen in Gesellschaft anderer Menschen gewöhnlich parallele Aktivitäten, die deren Teilnahme nicht mit einschließen: Videospiele spielen, Filme anschauen und so weiter. Das heißt, bei der Ausführung der jeweiligen Tätigkeiten findet kaum Interaktion oder wechselseitiges Engagement statt.

Daher möchte ich vorschlagen, eine Beschäftigung auszuprobieren, die gemeinsame Aufmerksamkeit erfordert. Wählen Sie etwas, was Ihnen hilft, die andere Person in den Ablauf Ihrer Erfahrung mit einzubeziehen. Was immer es ist – auswärts essen gehen, wandern, durch eine malerische Landschaft fahren oder ein Museum besuchen –, geben Sie Ihr Bestes, um mit Ihrem Partner oder Freund in Verbindung zu treten, während Sie die Unternehmung zusammen erleben. Beschäftigen Sie sich lange genug damit, um herauszufinden, inwiefern Ihnen das Ganze guttut. Doch sorgen Sie sich dabei nicht ständig um die Dauer des Ausflugs, sondern bemühen Sie sich im Rahmen des Möglichen, zumindest etwas interaktiver und kommunikativer zu sein, als Sie es sonst vielleicht sind.

Wenn sich Ihr Partner durch Vermeidungsverhalten kennzeichnet, bemerken Sie sicherlich, wie er unbewusst und unabsichtlich manchmal so handelt, dass eine Distanz entsteht, die Sie gern überwinden möchten. Zum Beispiel gehen zwei meiner Freundinnen – Dee Dee und Shelly – oft zusammen durch die Stadt. Shelly ist ihrer Freundin immer ein paar Schritte voraus. Dee Dee versteht zwar, dass dies nicht verletzend gemeint ist, schlägt aber regelmäßig vor, dass beide an den örtlichen Imbisswagen und Kunstgalerien haltmachen, um buchstäblich auf gleicher Höhe zusammenzukommen und ihre Erfahrungen miteinander zu teilen. Was Shelly und Dee Dee individuell genießen, bringen sie ein in die gemeinsame Aufmerksamkeit, wodurch sie größere Nähe und tiefere emotionale Verbundenheit hervorrufen. Das hat den Zweck, die eher vermeidende Shelly in einen mühelosen Kontakt einzubinden, sodass beide allmählich ihr gegenseitiges Vertrauen wiederfinden und auf liebenswürdige Weise füreinander da sein können, was wiederum ihre Beziehung in der Zukunft erleichtern wird.

Schwierigkeiten mit dem Augenkontakt

Wenn wir als Kinder in die Welt hinausschauen und unsere Bezugspersonen entdecken, suchen wir bei ihnen nach Beweisen der Liebe, Wertschätzung und Präsenz. Wir blicken in die Augen unserer Liebsten, um widergespiegelt zu sehen, wer wir sind. Aufgrund ihres Spiegelbildes entwickeln wir unser Selbst- und Persönlichkeitsgefühl, ob es zutrifft oder nicht. Zum Beispiel mögen wir ziemlich intelligent sein, aber betrachtet ein Elternteil uns so, als wären wir dumm, nehmen wir vielleicht diese Identität an, bis wir sie später im Leben hoffentlich wieder abstreifen. Bemerken wir dagegen in den Augen unserer Eltern den Ausdruck von Liebe, bekommen wir die Botschaft übermittelt, uns selbst für liebenswert zu halten, und lernen außerdem, wie man liebevoll ist.

Wenn man uns jedoch mit einem Blick begegnet, der Abwesenheit, Wut, Kritik oder Zurückweisung bekundet, wird der Augenkontakt verständlicherweise schon in frühen Jahren zum Problem. Wann immer wir jemandes Blick begegnen, rechnen wir damit, auf Missachtung, Groll, Ablehnung oder gar Hass zu stoßen. Diese Art von negativer Widerspiegelung mag noch mehr Salz in die Wunden streuen, bis wir uns schließlich unzulänglich, nicht liebenswert, fehl am Platz, dumm, schändlich oder schlimmer fühlen. Allzu viele von uns haben nicht jenes »Leuchten in den Augen« empfangen oder einfach nicht genügend Blicke, die besagten: »Du bist mir wichtig«, »Ich liebe dich«, »Du bist liebenswert« – und dergleichen.

Falls wir in der Kindheit den Augenkontakt vermeiden wollten, kann in uns eine tiefe Verletzung zurückbleiben, der wir als Erwachsene Beachtung schenken sollten. Manchmal entwickeln Kinder die Fähigkeit, so zu tun, als würden sie den Augenkontakt halten, aber eigentlich haben sie gelernt, sich auf Nase, Zähne oder Kinn des Gegenübers zu konzentrieren. Es ist nicht ohne Weiteres zu erkennen, wann sich jemand beim Blickkontakt mit knapper Not entzieht, statt einem direkt in die Augen zu sehen. Zahlreich sind diejenigen unter uns, die das tun, ohne sich dessen überhaupt bewusst zu sein.

Einmal arbeitete ich mit einem Ehepaar, bei dem die Partner sich größte Mühe gaben, die Verbindung zueinander herzustellen, doch immer wieder mit Herausforderungen konfrontiert wurden, die in ihren Bindungsanpassungen begründet lagen. Jim wollte mehr Augenkontakt mit Sally, aber es stellte sich heraus, dass es ihr schwerfiel, auf solche Weise zu reagieren. Statt seinen liebevollen Blick in sich aufnehmen zu können, empfand sie tiefe Scham. Diese veranlasst uns, den Blick abzuwenden, wir schauen nach unten oder anderswohin. Beide mussten diesen Umstand als Teil von Sallys Genesungsprozess begreifen. Der Versuch, den Augenkontakt zu halten, setzte sie unter Druck und führte dazu, dass sie sich völlig verschloss. Es ist wichtig, der anderen Person zu gestatten, einen je nach Bedarf anzusehen oder wegzusehen – also den Augenkontakt nicht zu erzwingen, besonders wenn Schamgefühle eine große Rolle spielen. Obwohl Jims Blick liebevoll war und Unterstützung signalisierte, war Sally überfordert, ihrem Mann auf dieser Ebene zu begegnen. Daher schlug ich ihnen vor, nicht mehr auf dem Augenkontakt zu beharren, sondern die Umarmung in den Mittelpunkt zu rücken. Bei einer Umarmung hat man gewöhnlich keinen Augenkontakt mit dem Gegenüber; sie ist schlicht eine schöne Geste, um sich sicher und körperlich verbunden zu fühlen. Und sie funktionierte bei Sally weitaus besser – als erste Maßnahme zugunsten einer entspannteren Beziehung auf ihrem Weg zurück über die Brücke zur sicheren Bindung mit Jim.

Wenn Ihnen der Augenkontakt Schwierigkeiten bereitet, dann sorgen Sie dafür, Mitgefühl mit sich selbst und Geduld aufzubringen. Wollen Sie ihn nicht mehr als Mittel für tiefere Verbundenheit einsetzen, so machen sie daraus keinen erbarmungslosen »Anstarr-Wettbewerb«. Es ist in Ordnung, wegzuschauen und Pausen einzulegen, ebenso wie es natürlich ist, andere anzuschauen und gelegentlich den Blick abzuwenden. Das hilft, uns selbst zu regulieren und zu orientieren. Wenn Sie demnach korrigierende Übungen wie die folgende durchführen möchten, sollten Sie Ihrem eigenen Rhythmus vertrauen. Es geht nicht darum, die Dinge zu verkomplizieren und zu lernen, dieses Unbehagen zu ertragen, sondern darum, eine Tür zu öffnen, die Ihnen Zugang gewährt zu all den Segnungen einer sicheren Bindung. Mit anderen Worten: Sie wünschen sich, dass dergleichen für Sie allmählich eine einzigartig bereichernde Erfahrung wird.

ÜBUNG FREUNDLICHE AUGEN

Widmen Sie sich dieser Übung völlig zwanglos – nur ein wenig oder auch so lange, wie es Ihnen richtig und nützlich erscheint, je nachdem, welche Wirkung sie bei Ihnen hervorruft. Beginnen Sie damit, ruhig dazusitzen, den Körper zu entspannen und einige tiefe Atemzüge zu machen. Halten Sie die Augen geschlossen oder offen – was immer Ihnen leichter fällt. Stellen Sie sich jetzt vor, in die Welt hinauszuschauen und freundliche Augen zu sehen, die Ihren Blick erwidern. Vielleicht gehören diese Augen zu Ihrem geliebten Wesen oder Ihrem gütigen Großvater, Ihrem Kind, Hund – oder gar zum Dalai Lama oder Papst Franziskus. Wählen Sie jemanden, der mühelos seine freundlichen Augen anbieten kann, auch wenn er oder sie nur in der Einbildung existiert. Falls es Ihnen Schwierigkeiten bereitet, freundliche Augen in dieser Weise zu visualisieren, tragen Sie ein paar Fotos von Menschen zusammen, die Sie kennen, oder von anderen (selbst Fremden), die jenes »Leuchten in den Augen« haben und Freundlichkeit ausstrahlen. Blicken Sie in ihre Augen, und empfinden Sie ihre grenzenlose Bejahung und Fürsorglichkeit, sofern Sie diese herzerwärmende Kraft wohlig in sich aufnehmen können. Ted, einer meiner Klienten, hat auf seinem Smartphone ein Album mit Fotos all der Menschen angelegt, die er liebt, und nennt es »Blase der Verbindungen«. Sobald er das Bedürfnis verspürt, sich weniger allein oder mehr unterstützt zu fühlen, betrachtet er die Fotos.

Nehmen Sie nun einfach wahr, wie es sich anfühlt, diese Art von Blick zu empfangen. Was geschieht in Ihrem Körper, wenn Sie in solch freundliche Augen sehen, deren Glanz auf Sie zurückstrahlt? Diesen Ausdruck der Freundlichkeit oder Offenheit zu registrieren ist der erste Schritt, der sich manchmal jedoch als ziemlich schwierig erweisen kann. Nehmen Sie möglichst viel von der Freundlichkeit und dem Mitgefühl in sich auf. Greifen Sie mit Blicken nach der Freundlichkeit, oder saugen Sie sie mit den Augen ein. Wie reagieren diese jetzt? Entspannen sich die Muskeln ringsum? Falls Sie eine erhöhte Anspannung verspüren, ist auch das in Ordnung. Stellen Sie sich vor, dass die Augen entspannt in ihre Höhlen zurücksinken – sehr sanft, wie auf einer Hängematte oder einem Kissen. Was ist mit Ihren Schultern, Ihrem Nacken? Werden Sie neugierig darauf, wie die verschiedenen Teile Ihres Körpers sich anfühlen. Überprüfen Sie es ganz behutsam. Wir können nicht vorhersagen, ob sich zuerst die Erleichterung bemerkbar macht oder die Nachwirkung alter Wunden. Erübrigen Sie also genügend Zeit, um Ihre Gefühle und Reaktionen bewusst zu empfinden, unabhängig davon, in welche Richtung die Übung Sie führt, und wiederholen Sie sie, wann immer Ihnen danach ist, mit der Unterstützung anderer Menschen.

Selbstregulation und die Bedeutung von Übergängen

Personen mit vermeidendem Bindungstyp sind es gewohnt, allein und tief einbezogen in ihre innere Erfahrung zu sein. Aus diesem Grund mag sich die Interaktion mit anderen bisweilen als schwierig gestalten. Wenn man sich solch einem Menschen nähert, während er nach wie vor in die Erforschung seiner selbst vertieft ist, reagiert er vielleicht etwas grob oder barsch, wodurch der Eindruck entsteht, diese Schroffheit komme aus heiterem Himmel. Ich versichere Ihnen, dass dies nicht so ist.

Noch einmal: Bemühen Sie sich, auch wenn es Ihnen schwerfallen mag, eine derartige Reaktion nicht allzu persönlich zu nehmen. Dieser Rat mag ein wenig helfen, wenn Sie bedenken, wie problematisch es für solche Menschen ist, aus einer isolierten Erfahrungswelt aufzutauchen, die außer ihnen selbst niemand anderen mit einschließt. Es ist verständlich, sich durch ein so geringschätziges Verhalten abgewiesen zu fühlen, aber wir sollten nicht vergessen, dass gerade auch dadurch eine Anpassung erfolgt, um die Verbindung zu den Nächsten wiederherzustellen.

Vermeidende Menschen wünschen sich eigentlich Beziehungen; sie brauchen nur mehr Zeit, um den Übergang zu schaffen, den inneren Druck abzubauen und einen weniger steinigen Weg zur Verbindung zu ebnen. Wenn Sie so jemanden zum Lebenspartner haben, rate ich, ihm den dafür nötigen Freiraum zu lassen. Zum Beispiel könnten Sie sagen: »Ich würde dich gern zum Abendessen ausführen und in ungefähr dreißig Minuten auf dich zukommen. Wie viel Zeit brauchst du, um dich fertig zu machen, damit wir ausgehen und zusammen einen schönen Abend genießen können?« Das ist ein guter Weg, um dem Gegenüber Respekt zu bekunden und ihm eine Möglichkeit zu geben, sich auf die Umstellung vorzubereiten. Es ist ein bisschen wie beim Gerätetauchen. Wenn Sie sich mehrere Hundert Meter unter der Wasseroberfläche befinden, müssen Sie, wenn es so weit ist, *langsam* wieder nach oben steigen. Anderenfalls leiden Sie unter der Dekompressionskrankheit. Ähnlich brauchen vermeidende Menschen ihren Zeitrhythmus, um den Stress zu mindern, den sie in Gesellschaft von anderen verspüren, sonst geht alles drunter und drüber. Daran ist nichts verkehrt – es ist einfach so.

Der Wechsel von der intensiven Fokussierung auf das Innenleben zu der Fokussierung auf die von Beziehungen geprägte Außenwelt ist harte Arbeit. Falls Sie sich dem vermeidenden Bindungstyp zurechnen, wird Ihnen die Erinnerung hilfreich sein, dass Sie Zeit benötigen, um vom einen Zustand in den nächsten zu gelangen. Vielleicht müssen Sie einüben, erst einmal tief Luft zu holen und sich gedanklich der Herausforderung zu stellen, die in der Annäherung an Ihren Partner oder andere Menschen besteht. Machen Sie den ersten Schritt eher, um das Zusammensein *anzubahnen.* Fordern Sie Ihre Liebsten zu Gesprächen und gemeinsamen Aktivitäten auf, selbst wenn diese anfangs nur von kurzer Dauer sind. Die Anpassung vollzieht sich allmählich, also vergessen Sie nicht, um Rücksicht zu bitten, etwa folgendermaßen: »Ich freue mich, euch zu begleiten, und bin in zwanzig Minuten bereit dafür«, »Ich muss mir noch überlegen, ob ich zur Party gehe, und sag euch am Mittwoch Bescheid«, »Ich werde mit euch zur Party gehen, aber ihr müsst mir gestatten, mit den Jungs dort eine Weile Billard zu spielen oder früh aufzubrechen, falls ich nicht länger bleiben will« ...

Die Schwierigkeit, persönliche Bedürfnisse zu erkennen

Unter Personen mit vermeidender Anpassung kommt es häufig vor, dass sie die spezifischen Probleme ihrer Erziehung nicht erkennen und folglich auch nicht darüber nachdenken. Im Allgemeinen mögen sie eher zukunftsorientiert sein, aber sobald sie über die eigene Vergangenheit sprechen, äußern sie sich nur vage oder irgendwie abfällig über ihre persönlichen Mühen und Nöte. Oft hat es den Anschein, als seien sie sich der erlittenen Vernachlässigung oder der Tatsache, dass ihre emotionalen Bedürfnisse in früher Kindheit dauernd unbefriedigt blieben, nicht bewusst. In gewisser Hinsicht sind sie von ihrer Vergangenheit abgetrennt. Außerdem stellen sie ihre Kindheit vielleicht besonders positiv dar (zum Beispiel: »Ich hatte alles, was ich brauchte; ich hätte mir wirklich nicht mehr wünschen können«). Wenn sie nun interessiert sind, ein Gefühl von sicherer Bindung wiederzuerlangen, besteht ihre Herausforderung zum Teil darin, jene ursprünglichen, nie gestillten Sehnsüchte nach Verbundenheit ans Licht zu bringen. Und natürlich möchten wir anderen, dass dieser Prozess für sie eine positive Erfahrung wird. Bitte behalten Sie das im Gedächtnis, wenn Sie Partner eines vermeidenden Menschen sind, und lassen Sie sich keinesfalls dazu verleiten, seine ohnehin tief verwurzelten Vorbehalte gegenüber vertraulichen Beziehungen durch Kritik oder Ablehnung noch zu verstärken.

Da seine persönlichen Bedürfnisse in der Kindheit nicht befriedigt wurden, mag er sie als Erwachsener manchmal geringschätzen. Unter Umständen nimmt er sie gar nicht wahr, besonders wenn ihm die Selbstreflexion fremd ist. In einem dafür ungeeigneten Alter musste er mit dem Kummer ständig allein fertigwerden, was dazu führen kann, dass er, inzwischen erwachsen geworden, einige seiner natürlichen Reaktionen unterdrückt. Und auch wenn er sich der eigenen Bedürfnisse bewusst ist, neigt er wohl dazu, das Ansinnen der Nächsten, ihm Beistand zu leisten, kurzerhand zurückzuweisen. Nimmt er die Hilfe von anderen nicht an – entweder im Glauben, er brauche nichts von ihnen oder sie würden ihn nicht so unterstützen, wie er es nötig hat –, versäumt er ihr freundliches Entgegenkommen und beraubt sie zudem des tiefen Bedürfnisses, ihrer Großzügigkeit Ausdruck zu verleihen. Jedenfalls schränkt er die Möglichkeit ein, mit anderen in Verbindung zu treten und einen echten Austausch zu pflegen.

Wenn das in Ihren Ohren vertraut klingt und Sie sich ähnlich verhalten, dann experimentieren Sie damit, jemanden um Hilfe oder Unterstützung zu bitten. Selbst wenn diese dann nicht ganz Ihren Vorstellungen entspricht, sollten Sie doch darauf achten, wie es ist, sich umsorgen und aufmuntern zu lassen. Das tut Ihnen beiden gut, und die Erfahrung solcher Gegenseitigkeit ist ein wichtiger Schritt auf dem Weg zur sicheren Bindung.

Vermeidende Personen können sich mit ihrer Eigenständigkeit in einem Maße identifizieren, dass sie kaum verstehen, warum nicht alle Leute genauso sind. Deren Abhängigkeit mag sie verwirren, ja ein wenig misstrauisch machen hinsichtlich ihrer Motive oder ein Gefühl von Überlegenheit hervorrufen, weil sie überzeugt sind, die anderen würden sich zu sehr auf ihresgleichen verlassen. »Warum können die sich nicht ebenfalls am eigenen Schopf aus dem Sumpf ziehen?«, fragen sie sich. Daher fällt es Menschen mit vermeidendem Bindungstyp besonders schwer, Empathie zu zeigen und die ganz realen Bedürfnisse des Partners oder der Kinder zu erkennen und zu würdigen, scheinen diese doch überaus abhängig oder gar eine Bürde zu sein, sobald sie auch nur etwas Notwendiges brauchen.

Darüber hinaus haben solche Personen aufgrund ihrer Vermeidungsstrategien die Neigung, sich mit einigen verklärten Merkmalen unserer Kultur zu identifizieren – nämlich Unabhängigkeit, Eigenverantwortung und Selbstbestimmung. Im richtigen Kontext können das bewundernswerte Eigenschaften sein, aber der größere Rahmen führt vor Augen, dass wir alle voneinander abhängig sind, und dieser Umstand wird zweifellos gerade in Beziehungen offenbar. Wechselseitige Abhängigkeit bedeutet, dass wir mithilfe der anderen für uns selbst sorgen können und dass zugleich sie in der Lage sind, dank unserer Beteiligung und Unterstützung eine auf gegenseitiger Verbundenheit beruhende Autonomie zu erlangen. Um uns selbst aufrichtig zu erforschen, brauchen wir einander. Um auf tiefer Ebene zusammen zu sein, müssen wir für uns selbst Sorge tragen. Die Paartherapeutin und Autorin Marion Solomon spricht diesbezüglich von »positiver Abhängigkeit«.[28] Abhängigkeit hat einen schlechten Ruf, als handelte es sich dabei um eine abwertende Bezeichnung. Aber sie kann auch schöpferisch, verbindend und gesund sein. Natürlich ist es wichtig, dass wir lernen, unsere Bedürfnisse zu stillen. Doch wir müssen auch Unterstützung von anderen erhalten und ihnen die Möglichkeit geben, ihre Bedürfnisse zu stillen. Genau das macht Beziehungen wertvoll und bereichernd.

Die Betonung der linken Gehirnhälfte

Bei Kindern, die ohne genügend Unterstützung, Präsenz, emotionale Bewusstheit oder Verbindung zu anderen aufwachsen, wird die linke Gehirnhälfte stärker betont – das heißt, sie sind eher sachlich, analytisch und logisch ausgerichtet. Das erweist sich als äußerst nützlich; zudem gibt es viele wichtige Fähigkeiten im zwischenmenschlichen Bereich, die auf diesen Teil des Gehirns bezogen sind.

Häufig jedoch bemerken wir im Zusammenhang mit der überentwickelten linken Gehirnhälfte einen Mangel an Gefühlswärme oder -tiefe, was wiederum auf einen zu geringen Beitrag aus der rechten Hemisphäre hindeuten kann. Solche Menschen mögen auch ein wenig den Kontakt zu ihren intuitiven und interpersonalen Fähigkeiten verloren haben, wodurch sie manchmal bedeutsame soziale Botschaften und Signale nicht zur Kenntnis nehmen oder missverstehen – sogar bis zu dem Grad, dass sie anderen falsche Motive unterstellen. Personen, die von der linken Gehirnhälfte dominiert werden, sind auf bestimmte Sachverhalte fokussiert. Aufgrund der Art und Weise, wie ihr Gehirn frühe Erfahrungen verarbeitet hat, sind sie bisweilen nicht imstande, die damit verknüpften Erinnerungen abzurufen, und wenn sie einmal über ihre Kindheit sprechen, vergegenwärtigen sie sich eher unpersönliche Fakten – etwa welchen Kindergarten sie besuchten, wo genau sie im Klassenzimmer saßen und wie ihr Lehrer hieß –, haben aber kaum einen Sinn dafür, wie sich ihr physisches und emotionales Dasein anfühlte. Solche Erinnerungen mögen zwar ziemlich lebhaft sein, wirken jedoch seltsam unpersönlich, weil sie nur wenige Gefühle enthalten. Das ist lediglich ein Beispiel dafür, wie die Überentwicklung der linken Gehirnhälfte (oder die Unterentwicklung der rechten) sich äußern kann.

Die rechte Seite des Gehirns ist wesentlich emotionaler und intuitiver, weit mehr auf Beziehung und Bindung ausgerichtet. Dennoch besteht unser Ziel nicht darin, jene mit der Betonung der linken Gehirnhälfte einhergehenden Gaben zu schmälern, sondern zwischen beiden Hemisphären ein gesundes Gleichgewicht herzustellen, was der vermeidenden Person während ihrer Kindheit nicht möglich war.

Hinwendung zum Handeln

Menschen mit vermeidender Anpassungsform offenbaren also vieles über sich selbst durch die Art, wie sie über die eigene Vergangenheit sprechen. Oft sind sie nicht gesprächig oder anschaulich in der Darstellung, weshalb man ihnen die Worte förmlich entringen muss, um eine Vorstellung von ihrer Kindheit zu bekommen. Das liegt zum Teil daran, dass sie damals gewöhnlich niemanden um sich hatten, der ihre Fähigkeit und Bereitschaft zur Kommunikation gefördert hätte. Sie können äußerst knapp und sachlich sein, ohne ihren wenigen Worten die Reichhaltigkeit von Emotionen oder schillernden Nuancen mitzugeben. Dabei liefern sie meist nicht die Informationen, die ihr Gegenüber bräuchte, um wirklich zu verstehen, was sie mitzuteilen versuchen.

Andererseits können vermeidende Personen nur mit Mühe den Wert erkennen, den andere dem kommunikativen Austausch abgewinnen, weil er ihrer Meinung nach doch überwiegend aus überflüssigen Worten besteht. Sie werden immer wieder ungeduldig, wenn jene ihre persönlichen Geschichten erzählen, deren zahlreiche Beschreibungen und Einzelheiten sie überfordern. Falls diese Reaktion auf Sie zutrifft, empfehle ich das Experiment, etwas mehr von Ihren persönlichen Geschichten preiszugeben, sie mit zusätzlichen Details anzureichern und darauf zu achten, ob sich in Ihrem Inneren bislang ungewohnte Gefühlsregungen bemerkbar machen. Lauschen Sie zugleich mit einem höheren Maß an Aufmerksamkeit, Präsenz und Geduld den Botschaften der anderen. Das mag Ihnen unnatürlich vorkommen, fast so, als würden Sie eine Fremdsprache lernen. Doch der Lohn entschädigt Sie für den Aufwand, da eine intakte Kommunikation eine der Grundlagen befriedigender Beziehungen bildet.

Wenn Sie mit einem eher vermeidenden Menschen zusammen sind, sollten Sie vielleicht einmal ausprobieren, sich bei den eigenen

Schilderungen kürzer zu fassen, damit er Ihnen durch Ihre vermeintliche Redseligkeit nicht entgleitet. Er tut sich schwer, zu verarbeiten und einzuordnen, was sich wie eine Überdosis an Informationen anfühlt. Im besten Fall würzen talentierte Erzähler ihre Geschichten zwar mit vielerlei Emotionen, Nuancen und genügend Fakten, sodass die Zuhörer dem Ablauf des Geschehens mühelos folgen können, aber gerade durch den Verzicht auf ausschweifende Details interessiert und beteiligt bleiben.

Statt mit ausführlicher Kommunikation und Informationsverarbeitung befassen sich vermeidende Personen oft weitaus intensiver mit der Arbeit und bestimmten Aufgaben. Auch diese Ausrichtung hat bedeutsame Vorteile. Die Betreffenden sind meist effizient und produktiv und verstehen es von uns allen am besten, bei Projekten ein hohes Konzentrationsniveau aufrechtzuerhalten. Sie sind Experten darin, selbstständig Aufgaben zu übernehmen, empfinden aber die Teamarbeit vielleicht als einschränkend, weil ihnen Interaktions- oder Entscheidungsprozesse in Ausschüssen unnütz erscheinen und den Mut rauben. Davon abgesehen leisten »Macher« einen einzigartigen Beitrag für unsere Gesellschaft im Allgemeinen und unser individuelles Leben im Besonderen. Doch in der Beziehung mit einem vermeidenden Menschen, der Arbeit und Karriere stets an die erste Stelle setzt, kann ein solches Verhalten geringschätzig sein und Leid verursachen. Allzu oft werden die eigenen Bedürfnisse weder anerkannt noch gestillt. Wenn fast ausschließlich die Arbeit im Mittelpunkt steht, rückt die Beziehung zusehends in den Hintergrund. In diesem Fall sollte man zwischen beiden Bereichen unbedingt ein ausgeglicheneres Verhältnis schaffen.

In dem Maße, wie wir uns der sicheren Bindung annähern, messen wir Beziehungen einen größeren Wert bei; das heißt, wir widmen ihnen mehr Zeit, Kraft und Präsenz. Nicht, dass wir aufhören zu arbeiten oder all die Aufgaben zu erledigen, die wir als notwendig erachten, sondern wir verpflichten uns einfach, jenen Verbindungen etwas mehr Beachtung zu schenken, die das Leben erfreulicher und reichhaltiger gestalten.

Unterdrückte Gestik

Wie bereits ausgeführt, neigen vermeidende Menschen zur Abkapselung, und dieser Hang kann sich auch im Auftreten äußern. Wenn wir die körperliche Verbindung während der Kindheit immer wieder als enttäuschend oder deren Fehlen als schmerzlich empfinden, werden wir womöglich von früh an in unserer Gestik gehemmt, die dazu beiträgt, persönliche Verbundenheit zu fördern (die Hände ausstrecken für eine Umarmung, sich anlehnen, um Unterstützung zu erhalten, eine einladende Gebärde ausführen, einen Blick aussenden, um den Augenkontakt herzustellen und so fort) oder auf die nonverbale Kommunikation der anderen zu reagieren. Es mag sogar schwierig sein, sie einfach nur zu begrüßen oder willkommen zu heißen, sobald sie sich uns nähern. Finden Sie heraus, ob Sie nicht öfter auf Leute zugehen und dann, wenn sie Ihnen begegnen, die Begrüßung ausdehnen können.

Einmal arbeitete ich mit einer Frau namens Sandra, die bei der Geburt ein schweres Trauma erlitten hatte. An ihrer Mutter wurde ein komplizierter Kaiserschnitt vorgenommen, und infolge der zahlreichen Nachbehandlungen blieb Sandra für längere Zeit von ihr getrennt. Unglücklicherweise verfiel die Mutter in eine heftige postpartale Depression und starb, als Sandra erst eineinhalb Jahre alt war. Daraufhin versank ihr Vater in abgrundtiefen Kummer, was dazu führte, dass Sandra noch weniger körperlicher Kontakt zuteilwurde. Im Grunde verlor sie früh beide Elternteile. Es gab niemanden, mit dem sie in Verbindung treten konnte, und sie wuchs sozusagen in einem Beziehungsvakuum auf.

Ich beschäftigte mich mit Sandra im Rahmen der Gruppensitzungen. Wir stellten fest, dass ihr Körpergefühl von der Taille aufwärts stark eingeschränkt war. Als sie dann die Trauer über den so frühen

Verlust der Mutter zu verarbeiten begann, fand sie allmählich wieder Halt in ihrem Oberkörper. Mit der Unterstützung einer warmherzigen und mitfühlenden Gruppe von Gleichgesinnten war sie imstande, die Abwesenheit von Mutter und Vater derart tief im Körper zu empfinden, als wäre ihr das Herz aus der Brust gerissen worden. Später konnte Sandra auch einen inneren Bezug herstellen zu jener Zeit, da ihr Vater noch präsent und fürsorglich war. Als sie in diese Erfahrungen eintauchte, neigte sich ihr Körper langsam zur Seite – immer weiter, sodass ich befürchtete, sie könnte vom Stuhl fallen. Sandra sagte: »Das wird schmerzhaft. Ich weiß nicht, warum, aber mein Körper will das tun.« Sie lehnte die von jedem Gruppenmitglied angebotene Hilfe ab (Menschen mit vermeidender Anpassung haben bekanntlich große Mühe, Hilfe anzunehmen). Sandra wollte den Kopf zurechtrücken, aber er war schon derart aus der mittleren Position geraten, dass der Schmerz unerträglich wurde. Schließlich gewann sie einen entscheidenden Einblick in das, was mit ihr geschah. »Okay«, sagte sie. »Ich versuche, das allein zu schaffen. Ich will probieren, es aus eigener Kraft wieder hinzukriegen.«

Durch mancherlei Zuspruch war Sandra fähig, jemanden in der Gruppe – nämlich eine der Spezialistinnen für Körperarbeit – aufzufordern, ihr Beistand zu leisten. Die Frau ging hinüber zu Sandra, die sich an sie lehnte, worauf ihr ganzer Körper sich entspannte. Sie verschmolz förmlich mit dieser anderen Person wie ein Kind mit der Schulter eines liebevollen Elternteils. Das dauerte eine Weile, und Sandra nahm die Seelennahrung in sich auf. Es schien, als würde man unmittelbar einer körperlichen Wiederherstellung der sicheren Bindung beiwohnen, und das war ein wunderbares Erlebnis.

Diese »Wiederverkörperlichung« setzte sich auf anderen Ebenen fort. Vorher waren Sandras Hände gespreizt gewesen, ihre verkrampften Finger steif und unnatürlich ausgestreckt – ein Hinweis auf pränatalen Stress. Nun sahen die Hände anders aus, entspannter und natürlicher, und einer ihrer Arme reckte sich nach oben, als würde er in die Luft schlagen. Diese Geste war Sandra fremd, ihr schien, der Arm bewege sich von allein. Doch bei näherem Hinsehen erkannte sie in dieser Bewegung eine Art Greifen. »Es kommt mir nicht seltsam oder sinnlos vor«, sagte sie. »Ich greife nach etwas und habe das Gefühl, da sei jemand.«

So war sie in direkter Kommunikation mit dem sicheren Bindungssystem. Obwohl Sandra als Kind derart häufig Leere und physische Abwesenheit erfahren hatte, konnte sie jetzt die Verbindung herstellen zu etwas, was anwesend, kraftvoll und förderlich war: für sie eine völlig ungewohnte physiologische Erfahrung. Ihr Nervensystem passte sich gerade neu an – weg von der Vermeidung und hin zur sicheren Bindung, die schon die ganze Zeit immanent vorhanden gewesen war.

Auf diese Weise kann die Bindungsarbeit, die ich zusammen mit anderen leiste, ungemein wirksam und zugleich geheimnisvoll sein. Wir alle verfügen über solche Bindungsfähigkeiten und sind viel öfter bereit, sie anzunehmen, als uns bewusst ist. Wir müssen nur ein Mittel finden, die sichere Bindung zum Vorschein kommen zu lassen, ihr Unterstützung und Ausdruck zu gewähren. Ausschlaggebend für diesen Prozess ist, in einer Umgebung zu leben, in der Menschen achtsamer und fürsorglicher auf uns reagieren, als wir es in der Kindheit kannten. Sobald das geschieht, haben wir die Chance, von korrigierenden Erfahrungen zu profitieren, die uns mit der sicheren Bindung vertrauter machen und allmählich in Einklang bringen.

Betreten wir die Welt mit einer vermeidenden Einstellung, haben wir häufig den Eindruck, nie wirklich angekommen zu sein – oder einen Fuß auf der Erde zu haben, den anderen nicht. Mit welchen Problemen auch immer wir in frühen Jahren konfrontiert waren, sie erschwerten uns, ein Mensch zu werden, der sich in seinem Körper ganz und gar heimisch fühlt und alles daransetzt, das Dasein in seiner Fülle zu erfahren. Wie Sandra leiden viele von uns weiterhin unter den Wunden der Ausgrenzung, und genau deshalb zielt die folgende dreiteilige Übung darauf ab, diesem Gefühl von unpersönlicher Vernachlässigung entgegenzuwirken. Im günstigsten Fall wird sie Ihnen helfen, die Möglichkeit zu erkunden, sich von Anbeginn Ihres Lebens willkommen und gefeiert zu fühlen.

ÜBUNG WILLKOMMEN IN DER WELT

1. Teil: Ihr ideales Szenario

Stellen Sie sich das ideale Szenario für Ihren Eintritt in dieses Leben vor. Entwerfen Sie – mithilfe von Visualisierungen, Zeichnungen oder Fotografien – die bestmögliche Geburtserfahrung, die Sie sich ausmalen können. Vielleicht schließt sie Musik mit ein, die perfekte Entbindungsstation, Szenen mit Ihren entzückten Eltern, die Pläne schmieden für Ihre Ankunft, farbenprächtige Blumen, rauschende Kaskaden, was auch immer. Erübrigen Sie etwas Zeit, um sich all die Details zu vergegenwärtigen. Gestatten Sie sich, völlig loszulassen, und tauchen Sie tief in die Erfahrung ein, in der Welt so empfangen zu werden, dass Sie sich beschützt, versorgt und als etwas Besonderes fühlen.

Einige meiner Klienten wollten in warme, liebevolle Hände geboren werden oder in einem Feld voller Blumen ankommen, umgeben von ihren Pferden, die sie sanft beschnüffeln. Andere hatten den Wunsch nach engem Hautkontakt mit ihrer Mutter oder nach Wiegenliedern, gesungen von sämtlichen Verwandten, die sie in der Familie willkommen heißen.

Schreiben Sie auf, was Sie sehen und erfahren bei Ihrer optimalen Ankunft, oder teilen Sie diese Eindrücke mit einem Freund oder geliebten Wesen. Nehmen Sie Ihre Empfindungen, Gefühle, Gedanken wahr – und spüren Sie, wie deren Bedeutungen sich erweitern oder verändern.

2. Teil: Ihre liebevolle Gemeinschaft

Wer sind die Menschen, die Sie da begrüßen? Schließen Sie all diejenigen mit ein, die in jeder Phase Ihres Lebens einen positiven Beitrag für Sie geleistet haben. Vielleicht ist Ihre Mutter mit dabei, der Vater, Geschwister, ein bevorzugter Großelternteil, ein ferner gütiger Vorfahr, womöglich Ihr Kindermädchen oder Ihre beste Freundin aus dem Kindergarten. Es kann auch ein Lieblingslehrer aus Kindertagen sein, ein spiritueller Meister, ein geliebtes Haustier oder der erste Schwarm unter den Klassenkameraden. Denkbar ist auch der Partner, mit dem Sie jetzt zusammen sind, oder der engste Freundeskreis. Versammeln Sie diese Personen um sich in dem Szenario, das Sie im ersten Teil der Übung entworfen haben. Gestatten Sie ihnen, in Erscheinung zu treten – es können so viele sein, wie Sie möchten –, und veranlassen Sie, dass Sie bei Ihrer Ankunft in der Welt herzlich von ihnen begrüßt werden. Betrachten Sie einen nach dem anderen. Alle sollen sich Ihnen vorstellen. Nehmen Sie mit jeder Person Kontakt auf, blicken Sie in ihr Gesicht, fühlen Sie die innere Verbindung und die menschliche Wärme. Sorgen Sie sich jetzt nicht um irgendwelche Zeitvorgaben. Versammeln Sie einfach die Mitglieder Ihrer Gemeinschaft und genießen Sie die Erfahrung.

Selbst wenn Sie unter schrecklichen Umständen zur Welt gekommen sind, können Sie diese Übung ausführen, um zu erkennen, dass am Ende des Tunnels ein Licht aufscheint. Trotz Ihrer schwierigen Anfänge sollten Sie wissen, dass es in Ihrer Zukunft Menschen geben wird, die Ihnen ein hohes Maß an unbedingter Liebe und Unterstützung entgegenbringen. Schmerz und Leid der frühen Jahre werden wohl gelindert, wenn Sie sich bewusst machen, dass Menschen unterwegs sind, die Sie kennenlernen, willkommen heißen und stärken möchten. Nehmen Sie so viel wie möglich ihrer fürsorglichen Zuwendung in sich auf. Schreiben Sie über Ihre Gemeinschaft, oder legen Sie ein Fotoalbum an, das Sie jederzeit verfügbar haben (oder auf Ihrem Mobiltelefon betrachten), um diesen Menschen nah zu sein, wann immer Sie es wünschen. Erachten Sie es als Ihr persönliches Album der Verbündeten oder als Ihre »Blase der Verbindungen«.

3. Teil: Ihre Gabe würdigen

Angesichts dieser vollkommenen Darstellung Ihrer Geburt inmitten jener wunderbaren Menschen sollten Sie einmal darüber nachdenken, was Sie der Welt zu geben haben. Worin besteht Ihr Beitrag für die Menschheit? Über welches spezielle Talent verfügen Sie? Was bescheren Sie dieser Seelengemeinschaft – etwas, was ihr niemand sonst bieten kann? Was auch immer es ist, stellen Sie sich vor, dass die Personen in Ihrem liebevollen Kreis Ihr spezielles Talent, Ihre einzigartige Gabe, Ihren unverwechselbaren Beitrag anerkennen und feiern. Die anderen verstehen sofort, was Sie anzubieten haben, empfangen es vollständig und unterstützen Sie von ganzem Herzen. Sie heißen Ihre Gabe willkommen und würdigen Sie. Wie ist es, als genau der Mensch wahrgenommen zu werden, der Sie sind, geachtet für all das, was er mit einbringt? Welche Empfindungen und Gefühle kommen zum Vorschein, während Sie sich diese Anerkennung, diese Übereinstimmung vorstellen?

Vielleicht möchten Sie einen Teil der Übung in einer gesonderten Sitzung durchführen und zum anderen irgendwann später zurückkehren. Außerdem ist es sinnvoll, den ganzen Ablauf möglichst zu wiederholen. Nehmen Sie sich für jeden Teil so viel Zeit wie nötig. Falls die Übung an einem bestimmten Punkt zu intensiv oder zu schwierig wird, machen Sie eine Pause und kümmern sich um Ihre Bedürfnisse. Sobald Sie sich dann bereit fühlen, die Übung wiederaufzunehmen, wenden Sie sich völlig ungezwungen den Teilen zu, die Sie am meisten genießen möchten. Beachten Sie dabei, was in

Ihrem emotionalen und physischen Selbst geschieht. Welche Gedanken kommen Ihnen ins Bewusstsein? Was fällt Ihnen auf?

Für viele Menschen kann diese Übung eine zutiefst ausgleichende Wirkung haben. Zumindest hoffe ich, dass Sie ein wenig das Gefühl verspüren, wie es ist, wirklich anerkannt, willkommen geheißen und geliebt zu werden. Bemühen Sie sich um Hilfe oder Anleitung von Freunden, Ihrem Partner oder einem vertrauenswürdigen Therapeuten – wie immer Sie es wünschen.

Wüste oder Oase?

Ich möchte dieses Kapitel mit der Beschreibung eines Dokumentarfilms beenden, den ich vor einigen Jahren gesehen habe. Er handelt von einer Wüste, in der es nur einmal in sieben Jahren regnet. Zwischen diesen seltenen Regenfällen herrscht dort eine unfassbare Dürre. Die Erde trocknet immer mehr aus, bricht und zerbröckelt ringsherum, ähnlich wie Zement im Lauf der Zeit. Die in der Wüste lebenden Tiere verlassen allmählich diesen trostlosen Ort oder sterben, und auch die Pflanzen verwelken und zerfallen. Nach mehreren Jahren hat es den Anschein, als könnte kein Lebewesen länger als wenige Tage dort überleben; die Landschaft ist einfach zu verdorrt, zu öde.

Doch schließlich kehren die Regenfälle wieder. Zunächst flutet das Wasser nur über den trockenen Boden, aber nach einer Weile beginnt es einzusickern. Völlig unerwartet lugen winzige grüne Triebe aus der weicher werdenden Erde hervor – und zeugen davon, dass die ganze Zeit schon Samen unter der Oberfläche verborgen lagen. Die Triebe werden vom Regen genährt, wachsen heran, vermehren sich, und ehe man sich's versieht, ist der gesamte Wüstenboden mit Grün bedeckt. Nach und nach tauchen, so weit das Auge reicht, kleine Rinnsale auf, dann größere Bäche. Die Vegetation wird üppiger, Blumen und Büsche schlagen aus. Bald verwandelt sich dieser so kahle und leblose Ort in eine blühende Oase. Jetzt gibt es Samen und Früchte, von überall aus der Umgegend kommen Vögel angeflogen, und auch Landtiere lassen sich hier nieder. Entstanden ist ein gedeihender, prächtiger Garten – ein Paradies des Lebens in all seinen Gestaltungen.

Die Analogie ist offenkundig: Wir ähneln jener vertrockneten, durstigen Wüste. Doch wenn die äußeren Verhältnisse sich ändern und uns entsprechen, treten die natürlichen Wirkstoffe, die wir zum Leben und zur Stärkung brauchen, ans Licht, keimen, knospen und erblühen, während wir den nahrhaften Regen in uns aufnehmen und genießen. Es spielt keine Rolle, wer Sie sind und was Sie erfahren haben: In Ihrem Innern sind Hülle und Fülle sowie die Fähigkeit zur Verbindung und tiefen Beziehung seit jeher vorhanden. Sobald Sie auf die passenden Umstände treffen und sich ihnen öffnen, wird Ihre Sehnsucht nach authentischer Liebe und Intimität gestillt. Ihr Kern ist intakt! Ihr Wesen ist lebendig!

Falls Sie sich mit dem vermeidenden Bindungstyp identifizieren und sich einigen Ihrer besonders unangenehmen Schwierigkeiten stellen möchten, ermuntere ich Sie, noch einmal die in diesem Kapitel dargestellten Übungen durchzugehen. Sie mögen Ihnen zwar anstrengend erscheinen, aber ich verspreche Ihnen, dass der Lohn – gesteigerte Empathie, verbesserte soziale Interaktionen, bessere Anpassung an Stresssituationen, tiefere Verbindung und Intimität, geschärfte körperliche Bewusstheit – den Aufwand mehr als rechtfertigt.

FRAGEN ZUR BEURTEILUNG DER VERMEIDENDEN BINDUNG

- *Sind enge Beziehungen schwierig für Sie?*
- *Bewirkt menschliche Nähe bei Ihnen, dass Sie hinterher Distanz schaffen?*
- *Finden Sie es problematisch, sich in der intimen Beziehung mit Ihrem Partner zu entspannen?*
- *Fühlen Sie sich auf unerklärliche Weise angespannt, wenn Menschen sich Ihnen körperlich nähern?*
- *Wie schwer fällt es Ihnen, die Hand auszustrecken und um Hilfe zu bitten?*
- *Haben Sie Mühe, zu erkennen oder zu erbitten, was Sie brauchen?*
- *Strengt es Sie an, den Augenkontakt mit Ihrem Gegenüber zu halten?*
- *Bevorzugen Sie es, allein zu arbeiten statt mit anderen?*
- *Was ist Ihnen lieber – etwas mit Leuten zusammen oder etwas allein zu unternehmen?*
- *Verurteilen Sie andere oft dafür, dass sie nicht eigenständiger sind?*
- *Finden Sie gefühlsbetonte, überschwängliche oder dramatische Menschen lästig?*

- *Was fällt Ihnen leichter: über Probleme nachzugrübeln, die Ihnen wichtig sind, oder anderen gegenüber offen zu bekunden, wie Sie sich diesbezüglich fühlen?*

- *Als Sie in der Vergangenheit eine wertvolle Beziehung verloren haben, empfanden Sie da zunächst eine Welle der Erleichterung oder gar des Glücks? Und folgten auf diese Welle schließlich diametral entgegengesetzte Gefühle wie Depression oder Verzweiflung?*

- *Ziehen Sie Verbindungen zu Tieren oder Gegenständlichem denen zu Menschen vor?*

- *Wie bedeutsam sind für Sie Arbeitsleben und Karriere im Vergleich zu Ihren persönlichen Beziehungen?*

- *Was geschieht nach der Trennung von einem Partner, wenn der Druck von Ihnen gewichen ist? Fühlen Sie sich stärker mit ihm verbunden als je zuvor, sind Sie dann erst empfänglicher für ihn?*

- *Haben Sie das Gefühl, dass es da draußen einen vollkommenen Menschen gibt, dem Sie noch nicht begegnet sind, und dass es einfacher ist, nach dieser imaginären Verbindung zu suchen, statt sich auf die Person einzulassen, mit der Sie tatsächlich zusammen sind, und an ihr Gefallen zu finden?*

Ambivalente Bindung

In ihrem Buch *Warum wir uns immer in den Falschen verlieben* verweisen Amir Levine und Rachel Heller auf ein junges Paar: Georgia mit ambivalent-ängstlichem Bindungstyp und Henry mit einem vermeidenden.[29] Beide stritten sich gerade über ein wiederkehrendes Problem in ihrer Ehe, als sie von den Autoren interviewt wurden. Henry sah sich durch Georgias ständige Ansprüche auf die Probe gestellt und überfordert, wohingegen sie meinte, in der Beziehung die Hauptarbeit leisten zu müssen. Georgia fühlte sich allein gelassen, weil er während seiner Arbeit nie Zeit für sie hatte und nur selten auf ihre Mitteilungen antwortete.

Sobald die Partner das jeweils andere Bindungsmuster zu durchschauen begannen, wurde Henry klar, dass er Georgia wie auch der Beziehung schadete, indem er ihre Kontaktversuche ignorierte, abweisend war, wenn sie anrief, oder ihre Bedürfnisse bespöttelte. Georgia wiederum erkannte, dass sie ihn durch ihre drängenden Wünsche und Klagen von sich stieß, obwohl sie doch seine Nähe ersehnte. Außerdem begriff sie allmählich, dass Henry im Lauf des Tages oft an sie dachte, aber wegen seines straffen Zeitplans kaum die Möglichkeit hatte, in direktem Kontakt mit ihr zu bleiben. Gemeinsam fanden sie eine inspirierende Lösung: Sie formulierten einen musterhaften Text, den Henry mühelos und schnell an Georgia schicken konnte, sobald er an sie dachte. Das verringerte ihre Sorge um die Beziehung, und Henry ärgerte sich weniger über das, was er als Nörgelei und Unterbrechung seiner Arbeit betrachtet hatte. Statt sich zu zanken, konnten beide nun ohne Anspannung oder Feindseligkeit die Zeit nach der Arbeit gemeinsam genießen.

Die Rolle der Objektpermanenz und -konstanz

Die Eigenart der ambivalenten Bindung erschließt sich beispielsweise durch das Verständnis von Objekt- beziehungsweise Personenpermanenz und -konstanz – und davon, wie beide in früher Kindheit gestört werden können. Bis etwa zu unserem achtzehnten Lebensmonat haben wir noch keinen ausgeprägten Sinn für Objektpermanenz; das heißt, wenn eine Person den Raum verlässt, kann sie sich aus dem Blickwinkel des Kleinkindes genauso gut in Luft aufgelöst haben. Diese Person – das fragliche Objekt – ist einfach verschwunden. Aber mit zunehmender Reife entwickeln wir ein Gefühl für die Objektpermanenz und können ein Bild oder Eindruck von der Person haben, auch wenn sie nicht physisch präsent ist. Wenn unsere Mutter uns dann zurücklässt, um in die Küche zu gehen, spüren wir, dass sie noch immer konkret anwesend ist, und vertrauen weitgehend darauf, dass sie schließlich wiederkommen wird.

Ungefähr im gleichen Entwicklungsstadium erwerben wir allmählich auch einen Sinn für Objekt*konstanz*. Deren Bedeutung lässt sich folgendermaßen umschreiben: Wenn unsere Mutter nach dem Aufenthalt in der Küche wieder ins Zimmer kommt, begreifen wir, dass sie annähernd dieselbe Person ist, die uns ein paar Minuten vorher zurückgelassen hat. Das fragliche »Objekt« ist nicht durch ein anderes ersetzt worden. Die Fähigkeit, Objektpermanenz und -konstanz wahrzunehmen, ermöglicht uns, mit der Zeit ein Gefühl von Kontinuität hinsichtlich unserer primären Bezugspersonen zu entwickeln. Ohne diese Fähigkeit ist es ziemlich schwierig, tiefe Verbindungen mit Menschen einzugehen.

Wenn also die Pflege, die uns zuteilwird, unbeständig oder unzuverlässig ist, kann das die Fähigkeit beeinträchtigen, Objektpermanenz und -konstanz im Bewusstsein zu verankern. Wissen wir als Kinder nicht, wer auftauchen wird oder ob unsere Bedürfnisse gestillt werden, wachsen wir mit einer bestimmten Art von Ängstlichkeit auf. Diese Erfahrung einer »On-off-Bindung« erweckt in uns das Gefühl von Zweifel und Unsicherheit.

Wichtig dabei ist der Hinweis, dass viele von uns mit ambivalenter Bindung tatsächlich ein hohes Maß an Liebe und Austausch mit den Eltern empfangen haben; allerdings war diese Beziehung gekennzeichnet durch Unvorhersehbarkeit und Widersprüchlichkeit. Eine Zeit lang mag alles in Ordnung oder sogar gut gewesen sein, doch es blieb nicht auf glaubwürdige Weise so, weshalb uns nie klar war, in welcher Richtung sich die Dinge entwickeln würden. Vielleicht würden wir bekommen, was wir brauchten, vielleicht aber auch nicht. Es war wie beim Wurf einer Münze oder beim Spiel am Spielautomaten: Dann und wann lohnten sich die Bemühungen, eine Verbindung herzustellen, bescherten uns Präsenz und Liebe, doch darauf konnten wir nicht bauen. Kinder, deren Pflege einen derartigen Verlauf nahm, wachsen folglich mit starken inneren Belastungen heran.

Bekanntlich haben Eltern mit nicht verheilten Bindungswunden die Neigung, sie an ihre Kinder weiterzugeben, und das geschieht sicherlich oft bei einer ambivalenten Bindung. Jede Mutter, jeder Vater wird Ihnen mitteilen, dass die Elternschaft immer wieder Gelegenheit bietet, eigene frühe Verhaltensmuster und Verletzungen erneut heraufzubeschwören, meist ohne bewusstes Erkennen. So wird auf ganz konkrete Weise eine Verletzung des Elternteils zur Verletzung des Kindes. Deshalb ist es äußerst hilfreich, dass diejenigen unter uns mit Wunden, geschlagen durch unstete, unstimmige Fürsorge seitens der Eltern, mehr Bestätigung erhalten in Bezug auf Verbindlichkeit, Beständigkeit und Zuverlässigkeit in Beziehungen. Genau darin liegt das Ziel dieses Kapitels – und insbesondere der hier dargestellten Übungen.

Zu den weiteren Faktoren, die Personen mit ambivalenter Bindung zutiefst verunsichern, gehören die folgenden:

Ungenügende Koregulation: Wie Sie wissen, haben Kinder, die mit sicherer Bindung aufwachsen, häufig Eltern, die ihnen erlauben, verschiedene Gefühlszustände in fließendem Übergang zu durchlaufen, und sind dennoch stets anwesend und fürsorglich. Personen mit ambivalentem Bindungstyp hingegen haben diese Form von vorhersehbarer Pflege nicht empfangen. Das heißt, ihre *Affektmodulation* – also die Fähigkeit, das eigene Gefühlsleben zu steuern – wurde nicht durch stete Gegenwart und Empfänglichkeit der Eltern angeregt. Dies erklärt, warum sich die Betroffenen so sehr darauf verlassen, dass andere ihre Gefühle regulieren. Da sie seitens ihrer Eltern nie eine gleichmäßige oder zuverlässige interaktive Regulation erfahren haben, müssen sie eine hinreichende Selbstregulation, die auf erfolgreicher Koregulation basiert, erst noch entwickeln. Manchmal jedoch lehnen sie auch Hilfe ab, weil der Besitz dessen, was sie wollen oder brauchen, zwar ihren Signalruf zum Verstummen bringen mag, aber diese Befriedigung bedroht im Grunde ihr Überleben, denn als Nächstes erwarten sie ja, wieder im Stich gelassen zu werden.

Unterbrochene Regulation: Neben den oben erwähnten Faktoren wird die ambivalente Bindung mit der *unterbrochenen Regulation* seitens der ursprünglichen Bezugspersonen in Zusammenhang gebracht. Die Unterbrechung findet dann statt, wenn das Kind während eines intensiven Moments der Aufmerksamkeit und der Liebe durch den Elternteil sich zu entspannen und zu beruhigen versucht und dieser dann plötzlich der Erfahrung ohne Vorwarnung ein Ende setzt. Mit anderen Worten: Das Kind ist dabei, in der Beziehung loszulassen, um sich zu regulieren oder Pflege, Verbundenheit, Liebe zu empfangen, und der Elternteil tut genau das, was die Fähigkeit des Kindes, entsprechend zu handeln, am meisten gefährdet. Im Allgemeinen deutet diese Neigung des Elternteils darauf hin, dass er mit seinen eigenen Bindungswunden beschäftigt ist, mit einer Verletzung, die er wiederum durch seine Eltern erlitten hat und die leicht auf das Kind übertragen wird. Verständlicherweise kann diese Art von Austausch ein Kind tief beunruhigen und die Beziehungsangst verstärken. Bei Erwachsenen bezeichnet man die ambivalente Bindung als »unsicher-präokkupiert«.

Reizüberflutung: Sobald Kinder lernen, sich selbst zu regulieren, brauchen sie gewöhnlich viel Platz, um ihren eigenen Rhythmus zu finden und gesunde Grenzen zu setzen. Dringt ein Elternteil in diesen Raum ein oder will er ständig die Verbindung aufrechterhalten, kann sich dies schädlich auf die Entwicklung des Kindes auswirken. In einer Nachrichtensendung des amerikanischen Fernsehsenders ABC[30] wurde 2011 die Arbeit der klinischen Professorin für medizinische Psychologie Beatrice Beebe vorgestellt, die sich der Erforschung der Verhaltensmuster zwischen Müttern und ihren Kleinkindern widmet. Da Mütter ihre eigenen Bedürfnisse und Absichten haben, missachten sie oft wichtige Signale ihrer Kinder, die deren Wunsch nach Freiraum erkennen lassen – etwa indem sie die Hände vors Gesicht halten, ihr Gesicht abwenden etc. Fahren die Mütter trotz dieser Anzeichen damit fort, ihre Kinder zu animieren, kann sich eine Dynamik des »Jagens und Ausweichens« ergeben: Die Mütter drängen sich umso mehr auf, und die Kinder verdoppeln ihre Anstrengungen, Raum für sich zu beanspruchen. Die Mütter haben dann vielleicht das Gefühl, ihre Kinder würden sie nicht lieben, während diese allein unter Reizüberflutung leiden. Unabhängig vom Alter ist es normal, dass wir nach einer Phase intensiven zwischenmenschlichen Austauschs eine Pause einlegen und etwas Abstand gewinnen müssen von Augenkontakt und physischer Präsenz, um uns selbst zu regulieren.

Sobald wir mehr über die Dynamik der Bindung erfahren – die unsere wie die der anderen – und dieses Wissen mitfühlend in der Praxis anwenden, sind wir imstande, die sichere Bindung in Beziehungen zu fördern, die zuvor womöglich belastet waren mit Angst, Unsicherheit oder gewohnheitsmäßiger Loslösung.

Wie eine ambivalente Bindung aussieht

Genauso wie man Menschen mit vermeidendem Bindungstyp häufig einige ziemlich unangenehme Eigenschaften zuschreibt, werden solche mit ambivalenter Anpassung gern abqualifiziert als »hilfsbedürftig«, »anhänglich«, »überempfindlich«, »kontrollsüchtig«, »anstrengend« oder »nervös«. Auch hier möchte ich über die voreingenommene Sprache hinausgehen, um genauer zu betrachten, was mit ambivalenten Personen eigentlich geschieht, und bestimmte Methoden untersuchen, um einige der Schwierigkeiten abzumildern, die ihr Leben kennzeichnen. Ambivalent gebundene Menschen wollen wirklich eine Beziehung, weshalb ihr Bindungssystem gewissermaßen voll in Betrieb ist. Dafür brauchen sie mehr Hilfe, um die Überaktivierung zu dämpfen, was ihnen gewöhnlich etwas leichter fällt als den Vermeidern, die ihren Vorbehalt gegen Verbindungen erst einmal aufgeben müssen, um ein mögliches Verlangen danach überhaupt aufzuspüren und zum Ausdruck zu bringen.

Trennungsstress

An dieser Stelle möchte ich noch einmal zurückkommen auf Amir Levines und Rachel Hellers etwas stereotypisches Beispiel der auffallend ängstlichen Ehefrau. Man beachte, wie sehr sich ihre Erfahrung von der einer Person mit vermeidendem Bindungstyp unterscheidet. Vermeider erleben regelmäßig *Annäherungsstress*. Selbst gegenüber geliebten Menschen empfinden sie vielleicht Angst, sobald jene sich ihnen körperlich nähern, wahrscheinlich weil sie von ihren ursprünglichen Bezugspersonen verletzt oder in der Kindheit einfach zu oft im Stich gelassen wurden. Folglich wirken sie manchmal kühl, abgeschottet, distanziert und sogar zurückweisend. Das Gegenteil ist der Fall bei denen mit ambivalentem Bindungstyp. Ihre Angst kann geschürt werden, wann immer ein geliebtes Wesen sie verlässt, und sei es nur für eine routinemäßige Angelegenheit, etwa der Gang zur täglichen Arbeit oder der kurze Abstecher ins Fitnessstudio. Ambivalente Menschen neigen zu innerer Unruhe und Verwirrung, wenn sie allein oder nicht in unmittelbarer Nähe der ihnen wichtigen Personen sind. In Gegenwart des Beziehungspartners mögen sie ausgesprochen gesellschaftsfähig und in engem Kontakt mit ihrem Netzwerk sicherer Bindungen sein, aber sobald er fortgeht, beginnen sie der Verbindung zu misstrauen.

Eine meiner Freundinnen bekennt, dass sie jeden Abend, wenn ihr Freund sich im Bett umdreht (also sich körperlich abwendet), um einzuschlafen, ein schreckliches Gefühl von Angst und Verlassenheit verspürt, auch wenn beide davor über längere Zeit innig miteinander gekuschelt haben. Diese schmerzliche Erfahrung macht sie regelmäßig durch, ganz gleich, wie intim sie mit ihm noch vor wenigen Momenten verbunden war.

Versuchen Sie, das im Gedächtnis zu behalten, falls Sie der Partner, der Elternteil oder das Kind eines Menschen mit ambivalenter Anpassung sind. Jede Form von Abschied mag sich für ihn extrem schwierig gestalten – auf eine Weise, die in Ihren Augen keinen Sinn ergibt. Bemühen Sie sich, auf seinen Übergangsstress so sensibel wie möglich zu reagieren, ihm aufmunternde oder beruhigende Worte zu übermitteln und dadurch zu zeigen, dass Sie sein Problem verstehen. Ein Freund von mir sagt beispielsweise zu seiner Tochter: »Ich werde dich in meinem Herzen tragen, wo ich meine Liebe zu dir bewahre, jeden Tag«, wann immer er auf eine Geschäftsreise geht.

Suche nach Nähe und Hyperfokussierung

Wir ahnen, dass Mütter wie jene in der zuvor genannten Studie von Beatrice Beebe, gekennzeichnet durch das Verhaltensmuster »Jagen und Ausweichen«, in einer Umgebung aufwuchsen, die Ambivalenz begünstigte. Kinder mit inkonsistenter Erziehung neigen dazu, sich allzu sehr auf andere zu konzentrieren, besonders auf ihre ursprünglichen Bezugspersonen, denn sie leben mit der Angst vor einer schwankenden und unberechenbaren Beziehungswelt. Es ergibt durchaus Sinn, dass diese Kinder ständig den Kontakt aufrechterhalten wollen und ein Verhalten an den Tag legen, das wir normalerweise (und mit negativem Unterton) mit »Anhänglichkeit« verbinden. Nicht von ungefähr ist eine solche Suche nach Nähe bei ihnen viel stärker ausgeprägt als bei jemandem, der mit sicherer Bindung heranwächst. Wenn die eigenen Funktionen der Selbstregulation unzureichend entwickelt sind, wird man sich dauernd an anderen orientieren, um das überaktivierte Nervensystem wie auch das überempfindliche Bindungssystem herunterzuregeln oder zu beruhigen. Stan Tatkin nennt diesen Vorgang »externe Regulation«.[31] Es handelt sich nicht um interaktive Regulation, weil ein Mangel an Gegenseitigkeit oder Wechselbeziehung vorherrscht.

Menschen mit einem hohen Grad an Ambivalenz mögen ihr Augenmerk derart auf die Kleinigkeiten in den Beziehungen ringsum richten, dass sie vielleicht Mühe haben, sich ihrer beruflichen Tätigkeit zu widmen. Sie geraten sogar in Schwierigkeiten, weil sie sich dauernd damit beschäftigen, was im Team auf der gefühlsmäßigen oder zwischenmenschlichen Ebene abläuft, sodass sie nicht mehr ihre eigentliche Arbeit erledigen. Durch das fast ausschließliche, von tiefen Bindungswunden erzwungene Nachdenken über die persönlichen Beziehungen können ihre Neugier und Schaffenskraft nachlassen, ihre Karrieren leiden und ihre Bedürfnisse, einen Beitrag für die Gemeinschaft oder die Gesellschaft im Ganzen zu leisten, mehr oder weniger stark beeinträchtigt werden. Wer sich übermäßig um andere kümmert – um ihre Handlungen oder ihre Untätigkeit, ihre Gegenwart oder Abwesenheit, ihre Liebe oder Lieblosigkeit –, taucht darüber hinaus so tief in deren tägliche Wechselfälle ein, dass er den Bezug zu sich selbst verliert. Die rechte Gehirnhälfte übernimmt die Führung und unterbricht die dringend benötigte Verbindung zur Vernunft der linken Hemisphäre. Manchmal verleitet diese Hyperfokussierung ambivalente Personen dazu, ihre Partner wieder und wieder zu beschenken, wobei Nachgiebigkeit und Großzügigkeit keine Grenzen zu kennen scheinen. Leider ist diese Art von Generosität nicht immer echt, und die vermeintliche Selbstlosigkeit wird unbewusst dazu benutzt, andere zu manipulieren.

Wir müssen diese Dynamik mit Mitgefühl verstehen, da ambivalente Personen versuchen, die Beziehung zu stabilisieren. Das ist auch eine Gabe. Vergessen Sie nicht: Die Vermeider konzentrieren sich derart auf die eigenen Aufgaben, dass man ihnen vertrauen kann, sie zu meistern. Die Ambivalenten hingegen haben, obwohl sie bisweilen überempfindlich sind, einen hochentwickelten Sinn für »die anderen« und können bereitwillig emotionale Verstrickungen auflösen oder dafür sorgen, dass grundlegende Bedürfnisse gestillt werden.

Wenn wir der Fähigkeit ermangeln, uns selbst zu besänftigen, und weder verbunden sind mit dem eigenen Wesen noch damit, was mit uns geschieht – das heißt mit unseren wichtigen Bedürfnissen und Sehnsüchten –, dann ist es nur natürlich, dass wir unaufhörlich fortfahren, die Verbindung zu anderen zu suchen und ein Verhalten zu zeigen, das sie bezaubert und erfreut. Bedauerlicherweise funktioniert dieses Muster nicht wirklich. Verlassen wir uns über Gebühr auf andere, können wir kein Gefühl von erwünschter Verbindung aufbauen, egal, wie der andere Mensch reagiert. So liebevoll oder makellos er auch sein mag – das wird uns nie zu uns selbst zurückbringen. Als ambivalent Gebundene verlieren wir den Kontakt zu uns selbst, wenden uns dann an andere, um ihn wiederherzustellen, und geben gerade dadurch uns selbst auf. Hier offenbart sich ein beträchtliches Dilemma für diejenigen unter uns mit ambivalenter Bindung: Das Vertrauen auf zu viel Unterstützung von außen begünstigt eine zu große, ständig erneuerte Abhängigkeit, Kontrollverlust und noch mehr Selbstaufgabe.

Wie ich bereits gesagt habe, kommt es darauf an zu lernen, sich selbst im Zusammenspiel mit der Regulation durch andere zu beruhigen. Es folgt nun eine meiner bevorzugten Übungen, in der die Weisheiten und Gaben unseres Körpers eingesetzt werden, um uns zu lehren, wie wir uns aus eigener Kraft zur Ruhe und ins Gleichgewicht bringen.

ÜBUNG KÖRPERLICHE ERDUNG

Wenn wir unsere Gelenke bewusst bewegen, erlangen wir ein propriozeptives Bewusstsein (den inneren Sinn dafür, wie unser Körper positioniert ist und sich fortbewegt). Diese Übung wird Ihnen helfen, ein stärkeres Selbstgefühl zu entwickeln, indem Sie sich einfach mehr in Ihren Körper einfühlen.

Versuchen Sie es einmal damit: Finden Sie einen Platz, um entspannt zu sitzen, gönnen Sie sich ein paar Augenblicke der Stille, und beginnen Sie dann, die körperlichen Empfindungen in den Füßen zu spüren. Drehen Sie die Knöchel ein wenig, wackeln

Sie mit den Zehen, und bewegen Sie die verschiedenen Knochen der Füße. Wie ist das? Welche Empfindungen können Sie dabei wahrnehmen, mit welchen in engeren Kontakt kommen?
Sobald Sie glauben, ein bestimmtes Gefühl von Verbundenheit gewonnen zu haben, bemühen Sie sich, Ihr Körperbewusstsein weiter nach oben zu verlagern. Drehen Sie die Knöchel, und bewegen Sie die Knie hin und her. Lassen Sie sie kreisen, und beachten Sie, wie diese Schwingungen sich auf Ihre Hüften auswirken. Spüren Sie in den Knien, Oberschenkeln und Hüften so viele Empfindungen wie nur möglich.
Drehen Sie jetzt den Oberkörper etwas nach links, dann nach rechts. Nehmen Sie alle Empfindungen an der Wirbelsäule wahr. Nachdem Sie das eine Weile getan haben, strecken Sie die Wirbelsäule, als würde ein Seil Sie zum Himmel hochziehen und in den Wolken befestigen. Spüren Sie die Bewegung der Wirbel, und bemerken Sie, wie diese Ihren Kopf stützen. Drehen Sie den Oberkörper von einer Seite auf die andere. Versuchen Sie, mit den verschiedenen Teilen der Wirbelsäule in Berührung zu kommen, und spüren Sie, wie die Wirbel zusammenwirken, um den Oberkörper aufrecht zu halten.
Richten Sie nun Ihre Aufmerksamkeit auf all die kleinen Regungen im Nacken und an der oberen Wirbelsäule. Lassen Sie den Kopf langsam kreisen, und öffnen Sie gegebenenfalls die Augen, um zu sehen, wo in Raum und Zeit Sie sich befinden. Schauen Sie sich um, nehmen Sie Ihre Umgebung wahr, und durchforschen Sie gleichzeitig den Körper nach weiteren Empfindungen.
Diese Übung aktiviert den Hippocampus und gibt Ihnen zu verstehen, dass Sie ganz im Hier und Jetzt verankert sind. Da unser implizites Gedächtnis so mächtig ist, verlieren wir uns manchmal leicht in unseren frühen Gefühlen oder Empfindungen, sobald ein Ereignis – gewöhnlich in Beziehungen – unser ursprüngliches Bindungsmuster heraufbeschwört. Das kann bereits geschehen,

wenn Ihr Partner die Stadt verlässt, aber Ihnen mitzuteilen vergisst, dass er heil angekommen ist, und Sie sich deshalb große Sorgen machen. Gerade in einer solchen Situation ist es hilfreich, den Körper im gegenwärtigen Augenblick zu erden.

Fahren Sie fort. Entspannen Sie die Schultern, und spüren Sie, wie diese ein wenig nach unten sinken. Wann immer in uns eine Bedrohungsreaktion ausgelöst wird, ziehen wir die Schultern bis zu den Ohrläppchen nach oben – fast als würden wir sie als Ohrringe tragen. Vielleicht können Sie auch die Schulterblätter lockern und dadurch den Schultern eine Ruhepause gönnen. Gehen Sie die Schritte so oft wie nötig durch, bis sich Ihre Schultern völlig entspannt anfühlen.

Lenken Sie anschließend Ihre Aufmerksamkeit sanft auf die Ellbogen und Handgelenke, während diese sich hin und her bewegen. Strecken Sie die Hände aus, heben Sie die Arme, drehen Sie sie in alle Richtungen. Indem Sie so Ihr Bewusstsein auf die Gelenke richten, wird die Propriozeption ebenso gefördert wie der Sinn für physische Verkörperung – mein Körper, mein Selbst. Propriozeption ist wie gesagt die Fähigkeit, im Körper entstehende Reize in Bezug auf Haltung, Bewegung und Gleichgewicht wahrzunehmen. Selbst wenn eine Person die Augen verbunden hat, weiß sie dank der Propriozeption, ob ihr Arm über dem Kopf ist oder seitlich am Körper herabhängt. Diese Übung, bei der wir mit konzentrierter Bewusstheit die Gelenke bewegen, schärft jenen Sinn und vertieft damit die Erdung. Mit anderen Worten: Sie haben das Gefühl, dass dieser Körper tatsächlich der Ihre ist, Ihr physisches Zuhause. Hier können Sie wohnen.

Diese Übung mag eine höchst entspannende Wirkung auf Sie ausüben. Vielleicht spüren Sie im Körper hier und da auch verspannte Stellen auf, die Ihnen bisher entgangen sind. Das ist ganz normal. Sie bemerken jetzt einfach mehr, weil Sie Ihrem Körper eine neue Art von Aufmerksamkeit zuteilwerden lassen. Wann immer Sie eine solche Verspannung feststellen, schenken Sie dem betreffenden Körperteil etwas genauere Beachtung, und versuchen Sie, in einen Zustand vollkommener Entspannung zu gelangen. Nehmen Sie sich dafür so viel Zeit, wie Sie möchten. Probieren Sie verschiedene Varianten aus – beginnen Sie zum Beispiel auf der linken Körperseite, um sich dann der rechten zuzuwenden, oder lockern Sie zunächst einen Zeh nach dem anderen.

Bei dieser Übung können alle möglichen physischen und emotionalen Reaktionen auftauchen, und auch das ist in Ordnung. Falls Ihnen alte Geschichten oder körperliche Symptome ins Bewusstsein kommen, so nehmen Sie davon Notiz und tun Ihr Bestes, fokussiert zu bleiben auf das, was im Moment geschieht. Das wird Ihnen helfen, zwischen Vergangenheit und Gegenwart eine wesentliche Unterscheidung zu treffen und damit deutlicher zu erkennen, wie frühere Verhältnisse heutige Erfahrungen beeinflussen.

Überempfindlichkeit, Signalrufe und wiederholte Abläufe

Bei vermeidenden Menschen findet eine übermäßige Aktivität in der linken Gehirnhälfte statt, bei jenen mit ambivalenter Ausrichtung in der rechten, was auf ein überaktiviertes und überempfindliches Bindungssystem hindeuten kann. Vielleicht erinnern sich Letztere an die emotionalen Nuancen in der Vergangenheit – und besonders daran, wie sie diese empfanden – weitaus genauer als die Vermeider, aber oft auf abträgliche Weise, indem sie sich dauernd mit früheren Verletzungen und Enttäuschungen befassen und die Dramen immer wieder durchspielen.

Bisweilen zeigt sich die Überempfindlichkeit in heftigen Reaktionen auf bestimmte frühere oder auch aktuelle Ausdrucksweisen oder Gefühlsregungen seitens der anderen, wie auch in einer erhöhten Angst vor Getrenntsein oder Missstimmung. Ambivalente Menschen haben die stärkste Neigung zur Projektion und können sich wegen jeder Kleinigkeit, ob sie real oder nur eingebildet ist, schnell echauffieren. Aus diesem Grund herrscht in ihren Beziehungen häufig ein eklatanter Mangel an Leichtigkeit und Entspanntheit. Ganz gleich, worum es geht, etwa um Erziehung oder Liebe – diese Art von Überempfindlichkeit kann sie wichtiger Erholungszeiten berauben und die befürchtete Trennung von anderen tatsächlich noch beschleunigen. Unwillentlich stoßen sie gerade den Menschen weg, den sie am meisten lieben möchten.

In gewisser Hinsicht ist es so, als würde ihr Signalruf immer wieder ausgelöst. Das ist keine gewöhnliche Reaktion. Ihr kann man nicht ohne Weiteres durch positive Gedanken entgegenwirken, weil sie tief mit dem Überlebensinstinkt verwoben ist. Also versuchen sie, dieses Gefühl von Dringlichkeit, diesen Hang zu verwirrenden Bedrohungsreaktionen abzumildern, aus Angst, den Menschen zu verlieren, an den sie gebunden sind – die primäre Bindungsfigur.

Außerdem werden ambivalent gebundene Menschen oftmals leicht eifersüchtig. Sie können in Zorn geraten, wenn ihr Partner mit jemand anderem flirtet, sind sie doch innerlich darauf ausgerichtet, ihn buchstäblich zu bewachen. Die Vorstellung, er könnte ihnen jeden Moment weggenommen werden, erfüllt sie mit Schrecken. Die Bedrohung scheint derart real, dass sie ein starkes Bedürfnis nach extremer Wachsamkeit und Misstrauen empfinden.

Bei uns allen drückt ein Signalruf manchmal den dringenden Wunsch nach Verbundenheit aus. Aber erfolgt dieser Ruf ständig, sieht sich die ambivalente Person offenbar gezwungen, ihre Gefühle zu übertreiben angesichts der Frage: »Wird mich irgendjemand hören, wenn ich nicht genug Lärm mache?« Bisweilen kommt das in Form regelmäßiger Rufe nach Aufmerksamkeit zum Ausdruck, dann wieder als gedrängter Wortschwall (äußerst intensive Interaktionen, beladen mit exzessiven, schwer verständlichen Details), ausschweifendes Gerede oder gewohnheitsmäßiges Klagen. In einigen Fällen sind Menschen mit ambivalenter Anpassung chronisch krank oder leiden an einer Vielzahl von Beschwerden, verstärken also unbewusst den Signalruf durch den Körper, um endlich der Verbindung teilhaftig zu werden, die sie sich ersehnen – besonders wenn diese Methode in der Kindheit funktioniert hat.

Derartige Übertreibungen sind verständlich, wenn man in Betracht zieht, dass die Ambivalenten häufig aufgewachsen sind im Zweifel, ob ihre Bedürfnisse vom einen Moment zum nächsten gestillt würden. Die Verbindung zu den Eltern war unbeständig und allzu oft unterbrochen; das heißt, die ursprünglichen Bezugspersonen haben die Affektmodulation ebenso gestört wie die Regulation des vegetativen Nervensystems, anstatt auf beide beruhigend einzuwirken. Diese Situation ist für ein Kind grundsätzlich verwirrend und angsterzeugend, weshalb man durchaus nachvollziehen kann, dass es als Erwachsener so schnell zu heftigen Reaktionen neigt. Ambivalente sind nur schwer zu besänftigen, selbst wenn ihr geliebtes Wesen zurückkehrt.

Leider enden die Versuche, persönliche Verbindungen auf solche Art – durch Überempfindlichkeit, Eifersucht und Übertreibung – zu stabilisieren, oft genau so, wie wir es am meisten befürchten. Unabsichtlich stoßen wir Leute ab, was uns wiederum in der Grundüberzeugung bestärkt, dass andere nur darauf warten, uns im Stich zu lassen. Außerdem kann die Angst, wenn sie in unseren Beziehungen eine so große Rolle spielt, das Vertrauen untergraben und sowohl die tiefe Verbindung zunichtemachen als auch die innere Entwicklung.

Das starke Bedürfnis nach Verbundenheit ist eingeschlossen in den festen Glauben, dass sie unmöglich ist, und unser Verhalten erhält dieses Paradox aufrecht. Selbst wenn wir uns nicht sorgen, quasi hinter jeder Straßenecke verlassen zu werden (oder uns der Sorge gar nicht bewusst sind), kann es geschehen, dass wir die eigene permanente Enttäuschung auf unsere Beziehungen projizieren und dabei immer wieder bestimmte Formen von Ablehnung und neuer

Verletzung erwarten. Wir rechnen damit, von unserem Partner aufgegeben oder gekränkt zu werden, noch bevor er etwas unternimmt (oder unterlässt), was sich für uns als emotional schwierig erweist. Infolgedessen bestehen unsere Traurigkeit und Verletztheit fort und werden durch Höhen und Tiefen in der Beziehung auch weiterhin die frühen negativen Muster in uns wachgerufen. Das sind äußerst schmerzliche Abläufe, in denen wir uns verfangen haben. Die gute Nachricht aber lautet, dass es vielerlei Methoden gibt, die uns selbst und unseren Nächsten helfen, solchen Teufelskreisen und damit dem sich von selbst wiederholenden Leiden zu entkommen.

Das Bedürfnis nach Bestätigung

Das bereits erwähnte Paar Henry und Georgia war imstande, die Probleme im Rahmen der Therapie zur Sprache zu bringen und eine Lösung zu finden, die Georgias ängstlichem Bedürfnis nach Bestätigung vollauf entsprach und zudem Henry half, sich ihr aus seiner distanzierenden, vermeidenden Haltung anzunähern. Allmählich fühlte sich Georgia mehr anerkannt und weniger ängstlich, wodurch sie der Beziehung tiefer vertrauen konnte. In dem Maße, wie ihr Bindungssystem den Zuspruch aufnahm, fiel es ihr etwa leichter, Henry ausgeglichener an der Haustür zu begrüßen.

Bestätigung ist für uns alle wichtig, besonders aber für jene, die ambivalent gebunden sind. Behalten Sie das im Gedächtnis, wenn ein für Sie bedeutsamer Mensch mit dieser Art von Anpassung lebt. Bestätigung und regelmäßiger Kontakt – durch E-Mails, Textnachrichten oder Telefonanrufe – beruhigen ein überaktiviertes Bindungssystem mehr als alles andere. Das heißt nicht, dass Sie Ihren ambivalenten Partner für den Rest des Lebens ständig bestärken müssen. Sobald er sich einmal wirklich unterstützt fühlt – das Beispiel von Henry und Georgia zeigt es –, wird die Beziehung insgesamt stabiler, vor allem aufgrund einer neuen Erfahrung von Objektpermanenz und -konstanz, die in der Kindheit nicht möglich war. Dadurch können sich beide Partner in Richtung der sicheren Bindung entspannen, was letztlich allen im Beziehungsumfeld zugutekommt. Offenbar wünschen sich ambivalente Menschen eine Beziehung, und im Allgemeinen ist es für sie leichter, eine solche aufrechtzuerhalten, insbesondere mit einem sicher gebundenen Partner, der gewillt ist, sich konsistent zu verhalten und beruhigend zu wirken.

Falls Sie persönlich den Eindruck haben, dass auch Ihre Bindungsform ambivalent ist, sollten Sie die folgende einfache Übung ausprobieren, um sich selbst tiefe Bestätigung zuteilwerden zu lassen.

ÜBUNG MEINE BESTÄNDIGEN UND DURCHSCHAUBAREN MENSCHEN

Beginnen Sie damit, sich an einer bequemen Stelle zu erden: Spüren Sie Ihre Füße, die fest gegen den Boden drücken, und beachten Sie all die aufsteigenden Empfindungen, während Sie still dasitzen. Sinken Sie tiefer in den Stuhl, entspannen Sie sich, und lassen Sie sich von ihm stützen. Sie brauchen nichts anderes zu tun – der Boden trägt Ihre Füße und der Stuhl hält Sie aufrecht. Geben Sie sich diesen Empfindungen ein paar Minuten lang hin. Durchforschen Sie jetzt Ihre Beziehungsgeschichte nach Menschen, die einen wesentlichen Einfluss auf Sie ausgeübt haben – Familienmitglieder und Freunde, Lehrer und Ratgeber. Schenken Sie Ihre Aufmerksamkeit hauptsächlich denjenigen, die über die Jahre auf verlässliche Weise präsent waren. Ich meine nicht Personen, die vollkommen schienen, sondern nur solche, auf die Sie irgendwie bauen konnten. Finden Sie jemanden, dem Sie ein bestimmtes Maß an Vertrauen entgegenbringen, selbst wenn Sie von ihm jahrelang nichts gehört haben. Das ist ein Mensch, mit dem Sie sich, sobald Sie sein Gesicht sehen oder seine Stimme vernehmen, ungetrübt verbunden fühlen. Sie wissen, er unterstützt Sie und wird dies auch in Zukunft tun. Ihm gegenüber müssen Sie nie versuchen, mehr zu sein, als Sie sind. Er ist für Sie da, er liebt Sie und glaubt an Sie.

Wenn es in Ihrem Leben niemanden gab, der diese Rolle besonders gut ausfüllte, so besinnen Sie sich auf den Menschen, der ihr am nächsten kommt. Oder Sie entwerfen zum Zweck dieser Übung das Idealbild einer beständigen und zuverlässigen Person. Falls Sie mehrere Menschen kennen, auf welche die Beschreibung zutrifft, fangen Sie nur mit einem von ihnen an. Im weiteren Verlauf können Sie dann andere hinzufügen.

Welche Gefühle löst die Vorstellung von dieser Person aus? Was geschieht in Ihrem Körper? Bemerken Sie jedes Anzeichen von Entspannung oder Regulation. Vielleicht ist Ihnen ein bisschen wärmer als vorher oder Sie atmen jetzt tiefer und gleichmäßiger. Wie fühlen sich Ihre Schultern an? Nehmen Sie jede Veränderung in der Herzgegend wie auch in den Gesichtsmuskeln wahr. Stellen Sie genau fest, welcher Körperteil sich am meisten entspannt. Das Bindungssystem ist im Körper angesiedelt, also sollten wir berücksichtigen, was dort passiert. Außerdem können Sie auf jederlei Emotion achten, die deutlicher spürbar wird. Vielleicht ist es die Liebe zu dieser Person, möglicherweise fühlen Sie sich sicher und geborgen – oder Sie empfinden eine süße Traurigkeit. Fühlen Sie so intensiv wie möglich alle Nuancen Ihrer Gemütsverfassung im Beisein dieser beständigen, zuverlässigen und liebevollen Person. Die Übung mag auch Erinnerungen an einen Menschen wecken, den Sie verloren haben. Wenn dies der Fall ist, geben Sie sich Zeit, um zu trauern – wohl wissend, dass gerade auch diese Trauer Ihre Fähigkeit beweist, zu lieben und eine tiefe Verbindung einzugehen.

Schreiben Sie nach Beendigung der Übung einige Zeilen darüber, welche Person in Erscheinung trat und was passierte, als Sie sich diesen Menschen vorstellten. Beschreiben Sie, was sich in Ihrem inneren Film abspielte. Vielleicht fühlten Sie bei der Untersuchung Ihrer Beziehungen bislang ungewohnte Reaktionen auf Menschen. Machen Sie die Übung künftig mit jemand anderem im Sinn, und finden Sie heraus, was Ihnen dabei besonders auffällt.

»Ja, aber ...«

Vor Jahren arbeitete ich in einem meiner Workshops zur Heilung von Bindungswunden mit einer Niederländerin namens Kim. Sie sagte: »Ich habe dieses Muster, dem zufolge ich mich immer in Männer verliebe, die emotional oder physisch nicht verfügbar sind, wie etwa bei Fernbeziehungen. Die enden dann alle innerhalb von zwei Jahren. Solche Typen können mich einfach nicht lieben, sich nicht mit mir verbinden oder lange genug für mich da sein.« Beim Zuhören versuchte ich außer Acht zu lassen, dass Kims Mitteilungen hundertprozentig stimmen könnten und dass sie in ihrem Leben tatsächlich eine ganze Reihe emotional oder sonstwie nicht verfügbarer Partner gehabt hatte. Stattdessen lauschte ich mit einem Ohr wachsam auf frühe Schwierigkeiten in ihrer Bindung.

Ihr aktueller Partner Johan war ein Geschäftsmann, der viel reiste, und für Kim schien er ebenso wenig erreichbar wie ihre früheren Freunde. Ich fragte sie, was Johan denn unternähme, um ihr seine Unterstützung und Fürsorglichkeit zu bekunden. »Nichts, wirklich«, erwiderte sie. »Er ist wie die andern – ständig mit etwas beschäftigt und nicht wirklich greifbar.« Daraufhin drängte ich sie ein wenig, sein Verhalten genauer zu untersuchen, denn es ist ein Kennzeichen ambivalent gebundener Menschen, liebevolle Gesten bei anderen abzuqualifizieren. Wohlgemerkt: Wer als Kind unzuverlässiger Eltern jene seltenen Momente der Liebe und der Unterstützung in sich aufnimmt, reagiert dann umso empfindlicher auf weitere heftige Leiden, die auf das nächste Verlassensein folgen. Die innere Öffnung ist einfach zu riskant. Man kann den Signalruf nicht abstellen, denn das eigene Überleben steht auf dem Spiel. Natürlich hat sich die Grundsituation im Erwachsenenalter drastisch verändert, aber davon weiß das ursprüngliche Bindungssystem nichts.

Kim schaute verdutzt. »Nun«, begann sie, »er ruft mich jeden Abend an, um zu erfahren, wie mein Tag verlaufen ist. Dann wünscht er mir süße Träume, und das fühlt sich eigentlich ziemlich gut an.« Ich bat sie, in ihren Körper hineinzuhorchen. Wie fühlte sie sich in dem Moment, als sie wusste, dass er es war, der anrief? »Wärmer, entspannter im Bauch«, antwortete sie. Dabei lächelte sie sogar ein wenig. Also forderte ich sie auf, ihre Beziehung weiter zu erforschen. Gab es irgendwelche anderen fürsorglichen Verhaltensweisen, die ihr auffielen? »Von seinen Reisen in verschiedene Länder bringt er mir Geschenke mit. Besondere Sachen wie Schmuck oder etwas anderes, was ich mögen könnte. Nach seiner Rückkehr plant er oft – gewöhnlich einmal im Monat – ein spezielles Wochenende für uns ein, damit wir einfach ungestört zusammen unterwegs sein können. Und in solchen Phasen verbinden wir uns tatsächlich miteinander.«

An dieser Stelle möchte ich betonen, wie geschockt Kim wirkte, als sie all die liebevollen Gesten aufzählte und anerkannte, die Johan ihr zuteilwerden ließ. Ihre Einsicht stand in völligem Widerspruch zu der alltäglichen Erfahrung, die sie mit ihm zu machen glaubte, doch nun lagen die Beweise vor, unmissverständlich. Vorher hatte sie lediglich seine dauernde Nichtverfügbarkeit wahrgenommen – all das, was ihr fehlte. Nun aber konnte sie sogar noch tiefer nachforschen. »Ich scheue mich, es zu sehen«, sagte sie. »Wenn ich seine Güte in mir aufnehme, wird mir angst und bange. Ich weiß einfach, dass ich alles verlieren werde.« Genau darin besteht das Dilemma.

Für jene unter uns, die sich als ambivalente Personen zu erkennen geben, kann sich der Empfang dessen, was wir von anderen ersehnen – Liebe, Zuneigung, Sicherheit und so weiter –, zwar ein bisschen so anfühlen, als würden wir in einer wunderbar bequemen Hängematte liegen, in der wir uns unbedingt entspannen wollen. Wir fragen uns aber ebenso ständig, ob das verdammte Ding auch wirklich gut genug befestigt ist. Wir wissen einfach, dass es jederzeit abreißen, uns zu Boden werfen und qualvolle Schmerzen bereiten kann. Zwar sind wir vielleicht imstande, flüchtig das Gute zu erkennen, das uns im Moment geboten wird, richten jedoch den Blick in die Zukunft: Wird es auch morgen noch da sein? Wie können wir uns dessen sicher sein? Im Grunde haben Menschen mit ambivalentem Bindungstyp ein tiefes Verlangen nach Verbundenheit, aber sobald es gestillt ist, wird es für sie schwierig. Sie wünschen sich das Zusammensein, können aber, sobald sie es einmal erfahren, nicht damit umgehen. Ihr starkes Bedürfnis nach Nähe wird nur noch übertroffen von der Angst, die von ihnen Besitz ergreift, wenn sie tatsächlich der Nähe teilhaftig werden, die sie gesucht haben. Folglich entwickeln manche ein besonderes Geschick, die Versuche des Partners, ihnen seine Liebe zu bekunden, zurückzuweisen oder kleinzureden; oder sie finden die entsprechenden Mittel, Distanz zu schaffen, ja die Verbindung zu trennen (durch Streit, Abwehrverhalten, Eifersucht und Misstrauen).

Das ist die mit ambivalenter Bindung einhergehende Erfahrung, die wir auf den Punkt bringen müssen. Wir sind aufgefordert, uns solche physischen und emotionalen Erlebnisse bewusst zu machen, damit wir den daraus resultierenden Zwangslagen begegnen können. Wir müssen erkennen, wie nachhaltig diese Reaktion nach dem Muster »Ja, aber …« unser Leben beeinflusst und wie sehr sie uns einschränken kann. Diese Einsicht mag uns helfen, die bereits vorhandene Liebe und Unterstützung anzunehmen, ohne sie endlos zu relativieren, zu reduzieren oder gar zu negieren. Es erscheint vielleicht seltsam, dass einige von uns die Neigung haben, das Positive in dieser Weise abzulehnen. Wünschen wir uns letztlich nicht gerade das vom Leben? Aber vergessen Sie nicht, wie wirksam unsere physiologische Programmierung ist: Auf unbewusster Ebene glauben wir, dass es um das eigene Überleben geht, dass wir, wenn wir unseren Signalruf abstellen, nicht mehr ständig reden oder uns beklagen, unsere primäre Bindungsfigur verlieren, was äußerst bedrohlich anmutet. Gerade daher müssen wir zu der Einsicht gelangen, dass dies nicht unbedingt so ist. Sobald wir unsere Signalrufe dämpfen, sind wir imstande, unserem Partner noch näher zu sein, die Verbindung wirklich zu genießen und Erfüllung zu erfahren – statt davongetragen zu werden von der Angst, dies alles einzubüßen.

Weiter voranschreiten

Obwohl ich bereits einige Übungen angeboten habe, um mancherlei Leiden entgegenzuwirken, die mit der ambivalenten Anpassung verknüpft sind, sollen auf den letzten Seiten dieses Kapitels zusätzliche Methoden aufgezeigt werden, die uns der sicheren Bindung näher bringen.

FSB Nr. 12b: Nehmen Sie fürsorgliche Verhaltensweisen bewusst wahr

In Übereinstimmung mit Rick Hanson betone ich aufs Neue: Wir alle können bei positiven Erfahrungen ein wenig länger als gewöhnlich verweilen, um so unsere Neigung, das Negative, Bedrohliche oder Deprimierende in den Mittelpunkt zu stellen, auf der physiologischen Ebene zu heilen. Er sagt, dass positive Erfahrungen durch das Gehirn fließen wie Wasser durch ein Sieb.[32] Wir müssen alles in unserer Macht Stehende tun, um jenen protektiven Gewohnheiten im Gehirn entgegenzusteuern, damit wir nicht ständig das Schlimmste erwarten, sondern das *Beste* empfangen und genießen können. Es geht nicht darum, einfach glückliche Gedanken zu hegen und die eigenen Probleme oder Herausforderungen außer Acht zu lassen. Vielmehr richten wir die Aufmerksamkeit auf das, was bei uns funktioniert: Wir erweitern den Blickwinkel, um all das Gute im Leben mit einzubeziehen. Für Menschen mit ambivalenter Anpassung ist das ein besonders wichtiger Schritt.

Wie bereits ausgeführt, neigen wir mit einem ambivalenten Bindungstyp oft dazu, in den Beziehungen all das Wohltuende herunterzuspielen, das wir ersehnen, aber offenbar nicht finden. Um diesen Hang auszugleichen, müssen wir zunächst *wahrnehmen,* wann jemand uns gegenüber aufmerksam oder liebevoll ist, und daraufhin die Absicht verwirklichen, präsent zu bleiben. Beachten Sie diese wünschenswerten Verhaltensweisen, sobald sie sich ergeben, und erübrigen Sie einen Moment, um die Güte und die Liebe in fürsorglichen Worten, Berührungen, Gesten, Blicken, Akten der Freundlichkeit und sonstigen Geschenken zu empfinden, die Ihnen zuteilwerden. Gestatten Sie sich das Experiment, wie viel sie von anderen empfangen und in sich aufnehmen können, und konzentrieren Sie sich zugleich weniger auf Schmerz und Enttäuschung. Das ist schwieriger, als es scheint, besonders wenn es darauf ankommt, Gesten zu bemerken, die normalerweise Ihrer Aufmerksamkeit entgehen. Es handelt sich darum, auf bislang ungewohnte Weise wach zu sein, aber auch zu lernen, wie Sie dem Guten in Ihrem Leben mehr und mehr vertrauen.

Vor langer Zeit geriet ich in Wut, als mir mein damaliger Gefährte mitteilte: »Weißt du, jedes Mal, wenn ich dir sage, wie sehr ich dich liebe, lenkst du davon ab oder beginnst, über etwas anderes zu reden. Das ist so, als würdest du irgendwie die Verbindung zwischen uns unterbrechen. Es verletzt mich, dass du meine Liebe zu dir nicht aufnimmst.«

Ich wurde ungehalten, weil ich nicht glauben konnte, dass jemand mir eine solche Reaktion unterstellte, wollte aber auch nicht zugeben, dass es zutraf. Nach einer schlaflosen Nacht, in der ich hin und her überlegte, wurde mir klar, dass er recht hatte. Doch es fiel mir schwer, das einzugestehen. Liebesbekundungen waren mir immer schon unangenehm gewesen. Aus Gewohnheit wandte ich mich ab oder wechselte das Thema, da ich nicht wusste, was ich mit der Liebe anfangen sollte, wenn sie mir derart direkt entgegengebracht wurde. Seltsam, nicht wahr?

Also schloss ich einen Pakt mit mir selbst: *Wann immer mir jemand seine Liebe zeigt, werde ich präsent bleiben und weder vom Thema ablenken noch die Verbindung unterbrechen.* Das erwies sich als weitaus problematischer, als ich es mir je vorgestellt hätte. Es erforderte Monate der Übung, ehe ich anwesend und verbunden bleiben konnte – um die Umarmung der anderen wirklich zu spüren, ihren freundlichen Worten aufmerksam zuzuhören, ihre Geschenke zu schätzen, ihre liebevollen Blicke auf mich wirken zu lassen und jede dieser Gesten nachhaltig und dauerhaft nachzuempfinden. Außerdem wurde ich sensibler dafür, dass meine abweisende Art den Partner verletzte, wiewohl ich mir ja wünschte, das Geschenk seiner Liebe entgegenzunehmen.

Diese Übung empfehle ich dringend jedem Menschen, weil sie eine korrektive Erfahrung ermöglicht, die dabei hilft, sich das sichere Bindungsnetzwerk zunutze zu machen. Meines Erachtens gilt dies umso mehr für Personen mit ambivalenter Anpassung. Zuerst müssen Sie das Gute überhaupt wahrnehmen – was an sich schon eine Herausforderung darstellt – und sich dann gestatten, sämtliche Formen von Liebe, Fürsorge und Wertschätzung vollständig aufzunehmen. Das kann Schwierigkeiten bereiten, besonders am Anfang, weshalb ich vorschlage, zunächst kleine Schritte zu gehen und allmählich mit mehr Schwung immer mehr zu verinnerlichen.

Die folgende Übung bietet eine gezielte, praxisorientierte Anleitung, das Gute tatsächlich in Empfang zu nehmen.

ÜBUNG 1 PROZENT MEHR EMPFANGEN

Finden Sie einen bequemen Sitz, spüren Sie die Empfindungen in den Füßen, entspannen Sie Ihren Körper, und erinnern Sie sich an das letzte Mal, als sich Ihnen jemand freundlich und liebevoll genähert hat. Der Austausch kann vielerlei Formen annehmen: eine sanfte Berührung, ein Freundschaftsdienst, mitfühlendes Zuhören, wertvolle, gemeinsam verbrachte Zeit oder die Übergabe eines besonderen Geschenks. Auf diesem Gebiet hat der Autor und Heiler Gary Chapman großartige Arbeit geleistet, und ich empfehle sein Buch über die »fünf Sprachen der Liebe«.[33] Wie erkennen Sie die Liebe, wenn sie Ihnen begegnet? Was schätzen Sie dabei am meisten? Wie bekunden Sie Ihre Liebe? Durch positives Feedback, körperlichen Kontakt, Hilfsbereitschaft, Präsenz (wie in der gemeinsam verbrachten Zeit) oder Geschenke? Bemühen Sie sich herauszufinden, welche Sprache der Liebe Sie sprechen und auf welche Sie am fließendsten antworten.

Ziehen Sie jetzt in Betracht, dass die Art und Weise, wie die Menschen in ihrem Umfeld Liebe zum Ausdruck bringen, vielleicht ziemlich stark davon abweicht, wie Sie gern Liebe geben und empfangen möchten. Ich mag zum Beispiel wirklich affirmative Aussagen, aber mein Vater hat mir erst ganz am Ende seines Lebens gesagt, dass er mich liebt. Dennoch hat er mein Fahrrad repariert, abends die Türen abgeschlossen, um uns zu beschützen, und sichergestellt, dass im Haus alles funktionierte. So zeigte er seine Liebe – nämlich durch sein Handeln –, obwohl mir das damals womöglich nicht bewusst war. Diese Unterscheidung mag zunächst nur schwer zu begreifen sein. Beginnen Sie einfach mit der Überlegung, dass Ihre Sprache der Liebe nicht unbedingt genau so beschaffen ist wie die Ihres Partners. Unter Umständen geht es bloß darum, dass Sie etwas überhören oder übersehen, was ihm selbstverständlich erscheint.

Geben Sie Ihr Bestes, um empfänglicher zu werden für die Liebe, werfen Sie das Netz weiter aus. Welche Geschenke des geliebten Menschen haben Sie vielleicht noch nicht vollständig wahrgenommen? Beachten Sie die ganze Bandbreite seines fürsorglichen Verhaltens. Wie bringt er seine Liebe zum Ausdruck? Was passiert, wenn Ihnen – eventuell sogar zum ersten Mal – etwas Bestimmtes widerfährt und Sie dieses fürsorgliche Verhalten anerkennen? Wie fühlen Sie sich tief in Ihrem Körper, sobald Sie verstehen, dass er seine Liebe und Unterstützung auf die ihm eigene Art bezeugt? Werfen Sie das Geschenk nicht weg, nur weil Ihnen die Verpackung nicht gefällt. Entdecken Sie, wie es ist, Ihre Fürsorglichkeit in verschiedenen Formen zu zeigen, und probieren Sie aus, Liebe und Freundlichkeit anzunehmen, egal in welcher Gestalt sie Ihnen begegnen. Es gibt sie im Überfluss!

Achten Sie auf Situationen, in denen Sie sagen: »Ja, aber …«, denn sie werden weiterhin eintreten. Vielleicht hat sich Ihr Partner eigens für Sie Zeit genommen, Ihnen aber während des Zusammenseins nicht genau genug zugehört. Er hat Ihnen Blumen mitgebracht, jedoch nicht die Sorte, die Sie bevorzugen. Oder er hat Ihnen ein Kompliment gemacht, aber etwas daran fühlte sich nicht richtig an. Wenn Sie ambivalent gebunden sind, können Sie mit solchen Bedenken rechnen. Sobald sie auftauchen, unterdrücken Sie sie nicht, sondern gehen Sie mitfühlend damit um. Werden Sie neugierig darauf, und seien Sie nachsichtig mit sich selbst. Wir haben die Vorstellung, Liebe zu empfangen sollte einfach sein, aber für einige von uns kann sich das als ziemlich problematisch erweisen.

Was passiert, wenn Sie sich all diesem Guten öffnen, und sei es auch nur ein bisschen? Überladen Sie sich nicht mit einer Fülle von liebevollen Gesten, freundlichen Worten und zärtlichen Berührungen, sondern lassen Sie nur 1 Prozent mehr in sich hinein, ein kleiner Schritt nach dem anderen. Auf solche Weise können

Sie winzige Veränderungen in Gang bringen, statt mit der Herausforderung eines sofortigen großen Wandels konfrontiert zu sein. Wie fühlt es sich an, 1 Prozent mehr zuzulassen? Und wenn das in Ordnung ist, können Sie dann ein weiteres Prozent aufnehmen? Falls ja, setzen Sie den Vorgang in Ihrem Rhythmus fort. Aus 1 Prozent mögen im Handumdrehen 5 Prozent werden, aus 5 Prozent 10 Prozent und so fort. Gehen Sie die Übung langsam an, Schritt für Schritt, und wiederholen Sie das so oft, wie es Ihnen gefällt. Mit der Zeit werden Sie feststellen, dass sich Ihre Fähigkeit, im Angesicht der Liebe präsent zu bleiben, ständig weiterentwickelt.

Als Kim einübte, 1 Prozent mehr zu empfangen, und allmählich ihre Angst überwand, Johan zu verlieren, entspannte sich ihr Bauch, öffnete sich ihr Herz, und sie konnte Liebe und Wertschätzung für ihn empfinden. Sie war imstande, die Erfahrung innerer Befriedigung und Erfüllung zuzulassen. Statt sich von ihm zu trennen, wollte sie nur eines – nach Hause zurückkehren und in seine geöffneten Arme springen.

Beim Abschied sagte Kim: »Johan wird so froh sein, dass ich diese Sitzung hatte!« Nun vermochte sie seine Liebe und seine fürsorglichen Gesten wahrzunehmen und tief im Innern zu fühlen.

Selbstberuhigung und Beziehungsumfeld

Wie gesagt, fordern ambivalente Menschen von den geliebten Wesen oft ein beträchtliches Maß an Zeit und Energie, haben sie doch das Gefühl, ihre Bedürfnisse würden in erster Linie durch andere Leute gestillt. Sie haben in der Kindheit nicht gelernt, sich selbst angemessen zu regulieren, also suchen sie ständig beim Gegenüber nach Befriedigung und Sicherheit. Natürlich kann dies aus der Perspektive des Partners eine Herausforderung darstellen, denn die Neigung, immer mehr zu verlangen, belastet jede Beziehung in ungebührender Weise.

Gewiss ist nichts verkehrt daran, sich auf Beziehungen zu verlassen, um Unterstützung und Liebe zu bitten, und ich möchte niemandem davon abraten, es zu tun. Nur sollten wir lernen, wie das optimale Gleichgewicht zwischen Ko- und Selbstregulation herzustellen ist.

Finden Sie also Mittel und Wege, Verhaltensweisen einzuüben, die Sie selbst beruhigen. Das schlage ich jedoch nicht vor als Reaktion auf jedes störende Ereignis, das Ihnen widerfährt, denn die Regulation in der Gemeinschaft ist ebenso normal wie wünschenswert. Die sichere Bindung schließt naturgemäß andere mit ein! Vielmehr meine ich, Ihre angeborene Fähigkeit, für sich selbst Sorge zu tragen, etwas mehr zu erweitern, sobald Sie besorgt oder ängstlich werden, vor allem in Anbetracht von eingebildeten oder tatsächlichen Dissonanzen im Beziehungsumfeld. Was hilft Ihnen, sich zu entspannen, ohne dass jemand anders beteiligt ist? Lauschen Sie besänftigender Musik oder tanzen Sie allein. Unternehmen Sie einen Waldspaziergang, führen Sie eine der Übungen in diesem Buch aus (speziell jene zur »körperlichen Erdung« etwas weiter oben), meditieren Sie, praktizieren Sie Yoga, gehen Sie joggen, oder nehmen Sie einfach ein paar tiefe, belebende Atemzüge.

Es kann auch zur Selbstberuhigung beitragen, aufmerksam über starke Gefühle nachzusinnen, die in zwischenmenschlichen Interaktionen ausgelöst werden. Während wir bei ihnen verweilen, mögen sie uns vervollständigen, innerlich umformen und heilen. Das funktioniert allerdings nur mit einer gehörigen Portion Mitgefühl. Sie wissen ja, in der Kindheit mussten wir viele Schmerzen erleiden, und ein Großteil davon brachte prägende Traumata mit sich, an die wir uns nicht einmal erinnern können. Deshalb sind wir manchmal anfällig für übertriebene Gefühle und Reaktionen, verfügen als Erwachsene aber auch über die Fähigkeit, diese Neigung mit Klarheit und Freundlichkeit zu betrachten. Indem wir so den präfrontalen Kortex stimulieren, wird unser sicheres Bindungsnetzwerk aktiviert, was an sich schon eine wunderbare Form der Selbstregulation ist.

Wenn Sie Ihre Seele nachhaltiger beruhigen können, hat das den zusätzlichen Vorteil, dass sich die geliebten Menschen weniger verantwortlich fühlen für Ihre Gemütsverfassung. Je besser Sie Ihre koregulierenden Gewohnheiten und selbstberuhigenden Verhaltensweisen miteinander in Einklang bringen, desto größer wird der gesunde Raum in Ihren Beziehungen. Dies wiederum führt dazu, dass Sie und Ihr Partner die Verbindung umso unbeschwerter genießen werden.

Das Selbst unterscheiden und die Verbindung zu ihm wiederherstellen

Zugegeben, den geliebten Menschen mehr Raum zu gewähren und gleichzeitig zu lernen, wie man sich selbst zur Ruhe bringt, kann besonders jemandem mit ambivalenter Bindung schwerfallen. Daher möchte ich an dieser Stelle einen weiteren Aspekt hinzufügen. Bedenken Sie Folgendes: Als ambivalenter Bindungstyp sind wir einzigartig begabt. Mit ungeheurer Sensibilität und Kapazität gehen wir durch die Welt. Außerdem sind wir imstande, mit anderen tief im Einklang zu sein, sie gut zu kennen (manchmal erkennen wir, was sie brauchen, ehe es ihnen bewusst wird) und uns in ganz besonderer Weise auf sie einzustellen. Ich möchte betonen, wie kostbar diese Gabe ist, Ihnen zugleich aber helfen, mit sich selbst stärker in Verbindung zu treten, denn ermangeln wir dieser Fähigkeit, haben wir viel mehr zu kämpfen, als uns guttut. Es ist zu schmerzlich, losgelöst von sich selbst zu sein, vor allem wenn die Methoden, ein anderes Leben zu führen, leicht verfügbar sind.

Eine davon besteht darin, das *Selbst Ihrer selbst* zu betrachten. Was heißt das? Was meine ich, wenn ich – meine Person als Beispiel anführend – auf mich selbst Bezug nehme? Wer ist *die eigentliche Diane?* Ich weiß, das klingt ein bisschen albern (und ist es auch), aber ich versuche auf jenes besondere Gefühl von einem selbst abzuzielen – das ganz individuelle Erlebnis im gegenwärtigen Moment. Welche Empfindungen haben Sie gerade? Was geht in Ihrem Körper vor? Welche Gedanken tauchen auf, verbinden sich und schwinden wieder? Seien

Sie auf sanfte Weise aufmerksam, und beachten Sie Ihre einzigartige Erfahrung, die kommt und geht, Augenblick für Augenblick.

Ambivalente Personen haben äußerst viel zu gewinnen, wenn sie das Gefühl von Selbstverbundenheit wiederherstellen. Nicht zuletzt ermöglicht sie uns, im gesellschaftlichen Austausch ein höheres Maß an Sensibilität, wahrer Gegenseitigkeit und Resilienz zu entwickeln. Wie bereits erwähnt, verbessert der engere Kontakt mit einem selbst die Fähigkeit, andere zu verstehen und mit ihnen in Beziehung zu treten. So können wir uns einstimmen auf die dynamischen Wechselwirkungen, die daraus entstehen.

Bisweilen haben wir unter dem Einfluss der ambivalenten Anpassung die Schwierigkeit, in Gegenwart anderer mit uns selbst in Einklang zu sein. Das mag uns verwirren, ist aber nicht unbedingt ein Hindernis. Wenn Ihnen dieses Unbehagen bekannt vorkommt, probieren Sie einmal die folgende Übung aus. Sie soll Ihnen helfen, gesunde Grenzen zu setzen und die Selbstverbundenheit auch in Gesellschaft aufrechtzuerhalten.

ÜBUNG ZUSAMMEN SEIN

Nehmen Sie zunächst einige tiefe Atemzüge, und kommen Sie in Berührung mit all den Empfindungen, die sich in Ihrem Inneren bemerkbar machen. Achten Sie auf jedes Anzeichen von Unbehagen, auf den physischen Kontakt mit dem Boden oder dem Stuhl, auf Muskelverspannungen sowie entspannte Stellen. Falls es hilft, können Sie noch einmal jene Übung zur »körperlichen Erdung« durchgehen, die zuvor behandelt wurde, um sich dann voll und ganz auf diese Übung zu konzentrieren. Was immer Sie tun: Versenken Sie sich einfach – ungefähr für eine Minute – in Ihr Körperbewusstsein. Einige Menschen halten die Augen gern geschlossen für den

nächsten Teil der Übung, der um die Vorstellung kreist, dass Ihnen jemand gegenübersitzt. Es spielt im Grunde keine Rolle, wer es ist – der Partner, Ihr Kind, eine Freundin, ein Fremder oder Ihr Hund. Es könnte auch Ihr Therapeut sein, falls Sie die Übung in einer Sitzung mit ihm ausführen. Wenn eine Person physisch anwesend ist, öffnen Sie die Augen ein klein wenig, nur um deren Schuhe zu sehen – damit Sie nicht vergessen, dass tatsächlich jemand bei Ihnen ist.
Während Sie sich diese Person vorstellen, achten Sie darauf, was in Ihrem Bewusstsein geschieht. Finden Sie heraus, was passiert, wenn Sie eine weitere Person in Ihre Erfahrung mit einbeziehen. Die Übung begann allein mit Ihnen und Ihren Empfindungen, aber jetzt ist noch jemand anders zugegen. Was ereignet sich? Springt Ihr Bewusstsein zu der zweiten Person, und verweilt es hauptsächlich bei ihr? Verlieren Sie den Kontakt zu sich selbst, insbesondere zu Ihrer körperlichen Empfindung? Wenn ja, kehren Sie in Ihren eigenen Körper zurück, indem Sie mit den Zehen wackeln und sich an die Gefühle erinnern, die Sie zu Beginn der Übung verspürt haben. Das Gehirn erhält 80 Prozent seiner Informationen aus dem Körper. Sobald wir uns also bewegen – vor allem in den Gelenken –, wird es mit Körperbewusstsein förmlich durchflutet. Wenn es Ihnen hilft, die Verbindung zu sich selbst herzustellen, stehen Sie auf und gehen ein bisschen umher, ehe Sie wieder Platz nehmen. Gelangen Sie an einen Punkt, an dem Sie sich mit Ihrem Selbst wieder verbinden, machen Sie ein paar Atemzüge und vergegenwärtigen sich erneut die Person, die Ihnen gegenübersitzt. Sobald Sie sich besser auf Ihr Inneres einstimmen können, während Sie zugleich eine Person Ihnen gegenüber ersinnen, untersuchen Sie, ob Sie das Bewusstsein vom eigenen Körper so verlagern können, dass es deren physische Präsenz mit einschließt. Was geschieht jetzt? Verlieren Sie die Verbindung zu sich selbst oder zu Ihren körperlichen Empfindungen? Wenn ja, fühlen Sie

sich abermals in Ihren Körper ein, richten den Fokus wieder allein auf sich und unternehmen einen weiteren Versuch. Bemühen Sie sich, eine Verbindung zu sich selbst und zu der anderen Person herzustellen – das heißt, nicht *entweder* zu der eigenen *oder* zu der andere Person, sondern *zu beiden gleichzeitig.*
Spielen Sie mit Ihrem Bewusstsein. Lassen Sie es herumkreisen, um Ihren Körper zu durchforschen und es anschließend erneut der anderen Person zuzuwenden. Dehnen Sie Ihr Bewusstsein in der Weise aus, dass Sie beide mitsamt Ihrem Beziehungsumfeld davon umfasst werden. Sollten Sie irgendwann das Gefühl haben, von sich selbst abgetrennt zu sein, erden Sie sich behutsam und versuchen es noch einmal.
Lassen Sie sich selbst nicht außer Acht! Die Übung wird Ihnen ermöglichen, diese Fähigkeit zu verbessern – und Bewusstsein vom Selbst, Bewusstsein vom anderen Menschen, Bewusstsein vom ganzen Beziehungsumfeld zu integrieren. Sie gibt zu erkennen, dass das sichere Bindungssystem eingeschaltet und voll funktionstüchtig ist.

Einer der Vorteile dieser Übung besteht darin, dass Sie sie in Echtzeit ausführen können: Wann immer Sie sich in der Begegnung mit jemand anderem verlieren, soll dies Ihre Warnglocke oder -flagge sein, um zu sich selbst zurückzukommen. Nehmen Sie eine kleine Auszeit, um sich wieder mit Ihrer eigenen Erfahrung zu verbinden, und vergessen Sie nicht: Es ist möglich, gleichzeitig ein vollständiges Bewusstsein Ihrer selbst und der anderen Person zu haben.

Vor allem möchte ich Sie daran erinnern, dass bei ambivalenten Personen die Heilung wesentlich davon abhängt, auf die eine oder andere Weise die Verbindung zu sich selbst wiederherzustellen. Nicht die Ausgrenzung der anderen ist das Ziel, aber vielleicht müssen Sie sich zunächst auf sich selbst besinnen, um jene dann (wie in der vorhergehenden Übung) nach und nach mit einzubeziehen.

Für ambivalent Gebundene ist es wichtig, jederlei Verlust von Selbsterfahrung auszugleichen. Während wir äußerst wertvolle Methoden erlernen, sowohl uns selbst zu beruhigen als auch andere um Unterstützung und Trost zu bitten, bemerken wir allmählich deren fürsorgliches Verhalten und empfangen die Liebe, die bereits vorhanden ist, um uns Befriedigung und Erfüllung zu gewähren. Wir klagen weniger und üben ein, die Gaben zu empfangen, da wir unsere Bedürfnisse deutlicher und direkter zum Ausdruck bringen. Wir finden ebenso Gefallen am Allein- wie am Zusammensein und können unbeschwerter vom einen zum anderen übergehen.

Liebende Güte

Die Erfahrungen und Verhaltensmuster, die wir in unserem Körper tragen, stammen aus einer weit zurückliegenden Zeit. Wir haben bestimmte Handlungsabfolgen gelernt und in die Praxis umgesetzt, bevor unser Bewusstsein eine Geschichte darüber ausarbeiten konnte. Und wir haben wirklich das Beste aus dem gemacht, was uns zur Verfügung stand. Lassen Sie es also ruhig angehen, was die eigene Person betrifft. Versuchen Sie, Mitgefühl mit sich selbst zu haben. Bei dieser Arbeit geht es nicht darum, sich mit noch mehr strengen Urteilen zu überhäufen, sondern näher in Augenschein zu nehmen, was uns im gegenwärtigen Augenblick zustattenkommt und was nicht. Entscheidend ist, unsere Offenheit, unseren Einfallsreichtum wiederzuerlangen und endlich die Brücke zur sicheren Bindung zu überqueren.

Wenn wir unseren Bindungstyp mit Mitgefühl anerkennen, gewinnen wir Zugang zu Möglichkeiten, die den meisten von uns bislang unvorstellbar schienen. Bemühen Sie sich gerade aufgrund Ihrer ambivalenten Anpassungsform, etwas neugieriger auf das Unbehagen in Beziehungen zu achten, das sich zwangsläufig einstellen wird. Falls Sie die Neigung verspüren, andere wegen angeblichen Fehlverhaltens zu tadeln oder für Ihre Gefühle verantwortlich zu machen, so fragen Sie sich, ob und wie Sie sanftmütig und mit liebevoller Aufmerksamkeit zu Ihrem eigenen Körper zurückkehren und mit Ihrem emotionalen Selbst wieder in Einklang kommen können. Das haben Sie verdient. Die Fähigkeit, das Unbehagen bewusst zu erleben und schließlich zu überwinden, ist für Sie aus eigenem Antrieb zugänglich. Vergessen Sie nicht: Diese natürliche Fähigkeit wohnt Ihnen von Geburt an inne. Und indem Sie sie nun für sich beanspruchen, werden Sie zu einer weitaus erfüllenderen Erfahrung Ihrer selbst und all der Beziehungen geführt, in denen Sie sich engagieren möchten.

FRAGEN ZUR BEURTEILUNG DER AMBIVALENTEN BINDUNG

- *Stellen Sie oft fest, dass Sie sich nach Menschen sehnen, die Ihnen unerreichbar scheinen?*
- *Entschuldigen Sie sich manchmal für etwas, was Sie gar nicht getan haben, einfach weil Sie befürchten, die andere Person sonst zu verärgern oder zu verlieren?*
- *Verlieren Sie sich in Beziehungen oder gehen Sie völlig darin auf? Sind Sie allzu sehr auf andere fokussiert – und zu wenig auf sich selbst?*
- *Beschreibt Ihr Partner Sie gelegentlich als hilfsbedürftig oder anhänglich?*
- *Fällt es Ihnen schwer, anderen gegenüber Nein zu sagen? Haben Sie Probleme damit, gesunde Grenzen aufrechtzuerhalten?*
- *Kritisieren Sie sich häufig im Nachhinein oder vertrauen Sie zu wenig Ihren Worten oder Taten?*

- *Haben Sie das Gefühl, in Beziehungen normalerweise mehr zu geben, als zu empfangen? Wenn ja, ärgern Sie sich dann über die andere Person, vielleicht sogar so sehr, dass Sie Groll gegen sie hegen?*

- *Wenn der Partner seine Liebe und Wertschätzung bekundet, inwieweit bereitet es Ihnen dann Mühe, sein fürsorgliches Verhalten anzuerkennen und tief zu empfinden?*

- *Wie schwer fällt es Ihnen, allein zu sein?*

- *Fühlen Sie sich im Alleinsein regelmäßig im Stich gelassen, genervt, verletzt oder wütend?*

- *Sehnen Sie sich nach Verbundenheit und haben doch Angst davor, Ihre Beziehung zu verlieren?*

- *Sind Sie immer wieder aufgebracht oder provozieren Streit mit Ihrem Partner, nachdem Sie eine Zeit lang von ihm getrennt waren (zum Beispiel nach einem Ferienaufenthalt oder einer Geschäftsreise)?*

- *Glauben Sie, dass Sie sich leicht auf die Gefühle, Wünsche und Bedürfnisse der anderen einstellen können?*

- *Brauchen Sie Ihrer Meinung nach andere Menschen, die ausgleichend auf Sie wirken, und finden Sie es schwierig, sich selbst zu beruhigen?*

- *Kommt es Ihnen oft so vor, als würden Sie in der Vergangenheit leben, unfähig, alte Verletzungen zu verzeihen oder zu vergessen?*

- *Haben Sie den Eindruck, dass Sie ständig klagen und dabei das fürsorgliche Verhalten Ihrer geliebten Menschen übersehen oder abweisen?*

Desorientierte Bindung

Der desorientierte Bindungstyp ist der komplexeste von allen, da es sich hierbei um ein verwickeltes Bindungssystem handelt – verwickelt mit unserem Überlebensinstinkt aufgrund der übermäßigen Angst in unserem ursprünglichen Bindungsmuster. Wohl auch deshalb wurde er bislang weniger erforscht und beschrieben als die anderen Bindungstypen. Zudem bietet er keine verlässlichen Verhaltens- oder Erfahrungsmuster, die genau zu untersuchen wären. Er ist unregelmäßig und gekennzeichnet durch plötzliche Veränderungen, was es schwierig macht, ihn zu verstehen und damit umzugehen.

Das desorientierte Muster entwickelt sich als Reaktion auf einen Elternteil oder eine Bezugsperson, die allzu oft beängstigend waren. Umgekehrt kann sich ein Elternteil vor den eigenen Kindern fürchten, weil er noch immer mit einem unbewältigten Trauma beschäftigt ist und selbst in Angst, Wut oder Dissoziation lebt. Geburtstrauma, erschütternde Ereignisse oder ernsthafte gesundheitliche Beschwerden, welche die Verbindung zwischen Elternteil und Kind schon früh unterbrechen, mögen ebenfalls dazu beitragen, dass man Beziehungen für gefährlich hält.

Wenn Kinder auf Angst, Bedrohung und Fehlregulation in diesem Muster reagieren, bringen sie vielleicht ihre nicht beherrschbare Qual oder Verzweiflung spontan zum Ausdruck, weshalb man sie häufig als »Problemkinder« bezeichnet. Für die Fehlregulation werden sie dann bestraft, was das Problem noch verschärft. Im Extremfall kann dieses Muster zu Suchtkrankheiten, psychischen Leiden, Persönlichkeitsstörungen und kriminellen Verhaltensweisen führen.

Wenn Eltern Angst haben und ihren eigenen Kummer nicht bewältigen können, sind sie auch nicht imstande, den ihres Kindes abzumildern. Es verbringt viel zu viel Zeit im Modus der Übererregbarkeit, mit hohem Aktivitätsgrad im energieverbrauchenden sympathischen (Kampf-oder-Flucht-Zustand) oder im energiesparenden parasympathischen Nervensystem (Shutdown- oder Dissoziationszustand). Des Kindes Bandbreite an Möglichkeiten zur Resilienz oder Toleranz schrumpft, wodurch umso leichter sein Affekt ausgelöst wird – und folglich das Gefühl, aus dem inneren Gleichgewicht geraten zu sein. Es hat Probleme, sich selbst zu regulieren oder zu beruhigen, und kann nicht gut mit anderen regulieren. Jede Emotion besitzt die Kraft, eine heftige Aktion hervorzurufen – oder aber lethargische Teilnahmslosigkeit. Gehirn und Körper werden träge, was wiederum einen Mangel an Motivation nach sich zieht, Abkapselung oder geistige Abwesenheit, schlechte Impulskontrolle, schwach ausgebildete Auffassungsgabe und Minderleistungen in der Schule.

Auch in sozialer Hinsicht tun sich solche Kinder schwer – veranlasst durch ihre aktivierte Bedrohungsreaktion, legen sie zum Beispiel freundliche Hinweise als aggressive Manöver aus – und schließen daher kaum Freundschaften, sodass die Verbindungen, die sie zur Heilung brauchen, in immer weitere Ferne rücken. Oft werden sie als das Problem gebrandmarkt, wo es doch in erster Linie die häuslichen Verhältnisse sind, die am meisten der Aufmerksamkeit bedürften. Wer mit den Vorteilen der sicheren Bindung ausgestattet ist, wird vielleicht Mühe haben, die chronische Anspannung unsicher gebundener Menschen zu verstehen, insbesondere das schlimme Leiden, mit dem diejenigen mit desorientierter Anpassung täglich zu kämpfen haben, ohne je tiefe Erleichterung zu verspüren.

In gewisser Weise ist die desorientierte eine Kombination aus vermeidender und ambivalenter Bindung, jedoch vermischt mit angstbedingten Abwehrmechanismen, die dem Überleben dienen und ständig ausgelöst werden, um der überall lauernden Gefahr zu begegnen. Einige unter uns mit desorientierter Bindung neigen in die vermeidende Richtung, sind eher verschlossen und für sich. Andere am ambivalenten Ende des desorientierten Spektrums leben in von Angst, Panik oder Wut geprägten Zuständen. Manche wiederum schwanken zwischen angsterfüllter und depressiver Verfassung. Daneben gibt es jene, die »situativ« desorientiert sind; das heißt, dieser Bindungstyp offenbart sich nur als Reaktion auf bestimmte Auslöser wie etwa lautes Schreien oder Gewalt im Fernsehen.

Betrachten wir nun noch einmal im Überblick die bisher behandelten Bindungstypen, um zu sehen, ob wir uns zwischen ihnen zurechtfinden können, und schreiten dann fort, um den desorientierten Bindungstyp zu untersuchen – wodurch er überhaupt zustande kommt, wie er sich nach außen darstellt –, sowie einige der Methoden, wie wir uns selbst und andere davon heilen können.

Kinder, die mit sicherer Bindung aufwachsen, sind fähig, mithilfe der Eltern oder anderer Bezugspersonen ihr Nervensystem zu regulieren. Meistens werden sie unterstützt, fühlen sich geliebt, erholen sich schneller von Verunsicherung oder Ärger und können daher auf eine funktionierende Koregulation bauen, um so auch eine wirksame Selbstregulation zu entwickeln. Da es ihnen überdies leichtfällt, um Hilfe zu bitten oder nach Unterstützung zu suchen, wenn sie beunruhigt oder gefährdet sind, genießen sie nötigenfalls die Sicherheit ihrer Gemeinschaft. Während unseres ganzen Lebens brauchen wir beide Arten der Regulation – Selbst- und Koregulation –, aber bei normaler Entwicklung lernen Kinder die interaktive Regulation mit Bezugspersonen, noch bevor sie sich aus eigenem Antrieb zu regulieren beginnen. Folglich verfügen Sie in Beziehungen über ein hohes Maß an Resilienz, denn beide Formen der Regulation sind angemessen entwickelt, verfügbar und im Gleichgewicht. Deshalb haben sicher gebundene Menschen weitaus mehr Möglichkeiten, mit den unausweichlichen Herausforderungen des Lebens fertigzuwerden.

Das ist nicht der Fall bei Personen mit vermeidendem oder ambivalentem Bindungstyp. Aus mehreren Gründen haben weder die einen noch die anderen früh im Leben eine befriedigende oder beständige interaktive Regulation empfangen, doch diesem Defizit passten sie sich während des Heranwachsens unterschiedlich an. Vermeidende Menschen streben nicht nach Koregulation mit der Gemeinschaft, weil sie in der Vergangenheit keine gute Erfahrung damit gemacht haben. Zumindest ein Elternteil war nicht erreichbar oder derart ablehnend, dass das Kind die notwendige Koregulation nicht oft genug erlebt hat, um sie dem eigenen Nervensystem einprägen zu können. So kam ihm der Sinn für die anderen abhanden. Vermeider mögen wie geschickte Selbstregulatoren erscheinen, doch meistens regulieren sie für sich allein in einer Weise, die eher der Dissoziation gleichkommt. Ambivalente Menschen hingegen erstreben die Koregulation, häufig bis zum völligen Ausschluss der Selbstregulation. Diese Form der Hinwendung kann in ihnen den Wunsch wecken, dass die anderen sich um sie kümmern sollen (das heißt größtenteils ohne wechselseitigen Austausch), was manchmal den Verlust des Selbstgefühls zur Folge hat. Je nachdem, wie die Fürsorge der Eltern begrenzt war, könnte man sagen, dass Vermeider zu wenig abhängig sind, Ambivalente zu sehr.

Beide Bindungstypen sind eng mit dem Überleben verknüpft: Vermeidende Menschen sind konditioniert zu überleben, indem sie sich an der eigenen Person orientieren und andere abweisen oder nicht brauchen, während ambivalente Menschen mit geringer Selbstorientierung zu überleben versuchen, indem sie ständig die Hand nach anderen ausstrecken, um Liebe und Fürsorge zu erhalten. Gerade dadurch aber stoßen sie vielleicht liebevolle, fürsorgliche Partner von sich weg. Für vermeidende Menschen wiederum besteht die Herausforderung darin, andere so weit an sich heranzulassen, dass sie die interaktive Regulation erfahren und lernen können, um jene echte Bereicherung zu genießen, die aus tiefen Verbindungen herrührt. Ein nützliches Korrektiv für ambivalente Menschen ist die Lektion, wie sie ihr Selbstgefühl entwickeln, sich selbst beruhigen und eine wahre, auf Gegenseitigkeit gründende Regulation einüben. Sie müssen aufhören, sich selbst aufzugeben, damit sie überhaupt imstande sind, die Liebe, die sie suchen, wahrzunehmen und zu empfangen.

Für diejenigen unter uns, die nun mit der desorientierten Anpassung zu kämpfen haben, ist es die wichtigste korrigierende Erfahrung, sowohl die Selbstregulation als auch die Koregulation zu erlernen, um dadurch das Gefühl von relativer Sicherheit zu stärken und zu der geistigen Klarheit zu gelangen, die die Verwirrung auflöst.

Die Bandbreite der Resilienz

Dan Siegel spricht über das »Toleranzfenster« – die optimale Zone, in der sich ein Individuum neurologisch zu Hause fühlt.[34] Dort sind wir lebendig und empfänglich, aber nicht übermäßig angespannt. Wir können loslassen, die Wachheit genießen, sind weder deprimiert noch verschlossen. Das Nervensystem leistet seine Arbeit: Es steigt an im Sympathikus, um sich der Energie und Lebendigkeit zu erfreuen, und wechselt rhythmisch zum Parasympathikus, um als Reaktion darauf Entspannung, Ruhe und Verdauungstätigkeit zu gewährleisten. Zunächst werden wir mit Kraft versorgt und angeregt, dann kehren wir zurück in den Entspannungszustand, als würden wir sanft über Wellen reiten, hoch und hinunter. Das ist nur eine weitere Beschreibung dafür, was sichere Bindung bedeutet: Unser Nervensystem arbeitet wie vorgesehen. Sicher gebundene, wohlregulierte Menschen haben jedoch kein statisches Toleranzfenster, vielmehr erweitert es seine Kapazität. Da sie angemessen sowohl sich selbst als auch mit anderen regulieren, können sie im Lauf der Zeit höhere Höhen und tiefere Tiefen tolerieren, ohne ihre Komfortzone zu verlassen (die ich gern auch als »Bandbreite der Resilienz« bezeichne).

Menschen mit ambivalenter Bindung aber entfernen sich von dieser idealen Bandbreite, indem sie ihre sympathische Erregung derart steigern, dass sie über das Toleranzfenster hinausgehen; das heißt, sie erfahren intensive Gefühlszustände wie Angst, Panik, Wut oder sogar Zorn. Das Bindungssystem ist hyperaktiv. Enorm empfindlich, reagiert es oft allzu heftig auf Missklänge und Fehler in der Beziehung, gefangen in der Furcht, schon bald verlassen zu werden, und unfähig, im geborgenen Zusammensein zu entspannen, sobald es sich einmal ergibt.

Vermeidende Menschen hingegen wenden häufig viel Energie auf, um gesunde, natürliche Sehnsüchte nach Bindung zu unterdrücken, und verlassen womöglich das optimale Toleranzfenster, indem sie in parasympathische Überaktivität absinken, was wiederum zu eingeschränkter Gemütsbewegung, verminderter Lebensfreude oder Anteilnahme führt, wie auch zu geringerem Engagement in zwischenmenschlichen, zumal intimen Beziehungen. So ist ihr Bindungssystem gleichsam abgeschaltet, inaktiv. Sie gehen auf Distanz, grenzen sich ab.

Vergessen Sie nicht: Vermeidende, ambivalente und desorientierte, unsichere Bindung stehen in kontinuierlichem Zusammenhang. Man mag eine schwache oder starke Neigung zu dem einen Muster haben oder – gemäß dem Beziehungsumfeld mit jeweils verschiedenen Personen – eine Mischung verschiedener Anpassungsformen verkörpern. Vielleicht lebt man auch meistens in der sicheren Bindung, aber bestimmte Auslöser drängen einen zeitweilig in die unsichere Bindung.

Unabhängig davon, ob unser Bindungssystem ein- oder ausgeschaltet ist, kann es fehlreguliert werden, ähnlich wie unser Nervensystem durch zu viel sympathische Erregung oder zu viel parasympathische Passivität. Und bei der desorientierten Bindung fällt – neben starker Anspannung – besonders ins Gewicht, dass das vegetative Nervensystem schnell vom einen Extrem ins andere wechseln kann, was heftige Schwankungen der Körpertemperatur hervorruft, Essstörungen (Mager- oder Fettsucht), übermäßiges oder äußerst geringes sexuelles Interesse, Ohnmachtsanfälle und/oder Angststarre.

Faktoren, die zur desorientierten Bindung beitragen

Wenn wir das Leben von Menschen mit desorientiertem Bindungstyp betrachten, sehen wir häufig eine komplizierte Situation, gekennzeichnet durch einen raschen Wechsel zwischen beiden extremen Zuständen an den entgegengesetzten Enden der Resilienzskala. Einmal verschließen sie sich, stellen ihren Signalruf völlig ab, dann wieder schalten sie um auf ein erhöhtes Aktivierungsniveau, das mit Übererregbarkeit einhergeht, und senden ständig Signalrufe aus, weil ihr Bindungssystem sehr tief mit der Bedrohungsreaktion verwoben ist: eine ausgesprochen schmerzliche Erfahrung. Oder sie werden »desorientiert vermeidend«, wobei die hohe innere Anspannung oder Empfindung, gefährdet zu sein, Angst hervorruft und zum Rückzug zwingt.

Einer meiner Klienten namens Howie erzählte von seinem Vater, der, wenn er alkoholisiert war, oft ziemlich laut und zornig wurde. Howie entsann sich besonders, angeschrien worden zu sein, als er beim Baseballspielen in der Little League den Ball fallen ließ oder einen Strikeout provozierte. Hinterher brach der Vater jedes Mal jegliche Verbindung zu ihm ab und zeigte ihm tagelang die kalte Schulter. Diese Erinnerung schien viele weitere an seinen trunksüchtigen Vater und dessen Wutausbrüche mit einzuschließen. Laute Geräusche oder

Stimmen lösten bei Howie eine Bedrohungsreaktion aus, verbunden mit Fluchtgedanken, Dissoziation, Depression und Rückzug.

Andere Menschen mögen »desorientiert ambivalent« sein, wobei die Bedrohung zu Anhänglichkeit führt, zu einem starken Bedürfnis nach Bestätigung und übertriebener Sorge, verlassen zu werden. Eine meiner Kolleginnen namens Shelly schickte mehrere Textnachrichten an ihre Freundin Deirdra in Spanien, die drei Tage lang nicht antwortete. Die Nachrichten häuften sich und wurden immer fordernder. Da sie in frühem Alter von ihrer Mutter im Stich gelassen worden war, bekam Shelly es mit der Angst zu tun, als der Kontakt zu Deirdra abzubrechen drohte. Die meldete sich schließlich, ohne die Dringlichkeit zu verstehen, und forderte sie auf, sie in Ruhe zu lassen. Noch einmal musste Shelly ihren schlimmsten Albtraum der Zurückweisung erleben. Erst als beide die Bindungsstörung erkannt hatten, mit der Shelly rang, konnten sie ihre Freundschaft wiederherstellen.

So mag das Nervensystem nicht nur durch tatsächliche oder eingebildete Bedrohungen andauernd in Alarmbereitschaft versetzt werden und zumeist als nicht mehr kontrollierbar erscheinen, diese chronische Fehlregulation erschwert auch den Personen mit desorientiertem Bindungstyp, stabile und intime Beziehungen aufzubauen oder aufrechtzuerhalten, in denen sie sich einigermaßen sicher fühlen. Vergessen Sie nicht, die desorientierte Bindung kann situationsbedingt sein, insofern das Leiden durch bestimmte äußere Umstände ausgelöst wird. Sobald diese beseitigt sind, ist der Betroffene fähig zu einer sicheren, vermeidenden oder ambivalenten Bindung, ohne dass die Bedrohungsreaktion das ganze Leben beherrscht.

Bei ihren Studien zur »Strange Situation«, die im zweiten Kapitel behandelt wurden, bemerkte Mary Ainsworth, dass einige Verhaltensweisen der Kinder nicht zu den drei Bindungstypen passten, die sie zuvor identifiziert hatte (sicher, vermeidend und ambivalent). Sie war die Erste, die sich mit jenem ungewöhnlichen Bindungstyp befasste und ihn »desorientiert« nannte (eine treffende Bezeichnung).[35] Während des Experiments mochten die Kinder zu ihrer zurückkehrenden Mutter laufen, doch als sie ihr nahe kamen, änderten sie plötzlich die Richtung und stoben davon, rannten im Kreis herum, warfen sich zu Boden, blieben, starr wie Zombies, an einer Stelle stehen – oder schlugen die Mutter, als wäre unversehens ihre Bedrohungsreaktion ausgelöst worden. Nach weiteren Untersuchungen fand Ainsworth heraus, dass dieses Verhalten der Kinder oft mit einem Missbrauch oder einer Misshandlung in früherem Alter zusammenhing.

Auch mir fällt auf, dass einige meiner Klienten von Eltern großgezogen wurden, die sich nicht unbedingt in bedrohlicher Weise verhielten, aber vielleicht selbst unter einem unbewältigten Trauma gelitten haben. So erzeugten die Eltern eine Atmosphäre der Angst, die zugleich die gesunde Bindung der Kinder beeinträchtigte. Diese lernten dann, sich zu »ent-binden«.

Mit einer sicheren Bindung hingegen laufen die Kinder zu ihren Eltern, wann immer sie sich verwirrt oder bedroht fühlen. Stellen Sie sich vor, was im Bindungssystem passiert, wenn die Eltern selbst bedrohlich wirken. Sobald Bezugspersonen die Gefahrenquelle sind, haben verängstigte Kinder niemanden, an den sie sich wenden können, und das ist in der Tat erschreckend. Sie sind noch nicht imstande, sich selbst zu regulieren, finden aber auch keine Zuflucht im sicheren Hafen der Eltern.

Ja, das ist tragisch und außerdem zutiefst irritierend auch auf der physiologischen Ebene. In der desorientierten Bindung gibt es zwei biologische Instinkte, die sich widersprechen: Wir sind auf das Überleben ausgerichtet, brauchen zugleich jedoch unsere Bezugspersonen, die uns dabei helfen. Das Bindungssystem will sich mit ihnen verbinden, aber dann macht sich der Überlebensinstinkt bemerkbar, der sie fürchtet, und riegelt jeden Zugang ab. Damit sind Kleinkinder in einer unmöglichen Lage, weil sie der interaktiven Regulation wegen und erst recht um ihrer grundlegenden Sicherheit willen vollkommen von den Eltern abhängen.

Wo sonst geschieht dergleichen in der Natur? Die meisten Tiere, die ich kenne, sind unter ihren Artgenossen in Sicherheit. Nehmen Sie zum Beispiel Kaninchen. Sie stehen biologisch unter hohem Evolutionsdruck, weil sie eine Menge Fressfeinde haben, und führen deshalb ein gefährliches Leben – ständig bemüht, nicht zur Mahlzeit von Kojoten, Eulen, Hunden etc. zu werden. Doch nach der Rückkehr in ihren Bau können sie entspannen. Sie haben keine Angst vor anderen Kaninchen, brauchen in deren Gesellschaft nicht auf der Hut zu sein. Demnach gibt es in ihrer Welt eine fundamentale Logik: die klare Unterscheidung zwischen Jägern und gleichgearteten, freundlichen Kaninchen. Ich weiß nicht alles, was da unten im Bau so passiert, aber es ist offensichtlich, dass am Ende schließlich zahlreiche weitere Kaninchen an die Oberfläche kommen.

Leider lässt sich das nicht immer von Menschen behaupten. Jene Unterscheidung in der Welt der Kaninchen zwischen eindeutig gefährlichen Lebewesen und solchen, denen man vorbehaltlos vertrauen kann, entspricht nicht allenthalben unserer Realität. In der menschlichen Welt leben allzu viele Kinder nicht in sicherer Umgebung mit einer angemessenen Erziehung und zuverlässigen, beschützenden Bezugspersonen. Und bei Menschen mit desorientierter Bindung waren es gerade diejenigen, die ihnen Schutz bieten sollten, welche sie aber am tiefsten verletzten oder häufig zumindest eine Art von Bedrohung darstellten. Anders als Kaninchen müssen sie mit einer weitaus unübersichtlicheren, verworreneren Welt fertigwerden.

Demgemäß ist der primäre – zuerst von Mary Ainsworth erkannte – Faktor, der zur desorientierten Bindung beiträgt, dann gegeben, wenn die Eltern der Auslöser von Angst sind. Und um es zu wiederholen: Das kann geschehen, sobald sie das Kind misshandeln oder selbst unter einem ungelösten Trauma leiden. Auch wenn Bezugspersonen das Kind nicht anschreien, schlagen oder ihm auf andere Weise schaden, können sie genug Angst, Wut oder Chaos bewirken, sodass sein Bindungssystem einfach »zumacht«.

Im Folgenden werden einige weitere Faktoren genannt, die der desorientierten Bindung Vorschub leisten.

Familiärer Aufruhr: Es gibt zahlreiche Gründe, warum es in einem Haushalt immer wieder chaotisch zugeht – finanzielle Probleme (die zu Unterernährung, Armut, kriminellem Verhalten oder unbehandelter Krankheit führen können), anhaltende Suchtkrankheiten oder eine gefährliche Umgebung, um nur einige zu nennen. Wenn der Alltag meistens zerrissen und fragwürdig erscheint, sind Kinder nicht in der Lage, irgendein Gefühl von Sicherheit zu entwickeln. Ein ständiges Leben in Angst und Unordnung aber ist keineswegs geeignet, so etwas wie sichere Bindung zu erfahren.

Emotionale Störung: Ein weiteres Kennzeichen, das zur desorientierten Bindung beitragen kann, sind die abrupten Wechsel zwischen extremen Gefühlszuständen seitens der Eltern. Ein Elternteil mag zum Beispiel im einen Moment glücklich sein, dann jedoch ohne Vorwarnung außer sich geraten vor Wut oder in unbändiges Schluchzen versinken. Eine meiner Klientinnen erzählte mir, sie habe eine hochgradig reaktive Mutter, die sie wegen kleiner Missgeschicke wütend ausschimpfte, etwa wenn sie Milch auf dem Tisch verschüttet oder eine Jacke am Türgriff hängen gelassen hatte. Aber sobald dann eine freundliche Nachbarin vorbeigekommen sei, habe ihre Mutter eine fröhliche Miene aufgesetzt, als wäre kurz davor überhaupt nichts Ärgerliches geschehen. Verständlicherweise stürzen Eltern durch ein derart widersprüchliches Verhalten ihre Kinder in tiefe Irritation.

Verwirrende Kommunikation: Paradoxe Anweisungen, Doppelbotschaften (Doppelbindungen) und gemischte Signale bringen Kinder ebenfalls oft in ein Dilemma (wenn zum Beispiel verbal und nonverbal gleichzeitig verschiedene Botschaften vermittelt werden, die sich widersprechen oder einander ausschließen; man sagt etwa: »Komm her«, signalisiert durch die Körpersprache aber eine ablehnende Haltung). Auch wenn Eltern unlösbare Probleme schaffen, welche die Kinder zum Scheitern verurteilen, können diese noch später darunter leiden. Aus Angst zu versagen werden sie vielleicht nichts Neues ausprobieren. Sie schämen sich derart, dass ihre Kreativität abgeblockt, ihre Fähigkeit unterdrückt wird, mögliche Lösungen für einfache oder schwierige Probleme zu entwerfen. Unter Umständen ordnen sie sich der Autorität anderer Menschen derart unter, dass ihr Bewusstsein, was für *sie* gut ist, unentwickelt bleibt. Oder sie erkennen die eigenen Bedürfnisse, Talente und Ziele nicht an. Meine Klientin Frieda hatte solch ein unlösbares Problem: Ihre Mutter erwartete von ihr, dass sie samstags das Haus putzte und auch sonstige Aufgaben erledigte. Dagegen ist im Prinzip nichts einzuwenden, aber als Perfektionistin in Sachen Reinlichkeit hatte die Mutter stets an allen erbrachten Leistungen der Tochter etwas auszusetzen. Entweder erfüllte Frieda ihre Pflichten nicht in der gewünschten Reihenfolge, sie benutzte nicht das richtige Zubehör, oder sie führte die Aufgabe einfach nicht wunschgemäß aus. Wenn sie ihre Mutter um Klarstellung oder Unterweisung bat – etwa: »Womit fange ich an, staubsaugen oder abstauben?« –, erhielt sie von ihr nie eine direkte Antwort. Vielmehr erwiderte sie etwas wie: »Du hast hier lange genug gewohnt, dass du inzwischen wissen solltest, wie das alles geht.« Nun, offenbar war das nicht so, weil Frieda jede Woche zu hören bekam, dass sie alles falsch mache. Als Erwachsene sorgte sie sich später ständig über ihre Schwierigkeit, Haus oder Büro ordentlich zu halten. Sie sagte mir, das Ergebnis ihrer Arbeit »fühlt sich nie gut genug an«, warum also solle sie sich überhaupt die Mühe geben? Für kurze Zeit konnte sie planend vorgehen, dann kapitulierte sie erneut. Sie fühlte sich zum Scheitern verurteilt.

Wenn Sie in den vorhergehenden Abschnitten die eigene Erziehung wiedererkennen, haben Gefühle von Bedrohung und Gefahr in Ihrem Leben wahrscheinlich eine entscheidende Rolle gespielt. Darüber hinaus sollten Sie nicht vergessen: Was immer zu dem vorherrschenden Bindungstyp in Ihrem heutigen Leben beitrug, mag sich ereignet haben, bevor Sie Erinnerungen ausbilden oder eine Geschichte über das Geschehen entwerfen konnten. Falls Sie nie wirklich Zugang zu einem physiologischen Sinn für Sicherheit hatten, wird dies gewiss auch weiterhin ein andauerndes, tiefgreifendes Problem sein. Folglich möchte ich an dieser Stelle eine korrigierende Übung anbieten, damit Sie in die Empfindung eintauchen können, gehalten und beschützt zu werden. Im Allgemeinen ist es ja möglich, ein grundsätzliches Gefühl von Sicherheit zu nähren und wiederzugewinnen, ganz gleich, wie tumultuarisch oder schmerzlich Ihre Kindheit war. Auch wenn Ihnen das immer noch weit hergeholt erscheint – ich lade Sie dazu ein, auch diese Übung einfach einmal auszuprobieren und zu sehen, was geschieht.

ÜBUNG DER KOMPETENTE BESCHÜTZER

Finden Sie einen angenehmen Platz zum Sitzen. Atmen Sie mehrmals tief ein und aus, entspannen Sie sich, und beginnen Sie, Ihren Körper zu spüren, wie er so sitzt. Überprüfen Sie die Füße am Boden und die Sitzposition auf dem Stuhl. Wie fühlt sich das alles an? Wackeln Sie mit den Zehen, machen Sie es sich bequem, und lenken Sie die Aufmerksamkeit auf Ihre körperlichen Empfindungen. Beachten Sie, wie der Stuhl Sie vollkommen stützt: Sie brauchen jetzt nichts zu tun, als dazusitzen, aufmerksam zu sein und dieser Übung eine Chance zu geben.

Gehen Sie nun die Geschichte Ihrer Beziehungen durch – nicht der Verletzungen wegen, die bei der Lektüre dieses Kapitels vielleicht zum Vorschein gekommen sind, sondern um des Gegenteils willen. Ich möchte nämlich, dass Sie sich an jeden Menschen erinnern, der in Ihrem Leben auf authentische Weise beschützend und zuverlässig war – fangen Sie an mit jemandem, der für Sie da war, und sei es nur für einige Zeit. In seiner Fürsorglichkeit Ihnen gegenüber war er nicht wortkarg oder passiv, sondern bekannte Farbe, setzte sich für Sie ein oder stärkte Sie in Ihrem Bemühen, sich selbst zu schützen. Diese Person war »kompetent« in dem Sinne, dass sie hinter Ihnen stand und Ihnen dadurch tatsächlich half.

Bitten Sie diese Person in Ihrer Vorstellung jetzt ins Zimmer. Wer es ist, tut nichts zur Sache: ein Großelternteil, Lehrer, Ratgeber, Freund, Hund oder Fremder. Etwas, was diese Person für Sie in der Vergangenheit geleistet hat – vielleicht sogar regelmäßig –, stach hervor. Sie wissen, dass Sie sich auf sie verlassen können. Wenn Sie einen Rückzugsort finden müssen bei jemandem, der Sicherheit bietet, sind Sie hier an der richtigen Stelle. Wie ist es, sich diese Person nun zu Bewusstsein zu bringen? Wo und wie bemerken Sie die Empfindung oder das Gefühl, unterstützt zu werden? Wird Ihnen wärmer? Fühlt sich Ihr Herz offener und weiter? Dehnt sich Ihre Wirbelsäule in die Länge?

Eine meiner Klientinnen namens Debra konnte sich an niemanden dieser Art in ihrem Leben erinnern. Aber einmal hatte sie als junges Mädchen wegen Angststörungen und Wachstumsschmerzen einen Arzt aufgesucht, wobei ihre Mutter im Behandlungszimmer zugegen war. Während der Untersuchung wirkte der Arzt zunehmend besorgt, wandte sich dann der Mutter zu und sagte ohne Umschweife: »Sie müssen aufhören, dieses Kind zu schlagen.« Zunächst dachte Debra, ihre Mutter würde den Arzt beschimpfen, denn genau das wäre ihr selbst zu Hause widerfahren; doch erstaunlicherweise sagte die Mutter nur: »Oh, in Ordnung. Ich werde damit aufhören.« Dieser kurze Wortwechsel zwischen den beiden befreite Debra dann auch tatsächlich von vielerlei körperlichen Misshandlungen, die zuvor gang und gäbe waren. Und so half ihr die Übung, sich an den Arzt zu erinnern, wie auch daran, welch tiefen Einfluss er durch jene wenigen, aber wirkmächtigen Worte auf ihren Alltag hatte.

Einige von uns hatten nie so jemandem in ihrem Leben – oder zumindest können wir uns nicht daran erinnern. Auch das ist in Ordnung. Es gibt verschiedene Möglichkeiten, einen kompetenten Beschützer einzuführen, und Sie können jenen finden, der zu Ihnen passt. Vielleicht rufen Sie sich eine herausragende Figur ins Gedächtnis, die Sie aus der Literatur oder einem Film kennen – eine Art Kämpfernatur etwa. (Einige meiner Klienten haben die von Mel Gibson dargestellte Figur William Wallace in dem Film »Braveheart« gewählt oder jene von Judd Hirsch als Dr. Berger in »Eine ganz normale Familie«.) Erübrigen Sie jetzt ein bisschen Zeit, um über solche symbolischen Vertreter schützender Energie nachzudenken, die Ihnen in den Sinn kommen. Tun Sie sich keinen Zwang an, lassen Sie Ihrer Fantasie freien Lauf.

Eine Klientin namens Carly entschied sich für Wonder Woman als Beschützerin. Sie ging sogar so weit, dass sie Fotos von ihrer HeldIn ausdruckte und diese im Auto und überall im Haus (gerade auch am Badezimmerspiegel) aufhängte, um sich deren große Macht und Stärke zu vergegenwärtigen. Carly bezog sich insbesondere auf Wonder Womans magisches »Lasso der Wahrheit«, das sie in der Vorstellung gegen ihren verlogenen Missbrauchstäter einsetzte. Andere benutzten Superman, den Terminator, Hulk oder Xena, die »Kriegerprinzessin«. Einige nehmen ein ihnen bekanntes Tier oder suchen sich eins aus – einen Löwen, Bären, Drachen zum Beispiel –, das eine starke, schützende Präsenz vermittelt. Wie dem auch sei, streben Sie danach, mit einer archetypischen Heldenfigur in Kontakt zu treten, die Ihnen gut und richtig erscheint. Dabei sollen Sie jenes Gefühl, in Ihrer Erfahrungswelt vollkommen beschützt zu werden, deutlich empfinden und wachrufen.

Falls Ihnen weiterhin niemand einfällt – nicht einmal im Bereich der Fiktion –, so entwerfen Sie ruhig Ihren eigenen idealen Beschützer gleichsam aus dem Nichts, umgeben Sie sich mit Schutzengeln oder irgendeiner anderen Form von geistigen Wächtern, die Ihnen wohltun. Welche Person (oder Sache) auch immer Ihnen Schutz gewährt – welche Qualitäten hat sie? Wie sieht sie aus? Wie spricht sie? In welcher Position befindet sie sich zu Ihnen – gegenüber, an der linken Seite, an der rechten? Handelt es sich um eine Gestalt, die Sie stets bei sich haben möchten – oder taucht sie einfach genau dann auf, wenn Sie ihrer bedürfen? Gibt es sogar mehrere davon? Eine ganze Heerschar, die hinter Ihnen steht? Zwei Wachhunde vor Ihnen? Schürfen Sie tiefer, und stellen Sie sich mit all der verfügbaren Einbildungskraft Ihren Beschützer vor. Was verändert sich in Ihrer inneren Erfahrung, sobald Sie offen werden für die gefühlte Möglichkeit, nachhaltigen Schutz zu genießen? Vielleicht können Sie ein wenig entspannen, aufrechter dastehen, Erleichterung verspüren oder gar Kummer empfinden darüber, in der Kindheit nicht ausreichend behütet worden zu sein. Nehmen Sie die ganze schützende Energie, zu der Sie jetzt Zugang haben, in sich auf.

Außerdem können Sie sich auf eine Zeit oder Situation besinnen, in der Sie aktiv jemand anderem Schutz geboten haben. Manche von uns, die in bedrohlichen Familien aufwuchsen, entwickelten ein besonderes Geschick darin, die Nächsten vor Unrecht zu bewahren. Da uns selbst solche Unterstützung versagt blieb, wurden wir zu starken Beschützern für andere. Das ist unsere alchemistische Gabe an die Welt. Vielleicht leisten wir sie heute für unsere Kinder, unsere Gemeinschaft oder die zahlreichen Flüchtlinge rund um die Welt. Finden Sie heraus, ob Sie sich damit identifizieren können, diese schützende Energie zum Ausdruck zu bringen. Nun sind *Sie* der Beschützer. *Sie* lassen nicht zu, dass irgendjemand verletzt wird, sich hilflos fühlt oder ein Trauma welcher Art auch immer erleidet. Diese Rolle hat etwas biologisch Notwendiges und Richtiges.

Natürlich können Sie nicht die Welt retten und jeden immerzu beschützen, verspüren aber intuitiv den dringenden Wunsch, für die Sicherheit Ihrer Mitmenschen zu sorgen. Was macht sich in Ihrem Körper bemerkbar, wenn Sie bewusst den Impuls wahrnehmen, andere Lebewesen zu beschützen, sich um sie zu kümmern, ihnen in Leid und Not beizustehen? Wie fühlen Sie sich? Gehen Sie in dieser Erfahrung ganz auf.

Gut, stellen Sie sich jetzt vor, Ihr eigenes Kind zu beschützen. Wie ist es für das junge Geschöpf zu wissen, dass Sie als kompetenter Beschützer bei ihm sind? Sie sind sein Hüter, wachen über sein Wohl. Ihr Kind hat volles Vertrauen, dass Sie, falls etwas schiefläuft, mit Liebe und Fürsorge zu seinen Gunsten eingreifen werden – ohne Hin und Her. Was empfindet es in seinem Körper? Wie erlebt es das tiefe Gefühl von Sicherheit?

Des Weiteren können Sie sich bei diesem Abschnitt der Übung ausmalen, aus dem Blickwinkel des Kindes den geschilderten Austausch – den zwischen Ihrem erwachsenen Selbst und Ihrem kindlichen Selbst – zu verfolgen. Wie ist es für das kleine Wesen in Ihrem Innern, also für jenen Teil Ihrer selbst, der oft unter furchtbaren Umständen zu leiden hatte, Ihre Leistungsfähigkeit als beschützender Elternteil zu beobachten? Einige berichten über das Gefühl, dass das Kind in ihnen viel von der gewohnten Last der Überwachsamkeit plötzlich abwirft, denn sie brauchen die äußere Umgebung nicht mehr so aufmerksam nach Gefahren abzusuchen. Jetzt ist da ein Erwachsener, der sich um alles kümmert, daher können sie ein wenig entspannen. Stellen Sie fest, ob das von Ihnen vorgestellte Wesen derart reagiert. Richten Sie die Wahrnehmung mit der Ihnen gebotenen Klarheit auf diese Möglichkeit.

Sie können auch jenen Teil Ihrer selbst erschließen, der all das Geschehen ringsum beobachtet und sieht, wie Sie andere beschützen. So mag er einen Hinweis darauf erhalten, dass es in der Welt tatsächlich Beschützer gibt. Lassen Sie diesen Teil von Ihnen, den Beschützer, in Erwägung ziehen, wie es ist, ein solches Gefühl von Sicherheit und Schutz zu haben. Was ändert sich in Ihnen bei dieser Vorstellung? Kommen Sie in Berührung mit dem Selbst des jüngeren Kindes, das Ihnen innewohnt. Kann ein Körperteil sich entspannen, Unruhe und Druck überwinden? Sind Sie imstande, sich jetzt ein wenig unbeschwerter zu fühlen, getragen von der Idee, dass dieser Wächter Sie behütet? Was empfindet Ihr jüngeres Selbst, wenn es weiß, dass dadurch eine ältere Variante von ihm verfügbar ist? Verbinden Sie im Innern das verletzliche Kind mit dem beschützenden Erwachsenen. Werden Sie empfänglich für jedes aufsteigende Gefühl von Erleichterung oder Sicherheit. Beachten Sie bei jedem ausgeführten Detail der Übung, was in Ihrem Körper vorgeht. Vielleicht merken Sie, dass Ihre Schultern ein wenig nach unten sinken oder Ihre Haut etwas wärmer wird. Ihre Atmung mag müheloser und tiefer sein. Für eine Weile – ja auch nur für einen Moment – fühlen Sie sich hoffentlich sicher oder ahnen zumindest, dass Schutz und Sicherheit in Ihrem Leben möglich sind.

Sobald Sie die Bereitschaft aufbringen, die Übung abzuschließen, orientieren Sie sich fortwährend an Ihrer Umgebung. Sollten Sie es vorgezogen haben, mit geschlossenen Augen zu üben (das hilft einigen bei der Visualisierung), öffnen Sie sie jetzt und schauen sich im Zimmer um. Überprüfen Sie, wo genau in Raum und Zeit Sie sich augenblicklich befinden. Egal, wie Sie die Übung beenden – sorgen Sie dafür, mit Ihrem Körper wieder in Kontakt zu kommen, besonders an den Stellen, an denen er den Stuhl oder den Boden berührt. Erübrigen Sie genügend Zeit, um sich zu erden, bevor Sie sich dann den weiteren Aufgaben des Tages widmen.

Nach der Übung – oder zwischen den Sitzungen, falls Sie beschließen, sie regelmäßig auszuführen – sollten Sie darauf achten, ob Sie sich in Ihrem Leben insgesamt sicherer fühlen, sobald Sie einen solchen Beschützer an Ihrer Seite wissen. Einige berichten, sie seien neugieriger geworden, aufgeregter, begieriger, die Welt zu erforschen. Wie auch immer Ihre Erfahrung zum Ausdruck kommt, überlassen Sie sich dem aufkommenden Gefühl von Sicherheit, und sehen Sie, was passiert. Versuchen Sie, es in Ihrem Leben immer mehr zu verkörpern, und zwar in der Weise, die für Sie am besten ist. Mit der Zeit können Sie dieses Gefühl in der täglichen Erfahrung weiter nähren und es damit wiederum Ihrem physiologischen System eingeben.

Hier nun ein Beispiel, wie das bei einem meiner Klienten namens Jeff funktionierte. Er wachte über seinen jungen Neffen Riley, während der sich mit einer Gruppe rauflustiger Freunde in einem Schwimmbecken vergnügte. Jeff war »auf Abruf« einsatzbereit, falls die Situation zu sehr eskalieren sollte, und Riley, sich seines großartigen Beistands bewusst, konnte sich sorglos dem schwungvollen Spiel hingeben. Ich fragte Jeff, der als Kind von seinem gewalttätigen Vater erbarmungslos geschlagen worden war, was Riley seiner Meinung nach empfand in der Gewissheit, den Onkel als eine Art Sicherheitsnetz und Beschützer zu haben. Darauf erwiderte er: »Oh, Riley weiß, dass ich hundertprozentig für ihn da bin. Er kann mit allem zu mir kommen, und ich werde mich für ihn einsetzen. Ich denke, mit meiner Person im Hintergrund fühlt er sich frei genug, um die meiste Zeit ein unbeschwertes Kind zu sein.«

Anschließend bat ich Jeff, sich vorzustellen, dass der kleine Junge in seinem Inneren sehen und aufnehmen kann, welch ein guter Beschützer Jeff als fürsorglicher Erwachsener geworden war. Jeff – der schon gewohnt war, mit seinem jüngeren, verängstigten inneren Selbst in Kontakt zu treten – antwortete: »Ja, es ist ein bisschen erstaunt darüber, wie groß ich jetzt bin, und merkt, dass ich meine Sache gut mache mit Riley. Riley hat so viel Glück.«

In einem nächsten Schritt schlug ich ihm vor, er solle als der Siebenjährige dem erwachsenen Jeff erlauben, wie ein kompetenter Beschützer seines eigenen kindlichen Selbst ins Innere zu kommen. Während dieser Visualisierung schwoll er an vor Stolz und empfand zugleich eine tiefe Erleichterung. Zarte Tränen flossen ihm über die Wangen, während er die beruhigende, heilsame Energie in sich einsog, zu der er innerlich Zugang fand. Das verletzte Kind im Alter von sieben Jahren hatte nun Jeff als Erwachsenen bei sich, um von ihm behütet zu werden. Nach und nach und mit fortschreitender Genesung wuchs Jeffs inneres Kind heran, um noch mehr mit dem erwachsenen Jeff zu verschmelzen. Beide fühlten ihre gemeinsamen Wunden, und ihre Fähigkeiten erweiterten sich, waren wieder intakt.

Wie eine desorientierte Bindung aussieht

Eine meiner Klientinnen namens Ellie hatte eine Kindheit überlebt, in der sie ständig häuslicher Gewalt ausgesetzt war. Als Erwachsene litt sie stark unter emotionaler Dysregulation und mühte sich verzweifelt mit Beziehungen ab. Als wir in der ersten Sitzung einander kennenlernten, war ich betroffen davon, wie viele ihrer persönlichen Geschichten um gefährliche Situationen kreisten: Wann immer Ellie mit einer Bedrohung konfrontiert war, bewegte sie sich geradewegs darauf zu, setzte sich ihr wieder und wieder aus. Sie hing im gefährlichsten Teil der Stadt herum, als wäre nichts dabei, und geriet regelmäßig in missbräuchliche Beziehungen. Leider hatte sie als Kind keine Möglichkeit gehabt, der Gefahr auszuweichen. Jeden Tag musste sie nach der Schule in ein beängstigendes Zuhause mit dem gewalttätigen Vater zurückkehren, was dazu führte, dass sie ihre natürliche Bedrohungsreaktion andauernd verdrängte.

Meines Erachtens bestand die erste Aufgabe in der Therapie darin, Ellies Bedrohungsreaktion neu zu strukturieren. Um ihr dabei zu helfen, sich von der Gefahr zu entfernen (statt sich ihr zu nähern), bat ich Ellie, jene Menschen in ihrem Leben ausfindig zu machen, mit denen sie sich sicher fühlte. Sie erwähnte ihren Freund Paul. Also forderte ich sie auf, in ihrem Körper nachzuforschen, was sie empfand, wenn Paul bei ihr war. Was geschah, sobald sie seine zuverlässige, empfängliche und zwanglose Gegenwart spürte? Ellie begann, sich behaglich und entspannt zu fühlen, erinnerte sich an all die Liebenswürdigkeit, die Paul ihr entgegengebracht hatte. Dadurch war sie erst einmal imstande, jene Personen und Situationen besser zu unterscheiden, die mit einer grundsätzlichen Sicherheit verbunden waren.

Anschließend verlagerten wir den Fokus darauf, was sie während der Aufenthalte im gefährlichen Stadtviertel in ihrem Körper wahrnahm, wie jenes böswillige Gaffen, Anstarren und Drängen auf sie wirkte, dem sie dort vonseiten einiger zweifelhafter Gestalten ausgesetzt war. Im Verlauf unserer Sitzung erkannte und entwickelte Ellie allmählich eine angemessene physiologische Angstreaktion auf gefährliche Situationen. Natürlich braucht jeder von uns dieses durch die Bedrohung ausgelöste Signal, um gegebenenfalls die Flucht zu ergreifen oder sich in die Verteidigungsposition zu begeben. Am Ende der Sitzung war ich mit dem Ergebnis ziemlich zufrieden. Es schien, als hätten wir in relativ kurzer Zeit einige wichtige heilsame Schritte vollzogen. Ellie konnte wieder deutlich differenzieren zwischen der Gefahr auf der einen Seite und ihrem Bedürfnis nach Sicherheit auf der anderen.

Doch nach ihrer Rückkehr zur Therapie in der darauffolgenden Woche berichtete sie, was unmittelbar nach Verlassen meines Büros passiert war. Ellie näherte sich dem Aufzug und hatte plötzlich den Eindruck, ein dort wartender Mann sei beängstigend und potenziell gefährlich. Ich fragte, was sie unternommen habe, worauf sie erwiderte, sie sei trotzdem mit ihm in den Aufzug gestiegen (genau so, wie sie als Kind hatte nach Hause gehen müssen zu einem gewalttätigen Vater). Es fiel ihr nicht ein, auf den nächsten Aufzug zu warten, die Treppe zu benutzen, so lange in der Damentoilette auszuharren, bis der Mann weg war, oder sich in mein Büro zu flüchten. Keine dieser Optionen kam ihr in den Sinn. Ellie dachte an nichts dergleichen, denn es handelte sich nicht um Verhaltensweisen, die ihrer ursprünglichen Programmierung entsprachen. Zum Glück war ihr bei dieser Begegnung nichts zugestoßen, und so lieferte uns der Vorfall einige gute Anhaltspunkte für die fortlaufende gemeinsame Arbeit. Großartig war in diesem Fall, dass Ellie den Mann immerhin als potenziell gefährlich hatte einstufen können, aber nun musste sie den nächsten Schritt machen – nämlich Möglichkeiten schaffen, sich selbst zu umsorgen, und Maßnahmen ergreifen, sich zu schützen.

Ich ließ Ellie verschiedene Optionen durchspielen, jede davon ergründen, erproben; und ich motivierte sie, sicherere Handlungsweisen zu entwickeln, bis sie langsam zu der Überzeugung gelangte, bessere Entscheidungen für sich selbst treffen zu können. Ich weiß nicht, ob der Mann, den Ellie gesehen hatte, tatsächlich gefährlich war oder ob sie ihn wegen ihrer Geschichte mit dem aggressiven Vater einfach so empfand, doch darauf kam es eigentlich nicht an. Sie musste wieder lernen, genau zwischen Sicherheit und Bedrohung zu unterscheiden, und darüber hinaus angesichts der Gefahr ihre Kampf-oder-Flucht-Bereitschaft zurückgewinnen, statt blindlings darauf zuzugehen, wie sie es als Kind zwanghaft getan hatte. Schließlich war Ellie fähig, ihre üblichen Verhaltensmuster in heiklen Situationen zu ändern und sich an das zu halten, was Sicherheit bot.

Ich werde noch einige Methoden erörtern, desorientierte Anpassungsformen neu auszurichten. An dieser Stelle habe ich Ellies Fall geschildert, um nur eine der vielen Varianten anschaulich zu machen, wie wir die Szenarien unserer Kindheit unbewusst in unserem Erwachsenenleben ausagieren, selbst wenn uns bestimmte Gewohnheiten abträglich sind. Während der prägenden Jahre, die Ellie tagaus, tagein in der Atmosphäre häuslicher Gewalt verbracht hatte, war ihre Bedrohungsreaktion derart verändert worden, dass sie unfähig war, eine klare Trennlinie zwischen Bedrohung und Sicherheit zu ziehen. Das ist eins der zahlreichen Symptome, mit denen die desorientierte Bindung in unserem Erwachsenenleben zum Vorschein kommen kann.

In den folgenden Abschnitten werden wir näher untersuchen, wie sie sich sonst noch bei Erwachsenen zu erkennen gibt.

Bedrohungsorientierung

Unser Bindungssystem ist darauf angelegt, in Sicherheit zu gedeihen. Wenn wir während des Heranwachsens zu viel Angst erfahren, kann alles aus den Fugen geraten. Ellies Anpassung hatte zur Folge, dass sie nicht zwischen sicheren und gefährlichen Situationen unterscheiden konnte. Demgegenüber aber gibt es jene Anpassung, aufgrund deren wir *ständig* in höchster Alarmbereitschaft leben. Unter Umständen lenken wir unsere Aufmerksamkeit allzu sehr auf Bedrohungen, ob sie tatsächlich existieren oder der reinen Einbildung entstammen. Und wir mögen uns derart darauf kaprizieren, mit Gefahren fertigzuwerden, dass es schwierig ist, mit anderen Menschen in Verbindung zu treten und bereichernde Beziehungen aufzubauen, zumal wenn unsere Bedrohungsorientierung gepaart ist mit Perioden intensiver Emotionalität (nämlich Wut und Schrecken).

Wenn jene Teile unseres Gehirns, die mit dem Überlebensinstinkt verknüpft sind, derartig physiologisch aktiviert werden, verlieren wir den Zugang zu den Teilen des Gehirns, die mit unseren zwischenmenschlichen Verbindungen zu tun haben. Geschieht dies regelmäßig zu einem frühen Lebenszeitpunkt, entwickeln sich unsere sozialen Kompetenzen keineswegs optimal, und dadurch wird es noch schwieriger, während des Reifungsprozesses Beziehungen anzubahnen und aufrechtzuerhalten.

Ichbezogenheit und Kontrollverhalten

Infolge des extremen Ausmaßes an inneren Konflikten und verwirrenden Gemütsbewegungen können Menschen mit einer desorientierten Anpassung ziemlich ichbezogen sein. Solch intensive Zustände zu bewältigen erfordert häufig eine Fokussierung auf die eigene Innenwelt, und das drückt sich unter anderem in einem übersteigerten Kontrollverhalten aus. Damit meine ich die Neigung, sämtliche Personen und Situationen, mit denen wir in Beziehung stehen, zu beaufsichtigen und in den Griff bekommen zu wollen. Wir verspüren immer wieder das Bedürfnis, Kontrolle auszuüben, wenn in unserer Vergangenheit etwas Schlimmes geschehen ist, das sich unserer Kontrolle entzog. Dieses Verhalten wird oft kritisiert, ja verurteilt, ist aber nachvollziehbar, denn seine Entwicklung war sinnvoll, wenn man es einmal genauer betrachtet. Wer früh im Leben mit einem Trauma zu kämpfen hat, ist noch zu klein, um zurückzuschlagen, und kann nicht einfach weglaufen, um sich unten auf der Straße irgendwelche neuen Eltern zu suchen. Man ist gefangen in einer äußerst kniffligen Situation. Also wächst man auf im Glauben, man wäre sicher, könnte man doch nur über alles bestimmen. Je älter man wird und je weiter sich die Handlungsfähigkeit entwickelt, desto besser ist man imstande, tatsächlich das Heft in die Hand zu nehmen. Indem man sich darin übt, andere mehr oder weniger zu beherrschen, neigt man gewöhnlich aber auch dazu, seine Ichbezogenheit noch zu verstärken.

Leider kann sich dieser Hang in erwachsenen Beziehungen auf unangenehme Weise bemerkbar machen. Das rigide Festhalten daran, wie »es zu laufen« habe, verursacht unweigerlich Probleme, weil der Partner seine eigenen Gefühlen, Vorstellungen und Verletzungen hat, mit denen er fertigwerden muss. So kann jemand mit einer desorientierten Anpassung unbewusst für sich selbst wie für die Nächsten traumatische Szenarien wieder heraufbeschwören, was letztlich eine weitere Form der Kontrolle über die Beziehung selbst darstellen wird.

Es ist hilfreich zu erfahren, woher unser Bedürfnis nach Kontrolle eigentlich kommt und uns selbst so freundlich wie möglich zu behandeln. Falls Sie mit einem desorientiert gebundenen Menschen zusammen sind, werden Sie sein manchmal anstrengendes Verhalten vielleicht besser nachvollziehen können, wenn Sie sich den Kontext vergegenwärtigen, dem es entstammt.

Mangelnde Impulskontrolle

Interessanterweise können Menschen mit desorientierter Anpassung auch allzu unbeherrscht durchs Leben gehen, besonders wenn es um ihre eigenen Emotionen geht. Es mag ihnen schwerfallen, sie zu verarbeiten, was dann häufig zu überstürzten Handlungen führt. Im Extremfall resultieren daraus fatale Situationen, die wiederum ihre Verbindungen zu anderen beschädigen. Statt zum Beispiel eine bejahende Einstellung zu zeigen, reagieren sie übermäßig aggressiv mit einem Hang zu heftigen Ausbrüchen – oder sind chronisch wütend.

Nicht, dass dies weit verbreitet wäre, aber es bildet einen verblüffenden Kontrapunkt zum Verhalten der Menschen, die unter dem Bedürfnis leiden, alles in ihrem Leben zu kontrollieren, und beleuchtet die unterschiedlichen Arten, wie Individuen ihre Bandbreite der Resilienz oder ihr Toleranzfenster verlassen. Außerdem können sie »fliehen, wo es kein Entrinnen gibt«, indem sie sich vom Leiden völlig zurückziehen und abkapseln. Letztlich deutet die Schwierigkeit im Umgang mit den eigenen Emotionen und Reaktionen auf die Bedeutung der frühen interaktiven Regulation hin, die in späteren Phasen die Selbstregulation unterstützt.

Ein ständiges Gefühl des Versagens

Wenn Eltern immer wieder verwirrende Botschaften übermitteln – vor allem gegenüber Kindern, die glauben, zum Scheitern verurteilt zu sein –, wachsen diese häufig mit mangelndem Selbstwertgefühl auf und kommen sich angesichts der kleinen und großen Herausforderungen des Lebens wie Versager vor. Desorientierte Menschen mit solchen Gefühlen schrecken oft davor zurück, etwas Neues auszuprobieren, weil sie überzeugt sind, keinerlei Aufgabe zur Zufriedenheit bewältigen zu können. Probleme erscheinen ihnen von Anfang an unlösbar. Natürlich kann das später im Leben vielerlei Schwierigkeiten bereiten, denn sowohl in der Schule als auch im Beruf wird von uns regelmäßig verlangt, Probleme in Angriff zu nehmen und zu lösen. Die physiologische Komponente dieses Symptoms ähnelt jener bei der Reaktion auf Bedrohung: Je häufiger man von Angst übermannt wird, desto mühevoller ist es, seine Aufmerksamkeit auf heikle Situationen zu richten und sich aktiv mit ihnen auseinanderzusetzen.

Zugang zu haben zur sicheren Bindung und zum dazugehörigen sicheren Hafen einer sicheren Beziehung bedeutet nicht gleich, die ganze Zeit in Sicherheit zu sein, weshalb ich diese auch nicht auf Kosten der persönlichen Weiterentwicklung, der Risikobereitschaft und der Eigenverantwortung überbetonen möchte. Doch wenn wir tatsächlich über jenen sicheren Hafen verfügen, bietet er uns eine solide Grundlage, mit mehr Zutrauen in die Welt hinauszugehen, die inneren Gaben zum Ausdruck zu bringen und unseren speziellen Beitrag zu leisten. Viele Talente bleiben verborgen wegen der erdrückenden Angst vor Versagen und Ablehnung. Sichere Häfen ermöglichen uns also, Probleme und Herausforderungen aufzuarbeiten und die lähmende Beklemmung einzutauschen gegen eine zunehmende Entfaltung und Selbstbestimmung.

Innerer Konflikt und Verwirrung

Die desorientierte Anpassung geht mit einem hohen Maß an kognitiver, emotionaler und somatischer Konfusion einher. Das ist durchaus nachvollziehbar, wenn man bedenkt, dass das grundsätzliche Problem dieser Anpassungsform im permanenten Widerstreit zweier wesentlicher biologischer Triebe besteht. Wir werden instinktiv dazu getrieben, uns mit anderen zu verbinden, sind zugleich aber darauf programmiert, der Gefahr auszuweichen und zu überleben. Ist unser ursprüngliches Bindungsmuster mit exzessiver Angst besetzt, haben wir das Gefühl, Beziehungen seien prinzipiell gefährlich – und sehnen uns dennoch nach Verbindung. Oft zeigt sich das in einer Weise, die wir nur schwer verstehen können. Im einen Moment glauben wir, für Partnerschaft und Intimität offen zu sein, und im nächsten reagieren wir affektiv oder entsetzt, es könnte etwas schrecklich schieflaufen. Die Intimität selbst mag aus unserem anfänglichen Bindungsszenario Gefühle von Bedrohung hervorrufen. Sobald dies geschieht, bleiben wir womöglich gefangen in Mechanismen, die jegliche Annäherung vermeiden, was auf beide Partner ziemlich verwirrend wirkt.

Wie bereits erwähnt wurde, ist das Bindungssystem andauernd in Betrieb. Während wir uns immer mehr auf den Partner verlassen und auch er zunehmend von uns abhängt, werden wir füreinander zur primären Bindungsfigur – im umso festeren Vertrauen, dass wir die Beziehung nicht verlieren werden. Da unser Bindungssystem die andere Person nun als beständiger erachtet, kommen wir dadurch vielleicht in Kontakt mit Erinnerungen an unsere früheren primären Bindungsfiguren. Manchmal gestaltet sich der Beginn der Beziehung reibungslos, aber aufgrund der desorientierten Anpassung mag wieder die Bedrohungsreaktion ausgelöst werden, sobald die Intimität eine gewisse Tiefe erreicht. Plötzlich tauchen diese Trigger auf, die vor Intimität warnen, und wir bekommen Angst vor unserem zuvor noch angenehmen Partner. Meistens kommen dabei Körpererinnerungen ins Spiel, mit denen keine bestimmte Geschichte verknüpft ist. Mit einem Mal fürchten wir uns vor dem Menschen, den wir zugleich innig lieben, und das kann für alle Beteiligten äußerst irritierend sein.

Überforderung und Angststarre

Die Angststarre ist ein kennzeichnendes Merkmal der desorientierten Bindung, aber auch der anderen Bindungstypen mit schwerer traumatischer Störung. Wenn das Bindungssystem im Widerspruch steht zu unserem Überlebensinstinkt, ist damit die sogenannte Angststarre schon programmiert. Vielleicht haben Sie diesen Begriff in anderen Varianten gehört: Peter A. Levine benutzt dafür den Ausdruck *tonic immobility*[36] (»tonische Immobilitätsreaktion«), Stephen Porges spricht von *dorsal-vagal freeze*[37] (»dorsal-vagaler Schreckstarre«). In solch extrem aufgeladenem Zustand möchte ein Teil von uns vorrücken, ein anderer weglaufen. Stellen Sie sich vor, Sie versuchen in dieser Weise, Auto zu fahren! Ein Fuß auf dem Gaspedal, der andere auf der Bremse – was passiert? Der Motor heult immer wieder auf, aber der Wagen arbeitet gegen sich selbst, niemand kommt irgendwohin, und nach einiger Zeit macht der Motor schlapp.

Von außen hat es den Anschein, als würde jemand in einem Auto sitzen, das auf Hochtouren läuft, zugleich aber stillsteht. Der Fahrer mag sogar entspannt aussehen. Doch betrachtet man die Situation aus der Nähe, zeigt sich, dass durch die gegensätzlichen Impulse ein enormer Druck aufgebaut wird. Das sympathische Nervensystem will kraftvoll und entschlossen handeln, während das parasympathische gleichsam auf die Bremse tritt.

Die Angststarre wirkt vielleicht statisch und passiv, stellt aber einen Zustand äußerster Erregung dar – man steckt fest, erfüllt von abgrundtiefer Furcht, die zu Unbeweglichkeit, Abgrenzung, ja Lähmung führt. In dieser Lage verlieren Menschen häufig die Fähigkeit, zu hören oder zu sprechen (der Hirnnerv, der den Kehlkopf und/oder das Innenohr aktiviert, kann tatsächlich abschalten). Personen mit desorientierter Bindung haben also zumindest Schwierigkeiten, ihre Not zu kommunizieren und präsent zu bleiben, wenn sie eintritt.

Für diese Menschen ist die Angststarre natürlich keine bewusste Reaktion. Sie kann jederzeit erfolgen, wenn sie sich überfordert fühlen. Eine meiner Klientinnen, Amanda, hatte als Kind unter zahllosen heftigen Gefühlsausbrüchen ihrer Mutter gelitten. Inmitten des Dramas verfiel sie in eine derartige Starre, dass ihre Schwester anfing, sie »Zombiekind« zu nennen. Mit einer Bedrohung konfrontiert, sind wir womöglich vor Angst wie gelähmt – ähnlich einem Reh im Scheinwerferlicht. Das ist ein gravierender physiologischer Zustand, den Stephen Porges mit den biologischen Vorbereitungen unseres Körpers auf den Tod verknüpft.[38] Unnötig zu erwähnen, dass es nicht ratsam ist, längere Zeit in Angststarre zu verweilen. Wir sind dazu bestimmt, dass zwischen sympathischem und parasympathischem Nervensystem ein fließender, der Regulation dienender Übergang besteht, ebenso wie zwischen Verbundensein und Alleinsein gemäß dem dynamischen Prozess der sicheren Bindung, doch das Trauma kann beide Wechselbeziehungen ernsthaft beeinträchtigen.

Desorientierten Mustern entgegenwirken

Die gute Nachricht lautet: Es ist möglich, das Bindungssystem vom Überlebenstrieb zu trennen. Der folgende Abschnitt wird Ihnen einerseits Methoden anbieten, desorientierten Mustern im eigenen Inneren entgegenzuwirken, andererseits Mittel und Wege aufzeigen, um den wichtigen Menschen in Ihrem Leben zu helfen, die mit dieser Anpassungsform zu kämpfen haben. Zusätzlich sind Übungen beigefügt, die Sie darin unterstützen sollen, ein erfahrungsbezogenes Gefühl von Sicherheit und Geborgenheit wiederzuerlangen. So können Sie lernen, die Anspannung zu lösen, Ihrem Bindungssystem beibringen, sich mit sicheren Menschen zu verbinden, und sich selbst gleichzeitig vor Bedrohung und Gefahr schützen.

Die Angststarre überwinden

Wenn einer meiner Klienten unter Angststarre leidet, attestiere ich als Erstes, dass etwas Erschreckendes geschehen sein muss, das diesen Menschen in einen derart intensiven physiologischen Zustand getrieben hat. Davon ausgehend, wende ich verschiedene Methoden an, um seine Erregungsschwelle zu senken und ihm eine gewisse Beweglichkeit zurückzugeben. In der Angststarre, einem Energieerhaltungszustand, verringert unser Körper die Aufnahme von Sauerstoff, was zur Folge hat, dass wir nicht mehr tief atmen. Dem Betroffenen verschafft es zwar Erleichterung, tiefere Atemzüge zu machen, aber noch wirksamer ist für ihn, ein stärkeres Gefühl von Sicherheit wiederzufinden und daraus dann selbst auf ganz natürliche Weise die Kraft zur Atmung zu schöpfen. Oft ist die Angststarre auch mit Kälteempfinden, Teilnahmslosigkeit, Depression und sogar Dissoziation verbunden. Sobald eines dieser Symptome auftaucht, ist es immer ratsam, den Körper zu bewegen. Schon die kleinste physische Regung wird dazu beitragen, die Angststarre zu lösen.

Einmal hatte ich eine Klientin namens Katie mit einer schwerwiegenden traumatischen Vorgeschichte. Eines meiner ersten Therapieziele bestand darin, ihr zu helfen, ein grundlegendes Gefühl von Grenzen wiederzugewinnen. Also bat ich sie, sich auf den Boden zu setzen und mit einem Band ihren Umkreis – eine Sicherheitszone – zu markieren. Das war ein guter Anfang; dank dieser Übung entwickelte Katie allmählich das Gefühl, beschützt zu sein. Daraufhin wollte ich feststellen, was in ihr vorging, wenn ich diese Grenzen behutsam überschritt, und so vereinbarten wir, dass ich einen Schaumgummiball auf sie zurollen würde. Das mag seltsam klingen, aber die Arbeit an Bindungswunden gestaltet sich deshalb schwierig, weil diese größtenteils nicht bewusst sind. Deshalb müssen wir oft Situationen entwerfen, die uns einen Blick gestatten auf die im Körper verschlüsselten Botschaften, und dann von dort aus weiterarbeiten.

In diesem Fall gab ich Katie ein Vorwarnzeichen und rollte den weichen Ball langsam in ihre Richtung. Beim ersten Versuch geriet sie in Panik und erstarrte – als Reaktion auf diese scheinbar harmlose »Verletzung«. Das lieferte uns vielerlei Informationen darüber, was sie in ihrer Kindheit immer wieder erlebt hatte. Sie besaß einfach kein Gefühl von Sicherheit; niemand war da gewesen, um sie zu beschützen oder ihr bei der Entwicklung einer Abwehrreaktion behilflich zu sein. Daher übten wir einige körperliche Reaktionen ein. Ich schlug vor, sie solle Arme und Hände benutzen, um den Ball von ihrer Sicherheitszone fernzuhalten. Schließlich war sie imstande, den näher kommenden Ball wegzuschlagen. Indem Katie solche sensomotorischen Abwehrbewegungen ausprobierte, fühlte sie sich allmählich gestärkt, und am Ende empfand sie dieses Spiel sogar als Vergnügen.

Für die meisten Menschen mag das nichts Besonderes sein, aber für Katie war es eine wichtige Abkehr von ihrer üblichen, durch Immobilität und Dissoziation gekennzeichneten Reaktion. Sie wechselte von passiven zu aktiven Reflexen, die ihr inneren Halt gaben. Mit der Zeit erlangte sie die Fähigkeit, öfter Zugang zu finden zu ihrem sympathischen Nervensystem und gewissermaßen die parasympathischen Bremsen zu lösen. Katie war nun in der Lage, sich immer mehr Handlungsweisen zum Selbstschutz und zur Verteidigung anzueignen, darüber hinaus entsprechende Gesten, um mit anderen in Kontakt zu treten. So verfügte sie über eine wachsende Zahl von gesunden Reaktionen, statt unter größtem Stress zu erstarren.

Wie ich von Peter A. Levine gelernt habe, ist die Arbeit mit dem prozeduralen Gedächtnis und die Aktivierung von Abwehrreaktionen die wesentliche Voraussetzung für den Versuch, intensive Gefühlszustände zu verarbeiten. Wenn das gelingt, wird einem die notwendige Unterstützung und Stärkung zuteil, um mit heftigen Emotionen fertigzuwerden.

Andererseits zeigen wir manchmal gewohnte Abwehrreaktionen, die in unseren Beziehungen unbewusst zum Ausdruck kommen. Damit meine ich körperliche Gesten, deren wir uns nicht einmal gewahr sind. Wir möchten vielleicht einem Menschen nah sein, doch all unsere Körpersignale erwecken den Anschein, als wollten wir ihn nicht bei uns haben.

Ein weiterer meiner Klienten hieß James. Er war Sozialarbeiter, ein Familientherapeut, der sich sehr gut mit kleinen Kindern verstand. Erwachsenen gegenüber verhielt er sich ein bisschen distanziert, insbesondere wenn es Frauen waren, die ihn zu ängstigen oder zu verwirren schienen. Er hatte sich ernsthaft um intime Beziehungen bemüht, fragte sich inzwischen aber, ob er dazu überhaupt fähig sei. Er mochte Fernsehsendungen, in denen es um Liebesbeziehungen ging, hatte selbst jedoch nie wirklich eine solche gehabt. Also wollte ich wissen, ob es jemanden in seinem Leben gebe, dem er vertraue. Wer stand hinter ihm? Mit wem fühlte er sich am tiefsten verbunden? James nannte sofort seinen guten Freund Ron. Sie unternahmen alles Mögliche zusammen und genossen die Gesellschaft des jeweils anderen.

Dieses Mal probierte ich eine weitere Ballübung aus. Ich nahm einen großen Gymnastikball und öffnete die Tür zu meinem Büro. Sodann ging ich mit dem Ball den Gang hinunter, während James sich vorstellen sollte, der Ball sei sein Freund Ron. Ich bat ihn darum, mir mitzuteilen, wann ich den Ball zu ihm rollen könne und wann ich damit aufhören müsse. Seine Aufgabe war, darauf zu achten, was in seinem Körper passierte, wenn ich den Ball immer näher an ihn heranbeförderte. Kaum war er bereit, rollte ich den Ball langsam in seine Richtung, der ihm nur ein bisschen näher kam, ehe James sich auf seinem Stuhl nach hinten lehnte, die Arme steif ausstreckte, die Finger weit auseinandergespreizt, die Handflächen flach und schützend in die Höhe gereckt, als müsste er jemanden aufhalten oder wegschieben.

Als ich James aufforderte, über diese offenkundige körperliche Reaktion nachzudenken, hatte er keine Ahnung, wovon ich sprach. Ihm war in keiner Weise aufgefallen, dass er die Arme zur Abwehr ausgestreckt hatte, was darauf schließen ließ, dass diese schützende Bewegung noch immer seinem impliziten, unbewussten Gedächtnis innewohnte. Ich machte ihn auf die Geste aufmerksam, wir überprüften, was sie bedeutete, und nach einer Weile nahmen wir die Übung erneut in Angriff. Diesmal jedoch war James entschlossen, genau zu beobachten, was mit seinem Körper geschah. Wieder rollte ich den Ball, der Ron darstellen sollte, in seine Nähe, etwa im gleichen Abstand wie vorher, und erneut zeigte James dieselbe Reaktion. Jetzt aber merkte er, wie sich seine Arme automatisch bewegten, und schien verblüfft. »Ich kann's sehen«, sagte er. »Es schaut wirklich so aus, als wollte ich nicht, dass Ron mir näher rückt. Im Grunde aber mag ich ihn und will ihn um mich haben.« Allerdings hatte seine Abwehrreaktion nur sehr wenig mit Ron zu tun, sondern resultierte wahrscheinlich aus den Ereignissen, die James im frühesten Lebensstadium zugestoßen waren.

Daraufhin sollte er den Rücken wölben und die Arme abwehrend ausstrecken, um diese Position auf sich wirken zu lassen. Er war imstande, ein physisches Bedürfnis nach Raum wahrzunehmen, und zwar derart intensiv, dass er sich gegen einen Eingriff von außen wehren zu müssen glaubte. Wohlgemerkt, es ging hier nicht darum, irgendwelche früheren, aus der präverbalen Phase stammenden Erfahrungen zutage zu fördern, die wir ohnehin nicht hätten zur Sprache bringen können. In diesem Fall hatte James keinen Zugang zu bestimmten Erinnerungen an eine Bedrohung oder Einmischung. Für ihn war es wichtiger, die Gefühle an sich zu erkennen, allmählich ein Gespür für sichere Grenzen zu bekommen und so seine Fähigkeit wiederherzustellen, heute und in Zukunft mit anderen in Verbindung zu treten.

Wir arbeiteten weiter an verschiedenen Gesten und verbalen Botschaften, die Grenzen setzen, wobei James die Arme zur Abwehr nach vorn streckte und »Nein!« oder »Geh weg!« sagte. Dann führte er andere Gesten aus, öffnete zum Beispiel empfangsbereit die Arme, um zur Verbindung aufzufordern. Ich veranlasste ihn, zwischen den zwei Ausdrucksformen zu wechseln und damit vertraut zu werden, wie sie sich anfühlen, denn im Leben brauchen wir beides: die zum

Schutz unserer Grenzen notwendigen Gesten und Worte, aber auch die Fähigkeit, Menschen willkommen zu heißen. Im Gegensatz zu Katie war es bei James meistens jene letztere Bewegung, die er hervorrufen und darstellen musste. Indem er dies tat, konnte er auf der physiologischen Ebene seinem Freund Ron freimütig begegnen. Dadurch wurde er insgesamt kontaktfreudiger, fand mehr Gefallen am Umgang mit Ron und wurde allmählich immer offener, um sich an weiteren Beziehungen zu erfreuen.

Wenn unsere Bindungsmuster aktiviert werden, sind wir zu allerlei unbewussten Handlungen fähig. Es ist wichtig, von Abwehrreaktionen zu Willkommensgesten überzugehen, damit wir die geliebten Menschen tatsächlich bei uns aufnehmen können. Natürlich müssen wir lernen, klar zu unterscheiden zwischen dem, was sicher und verbindend, und dem, was gefährdend und zudringlich ist. Für beide Zustände brauchen wir die entsprechenden Programmierungen in unserem Körper.

Ich habe von Katie und James erzählt, damit Sie eine Vorstellung bekommen, wie ich mich der therapeutischen Arbeit nähere. Ich hoffe, diese Beispiele werden Sie ermutigen, auf Ihrem einzigartigen Weg zur Genesung eigene schöpferische Kräfte zu entfalten, die ihn erleichtern. Zugleich möchte ich Sie ermuntern, selbst interessante Ideen zu entwickeln, um Ihr Gefühl von Sicherheit zu erweitern, wie auch innovative Methoden, um Ihren Nächsten zu helfen, die unter einer desorientierten Bindung leiden.

Die Wiederherstellung der Grenzen

Die beschriebene Arbeit mit Katie macht anschaulich, wie man sein Gespür für Grenzen wiederherstellt oder neu entwickelt. Unsere Haut ist ein perfektes Beispiel dafür, was eine Grenze bewirken sollte. Dieses Organ vollzieht eine deutliche Trennung zwischen den Vorgängen auf der Außenseite unseres Körpers und denen auf der Innenseite, und es erledigt seine Aufgabe mit Bravour. Aber die Haut ist keine starre Rüstung, sondern eine nach beiden Richtungen durchlässige Membran. Auf diese Weise ermöglicht sie den lebensnotwendigen Stoffwechsel, etwa das Eindringen von Sonnenlicht für die Vitamin-D-Produktion ebenso wie die Verdunstung von Schweiß. Und wenn es zu einer Verletzung kommt – etwa einer Schnittwunde am Finger –, tritt der Körper in Aktion, er repariert und schützt sich selbst nach allen Regeln der Kunst. Wir unterstützen ihn mit Verbänden oder gegebenenfalls mit Nadel und Faden, um diese fundamentale Grenze intakt zu halten. All das ist unabdingbar für die Heilung und letztlich für unser Überleben.

Außerdem haben wir energetische Grenzen, die genauso wichtig sind für unser Überleben und Gedeihen in dieser Welt, obwohl sie gewöhnlich nicht so offenkundig sind. Sie können jedoch sichtbar werden, wenn es um kulturelle Unterschiede geht. Menschen in Argentinien etwa fühlen sich in Gesellschaft körperlich wohl, solange die anderen in einem Abstand von ungefähr einem dreiviertel Meter bleiben. Der persönliche Raum der Rumänen hingegen ist beinahe doppelt so groß.[39] Darüber hinaus können jene Grenzen zum Vorschein kommen, wenn sie bei uns selbst oder jemandem, den wir kennen, brüchig geworden sind, was ein wesentliches Kennzeichen der desorientierten Bindung oder eines unbewältigten Traumas im Allgemeinen ist. Personen mit diesem Bindungstyp sind meistens von anderen verletzt oder traumatisiert worden, normalerweise zu einem sehr frühen Zeitpunkt, an den die Erinnerung nicht zurückreicht. Sie waren schlimmen Übergriffen ausgesetzt – wurden angeschrien, geschlagen, sexuell missbraucht –, und die Heilung solcher Wunden erfordert zahlreiche Erneuerungen der eigenen Grenzen. Das Gespür für gesunde Grenzen zu entwickeln ist eines der Mittel, um das Gefühl von Sicherheit zu empfinden, und das ist entscheidend, um sich mit anderen zu verbinden. Wenn wir unsere Grenzen instand setzen, nachdem sie beschädigt worden sind, finden wir zurück zu einem tiefen und notwendigen Gefühl von Sicherheit. Es ist wunderbar, deutlich zu spüren, dass unsere Grenzen intakt und funktionsfähig sind. Das verleiht uns eine Art »energetische Haut«, die uns absichert, während wir forschend die Welt durchwandern.

Hierzu möchte ich eine Übung anbieten, die zum Inhalt hat, dass Sie den Raum in Ihrem näheren Umfeld untersuchen und fühlen, welche Wirkung das auf Sie ausübt. Sie werden häufig Ihre Arme benutzen (erinnern Sie sich, meine Arbeit mit Katie und James hatte viel damit zu tun, wie sie ihre Arme benutzten oder nicht). Suchen Sie sich deshalb einen bequemen Platz mit hinreichender Bewegungsfreiheit, und probieren Sie sie aus.

Sollten Sie nach der Lektüre des folgenden Übungstexts glauben, dass Ihnen diese Übung besondere Mühe bereiten könnte – etwa indem sie ein Gefühl von Überforderung hervorruft oder allzu schmerzliche Erinnerungen an Grenzverletzungen weckt –, empfehle ich, sie zusammen mit einer Vertrauensperson auszuführen. Sie soll Ihnen genau jene Unterstützung gewähren, die Sie brauchen. Ansonsten mag es Ihnen helfen, konzentriert und wachsam zu bleiben durch die einfache Gewissheit, dass jemand unmittelbar da ist: jemand, der wirklich hinter Ihnen steht.

ÜBUNG DIE SCHÜTZENDE SPHÄRE

Wählen Sie den rechten oder den linken Arm (nur einen, zum anderen kommen wir gleich), und strecken Sie ihn vor sich aus. Halten Sie den Arm so, als würden Sie jemanden erreichen wollen, um eine Verbindung herzustellen oder vielleicht ein Geschenk zu empfangen. Es ist eine einfache Geste, die nichts mit einer bestimmten Person zu tun haben muss. Welche Empfindung wird in Ihnen geweckt? Fühlen Sie sich gut und sicher – oder womöglich verletzbar und verängstigt? Versuchen Sie es nun mit dem anderen Arm. Strecken Sie ihn aus, als würden Sie Freundlichkeit, Wohlwollen oder eine Art von liebevoller Verbundenheit empfangen. Was passiert in Ihrem Körper? Sobald Sie dazu bereit sind, strecken Sie beide Arme aus. Zuerst weit geöffnet, um dann eine Geste auszuführen, mit der sie die Arme wieder näher zusammenbringen. Nehmen Sie erneut wahr, was im Innern vorgeht. Fühlen Sie sich entspannt – oder doch angespannt, verkrampft? Achten Sie auf jederlei Regung.

Da wir uns verbunden fühlen, zugleich aber die Gewissheit haben müssen, gesunde Grenzen aufrechterhalten zu können, probieren wir eine gegensätzliche Geste aus. Strecken Sie die rechte Hand aus, wie um sich zu verteidigen. Diese Geste mag die Botschaft »Nein!«, »Verschwinde!« oder »Lass mich in Ruhe!« übermitteln. Die Worte können später folgen. Jetzt gesellt sich die linke Hand mit hinzu, als würden Sie vor sich eine klare Grenze im Raum ziehen. Stellen Sie sich vor, in einer schützenden Sphäre zu sein, die Ihren Körper in Armeslänge umgibt. Erfühlen Sie das Innere dieser energiegeladenen Sphäre. Das ist Ihre energetische Grenze. Lassen Sie Ihre Hände den sicheren Raum ertasten, streichen Sie mit den Handflächen über seine »Wände«, und nehmen Sie all die verschiedenen Aspekte der beschützten Kugel ringsum wahr – oben und unten, vorn und hinten. Drehen Sie sich langsam um die eigene Achse, um die gesamte innere Fläche Ihrer Kugel zu spüren.

Bekommen Sie ein Gespür dafür, wie dieser Raum beschaffen ist. Was empfinden Sie? Fühlt er sich sicherer an, und wenn ja: An welcher Stelle bemerken Sie das? Verspüren Sie irgendeine Art von Bestärkung? Erscheint Ihnen eine Richtung sicherer als die andere? Nehmen Sie sich etwas Zeit, um die Sphäre weiter zu erforschen, und finden Sie heraus, ob ein Bereich vergleichsweise mehr Schutz und Sicherheit gewährt. Erkunden Sie auch die Randgebiete dieses Raumabschnitts. Fällt Ihnen dabei jemand ein? Wenn Sie in diesem Kapitel bereits die Übung »Der kompetente Beschützer« durchge-

führt haben, bringen Sie hier Ihren persönlichen Beschützer mit ein. Visualisieren Sie ihn am Rand Ihrer Sphäre, und sehen Sie, ob sich diese dadurch in irgendeiner Weise ausdehnt.
Bei der Übung erinnern sich einige Personen spontan an Grenzverletzungen, die ihnen bislang nicht bewusst waren oder an die sie schon lange nicht mehr gedacht haben. Trifft das auf Sie zu, so machen Sie sich klar, dass dergleichen normal ist und dass die momentane Erfahrung mancherlei intensive Gefühle und Schutzformeln hervorrufen kann. Vielleicht hören Sie sich »Halt!«, »Lass mich in Frieden!« oder gar »Bleib mir vom Hals!« sagen. Alle Worte, die Ihnen in solcher Lage auf der Zunge liegen, sind in Ordnung. Sie können sie laut aussprechen oder sich vorstellen, dass Ihr kompetenter Beschützer sie äußert. Wie immer Sie sich entscheiden – nehmen Sie genau wahr, was in Ihrem Körper und in Ihrer sicheren Sphäre passiert. Fühlen Sie sich jetzt stärker, sicherer? Scheint die Sphäre sich auszudehnen? Haben Sie Zugang zu weiteren Raumabschnitten, die noch eher unversehrt sind?

Die Übung soll Ihnen dazu dienen, sich wieder mit einem tief empfundenen Gefühl von Sicherheit und Geborgenheit zu verbinden. Es zurückzugewinnen und bewusst im Körper wahrzunehmen ist von größter Bedeutung. Darüber hinaus hilft die Übung, gesunde und intakte Grenzen zu bewahren. Je mehr Sie innerlich reguliert sind, desto weniger häufig werden Sie in einer Bedrohungsreaktion stecken bleiben, was seinerseits zur Folge hat, dass Sie Ihre energetischen Grenzen besser spüren können.

Anderen helfen

Die desorientierte Anpassung mag zwar nicht auf Sie selbst zutreffen, vielleicht jedoch auf Ihre Nächsten. Auch soll dieses Buch nicht als ultimativer Ratgeber für diesen Personenkreis dienen (und übrigens auch nicht für irgendjemanden sonst), aber wenn Sie bei anderen das Gefühl von Sicherheit stärken möchten, empfehle ich dringend, die folgenden Methoden einmal auszuprobieren. (Im nächsten Kapitel werde ich weitere Hinweise geben, die auf Liebesbeziehungen anwendbar sind.) Und falls Sie jemand mit desorientiertem Bindungstyp sind, hoffe ich, dass Sie die Fähigkeit haben, die geliebten Menschen zu den genannten Verhaltensweisen zu ermuntern:

Kommunizieren Sie einfach und deutlich: Wie zu Beginn dieses Kapitels dargestellt wurde, sind Menschen mit desorientierter Anpassung oft in Familien mit irritierenden Botschaften und gemischten Signalen aufgewachsen. Daher ist es wichtig, sich so klar und direkt wie möglich auszudrücken, vor allem wenn es um Anleitungen oder Vorschriften geht oder wenn Ihr Partner oder Ihr Kind in Unentschlossenheit oder Verwirrung zu verharren scheint. Der gravierendste Fall ist die Angststarre, in der die betroffene Person vielleicht extreme Mühe hat, die richtigen Worte zu finden, eine passende Antwort zu geben, ja überhaupt einen wesentlichen Gedanken zu fassen. Sobald das passiert, ist es am besten, ihr nur wenige Optionen anzubieten. Selbst in einem nicht ganz so belasteten Zustand mag ihr allein schon die Wahl schwerfallen, in welchem der bevorzugten Restaurants sie gern zu Abend essen würde. Unter derartigem Stress sollte die Anzahl der Alternativen auf maximal zwei oder drei beschränkt werden. Vergessen Sie auch nicht, Kindern die Dinge in einer altersgemäßen Sprache zu beschreiben und zu erklären.

Achten Sie auf den Tonfall Ihrer Stimme: Die Art und Weise, wie wir unsere Stimme einsetzen – besonders ihr Rhythmus und Tonfall –, signalisiert den anderen entweder Sicherheit oder Gefahr. Eine melodische Stimme, die sich der fließenden Modulation und Intonation bedient, fördert ein Gefühl von Sicherheit, wohingegen eine monotone oder roboterhafte als kalt, gleichgültig und manchmal sogar als bedrohlich aufgenommen wird. Säuglingen und Tieren gegenüber schlagen wir oft einen musikalischen Ton an, unsere Stimme hebt und senkt sich voller Zuneigung in einem übertriebenen Singsang. Ich schlage nicht vor, in der gleichen Art mit Erwachsenen zu sprechen, aber den Tonfall zu modulieren wird gewiss hilfreich sein, wenn Sie das Wort an andere richten. Bedenken Sie, wie sich die Stimme verändert, sobald Menschen wütend sind oder sich bedroht fühlen. Das ist auch ein Wink an die Gemeinschaft, dass etwas nicht stimmt. Sobald Gefahr im Verzug ist, sind wir biologisch und evolutionär darauf angelegt, den Tonfall zu wechseln und dadurch die Gruppe zu alarmieren. Frauenstimmen sind tendenziell hoch und schrill, während Männer den Ton senken und lauter werden, bis die Stimme dröhnt. Das gibt den anderen sofort zu verstehen, dass irgendwo eine Gefahr lauert, dass sie in ihrem Tun innehalten und sich auf ihre Verteidigung vorbereiten sollten. Doch wenn unsere Stimme derartig verfährt unter Stress, im Verlauf einer Diskussion oder eines Konflikts mit dem Partner – ein (hoffentlich) relativ sicherer Mensch, den wir lieben –, kann leicht seine Bedrohungsreaktion ausgelöst werden, die ihn dazu treibt, zu kämpfen oder die Flucht zu ergreifen. Wenn Sie also an Versöhnung und einem positiven Ergebnis für Ihre Beziehung interessiert sind, wird es Ihnen zugutekommen, achtsam mit der Stimme umzugehen. Üben Sie einen beruhigenden, tröstlichen und wohlklingenden Tonfall ein, das wird in Ihrem Partner das Gefühl von Bedrohung abschwächen, vor allem während einer Auseinandersetzung mit Problemen der Intimität oder der Beziehung an sich. Schrill oder dröhnend-furchteinflößende Stimmen aktivieren unsere Amygdala, das Reptiliengehirn, das damit beschäftigt ist, Überlebensreaktionen zu fördern, und so den Partner als Feind statt als unser geliebtes Wesen erscheinen lässt.

Üben Sie Berührungen ein, die Sicherheit bekunden: Berührungen auf liebevolle Weise und im Bewusstsein der Grenzen eines anderen Menschen einzusetzen ruft ebenfalls ein Gefühl von Sicherheit hervor. Körperliche Berührungen können all das verstärken, was wir verbal zum Ausdruck bringen. In ihrem Buch *Snap* schreibt Patti Wood, dass wir körperliche Regulation durch regulierte Berührung übermitteln.[40] Das heißt, wenn wir in unserem Körper reguliert sind, können wir schon mit einem Händeschütteln die physiologische Regulation im Gegenüber bewirken. Es kommt darauf an, im eigenen Nervensystem – also innerhalb der Bandbreite der Resilienz – zentriert und geerdet zu sein, bevor man solche Berührungen anwendet. Wood betont, dass ein einfacher, regulierter Händedruck mehr Regulation bieten kann als drei Stunden eines einvernehmlichen und bestärkenden Gesprächs. Sichere Berührungen mögen Ihnen und Ihrem Partner helfen, einander zu regulieren. Beachten Sie jedoch: Falls Sie es mit einer ernsten emotionalen Fehlregulation zu tun haben, ist es unter Umständen schwierig, einen nahen Menschen zu berühren, ohne ihn dabei nicht fehlzuregulieren. Die Chemie oder Energie Ihrer Haut wird spürbar auf die seine übertragen, also bedenken Sie, wie wichtig es ist, in Ruhe zuerst einmal Ihr inneres Gleichgewicht wiederherzustellen, falls Sie dazu in der Lage sind. Vergessen Sie auch nicht, welch ausgleichende Wirkung Umarmungen ausüben, sobald der andere entspannt, liebevoll und geborgen ist. Ich meine natürlich nicht diese Art von kurzem Schulterklopfen, sondern echte Umarmungen, bei denen beide Körper sich umschlingen. Versuchen Sie es mit jemandem, dem Sie sich nah fühlen. Durch den engen Kontakt können Sie unmittelbar wahrnehmen, wie die Körper sich gegenseitig regulieren. Mit meinen Klienten benutze ich oft jene Methode, die damit beginnt, einfach still nebeneinander zu sitzen. Ich merke, was das bedeutet – ein Gespür für die Energie des Menschen an meiner

Seite zu bekommen und ihm gleichzeitig zu erlauben, sich an mich zu gewöhnen. Dann frage ich, ob es in Ordnung sei, eine meiner Handflächen nah seinem Rücken zu platzieren, zwischen den Schulterblättern, erspüre in einem Abstand von etwa 8 oder 10 Zentimetern sein Energiefeld und erkundige mich, wie es ihm geht. Wenn das reibungslos verläuft und er einverstanden ist, lege ich die Hand sanft auf seinen Körper und finde allmählich heraus, welcher Druck der richtige ist – zu viel davon kann ebenso einen großen Unterschied ausmachen wie zu wenig. Außerdem bitte ich ihn, mir mitzuteilen, welche Stelle am Rücken er bevorzugt, und verlagere die Hand dementsprechend. Indem ich so verfahre, richte ich meine Berührung an seinem Wunsch aus, damit er erfährt, wie seine Bedürfnisse gestillt werden, während ich ihm Sicherheit, Präsenz und Fürsorglichkeit zuteilwerden lasse ... Um weitere Unterstützung zu erhalten, können wir diese Methode auch unserem Partner oder den Mitgliedern unserer Familie vermitteln.

Betrachten Sie andere mit Freundlichkeit (und benutzen Sie hierfür Ihre Mimik): Die Art und Weise, wie wir beim Sprechen unseren Gesichtsausdruck einsetzen, kann unserem Partner ebenfalls ein Gefühl von Sicherheit geben. Vor allem die Augen sind von Bedeutung. Erinnern Sie sich an das Leuchten in den Augen, an jenen verbindenden Blick, von dem im ersten Kapitel die Rede war. Natürlich gehört viel Augenkontakt dazu, aber auch eine Miene, die Wertschätzung und Liebe bekundet und das Gefühl vermittelt, dass der Mensch gegenüber etwas Besonderes ist. Wie auch bereits erwähnt wurde, sollte man ihn zu dieser Art von Verbindung erst auffordern, wenn er dazu bereit, nicht jedoch, wenn er aufgrund eines abweisenden oder verwirrenden Blicks beschämt ist. Oft muss dann die Scham ein wenig verarbeitet werden, bevor man durch intensiven Augenkontakt eine lohnende Beziehung herstellen kann.

Solche nonverbalen Botschaften der Verbundenheit und der Liebenswürdigkeit lösen beim Gegenüber tatsächlich eine Reaktion aus, die ihm Sicherheit signalisiert. Denken Sie nur einmal an den unterschiedlichen Gesichtsausdruck Ihres Partners, wenn er wütend (missmutig, angespannt) ist – oder wenn er sich freut (lächelnd, die Augen weit geöffnet und leuchtend), mit Ihnen zusammen zu sein. Die anderen lesen andauernd in Ihren Blicken und Mienen, selbst wenn sie sich dessen nicht bewusst sind.

Da wir nun einige Kennzeichen der Sicherheit ausfindig gemacht und gesehen haben, wie wir sie den Menschen mit desorientierter Bindung übermitteln können, möchte ich Ihnen die letzte Übung dieses Kapitels vorschlagen. Auch hier gilt wieder: Sollten Sie den Eindruck haben, dadurch überfordert zu werden, lassen Sie die Übung zunächst aus und kehren zu ihr zurück, sobald Sie sich stärker fühlen.

ÜBUNG DIE OASE DER VERBÜNDETEN MIT SICHERER BINDUNG

Bei dieser »Oase« handelt es sich um einen Ort, an dem jeder verhältnismäßig sicher ist und wir das Gefühl haben, mit den anderen ringsumher mehr oder weniger mühelos in Verbindung treten zu können. Auch wenn wir im realen Leben natürlich keine Insel oder Oase mit ausgewählten Personen besiedeln können (wären wir doch dazu imstande!), bietet diese Übung ein wunderbares Werkzeug, um das eigene sichere Bindungsnetzwerk zu aktivieren und zugleich die Vorstellungskraft zu nutzen, die wohltuend auf das Nervensystem wirkt.

Beginnen Sie damit, an all jene Personen in Ihrem Leben zu denken, die sich sicher fühlen. Das sind Ihre Verbündeten. Sie meinen es gut mit Ihnen und wollen das Beste für Sie. Es können Menschen sein, die Sie schon lange kennen, oder auch Fremde, denen Sie irgendwann einmal begegnet sind. Notieren Sie, wer Ihnen in den Sinn kommt, und versammeln Sie in der Vorstellung jeden um sich – rechts und links, vor und hinter Ihnen. So entwerfen Sie Ihre Oase der Verbündeten; aber zusätzlich brauchen Sie einen besonderen Ort, wohin Sie diese Menschen versetzen, um sich daran orientieren zu können. Wählen Sie einen Ort, und malen Sie sich ihn so detailgetreu wie möglich aus.

Eine meiner Klientinnen namens Connie sah all ihre sympathischen Verbündeten entspannt auf einem Schwimmsteg, weitab von jederlei Unruhe oder Störung. Als wir dann anfingen, ihre schmerzlichen Erinnerungen zu behandeln, konnte sie, um Erleichterung und inneren Ausgleich zu finden, die Aufmerksamkeit auf den mit Freunden gefüllten Steg richten. Ken wiederum, ein anderer Klient, fühlte sich besonders unterstützt von seinen zwei Hunden, die er sich zu beiden Seiten vorstellte.

Die Menschen, die Sie zusammengeführt haben, verkörpern vielerlei wunderbare Qualitäten: Sicherheit, Präsenz, Selbstbestimmung, Geborgenheit, Unbeschwertheit, Bejahung, Zugehörigkeit. Erübrigen Sie einen Moment, um zu spüren, wie es ist zu wissen, dass sie alle da sind. Was geht in Ihrem Körper vor? Vielleicht merken Sie, wie Ihnen wärmer wird, wie Sie offener, stärker und widerstandsfähiger werden oder einfach lächeln und die Verbindung zu ihren Verbündeten genießen. Nehmen Sie sich Zeit dafür, und achten Sie auf all die intensiven Empfindungen, die sich bemerkbar machen.

Da Sie nun Zugang zu dieser herrlichen Oase mit hilfsbereiten Menschen haben, probieren wir etwas Neues und womöglich ein wenig Beängstigendes aus: Erinnern Sie sich an Ihre Bezugspersonen, von denen Sie großgezogen worden sind und die während Ihres Heranwachsens nicht ganz so ideale Verhaltensweisen oder

Reaktionen an den Tag gelegt haben. Machen Sie sich bewusst, dass Sie im Verlauf der Übung die Aufmerksamkeit jederzeit wieder auf Ihre Oase mit all Ihren Unterstützern verlagern können. Eventuell besinnen Sie sich auf Ihren Vater. (Ihren persönlichen Umständen entsprechend können Sie auch eine andere Person heranziehen.) Er mag Sie auf seine Weise geliebt haben, aber gehen wir einmal davon aus, dass er die Neigung hatte, Sie anzuschreien, wenn er wütend war. Unser Ziel besteht hier unter anderem darin, beide Ausdrucksformen voneinander zu unterscheiden. Der liebende Teil Ihres Vaters ist natürlich lobenswert und wird Ihnen wahrscheinlich keine Probleme bereiten. Was hingegen sein Gebrüll betrifft, so entfernen wir jetzt diesen Aspekt möglichst weit von Ihnen – oder zumindest so weit, wie Ihr Körper es möchte. Welche Version der Geschichte auch immer die Ihre ist – vielleicht auch eine schreiende Mutter: Schaffen Sie den Raum, den Sie brauchen. Wie groß soll der Abstand von dieser Person sein? Manche stellen sich das bedrohliche Verhalten ganz in ihrer Nähe vor, damit sie es im Auge behalten können, während andere beschließen, es bis an den Rand des ständig expandierenden Universums zu schieben … Spüren Sie, welche Stelle für Sie die richtige ist. Platzieren Sie dorthin die Person, die sich Ihnen gegenüber negativ verhalten hat. Nachdem Sie Ort und Abstand bestimmt haben, frieren Sie die Person mit ihrem schädlichen Verhalten zum Standbild ein. Im gegebenen Fall lassen Sie Ihren tobenden Vater erstarren. Vielleicht steckt er in einem großen Eisblock, sodass Sie keinen Laut von ihm hören. Da die Bedrohung gebannt ist, kann er sich nicht bewegen, Sie aber können es. In der von Ihnen entworfenen Szene ist der Mund des Vaters vielleicht mit Klebeband verschlossen, oder Sie haben eine enorm leistungsstarke Fernbedienung, die sein Schreien ganz nach Ihrem Bedürfnis dämpft. Stellen Sie sich vor, was immer Ihnen behagt, um sich vor diesem Auslöser der Angst beschützt zu fühlen. Womöglich wollen Sie zurückschreien:

»Stopp!« Jedes gedankliche Bild, das Ihnen hilft, ist erlaubt, während Sie Reaktionen zum Selbstschutz initiieren und sich weiter ausmalen. Es ist gut, die Erleichterung zu genießen. Sie verletzen niemanden, denn all das existiert ja nur in der Vorstellung. Es kann jedoch sehr nützlich sein, um von der Angst befreit zu werden.
Da nun die Bedrohung gewissermaßen eingefroren ist: Was möchte Ihr Körper tun oder ausdrücken als Reaktion auf das Schreien? Was sollte Ihr kompetenter Beschützer für Sie tun oder sagen? An welche Stelle wünschen Sie ihn sich im Hinblick auf die eingefrorene Bedrohung – vor Ihnen, an Ihrer Seite, direkt hinter Ihnen? Wenn wir klein sind, brauchen wir jemanden, der für uns eintritt. Wir lernen, uns selbst zu beschützen, indem wir einen Menschen haben, der uns beschützt. Achten Sie also darauf, wie es sich anfühlt, mit eigenen Augen zu sehen, dass Ihr kompetenter Beschützer Sie auf diese Weise unterstützt.
Meine Klientin Julia sagte: »Mein eigener Körper ist mein Beschützer!«, und signalisierte damit, dass es manchmal mehr Stärke verleiht, die Angelegenheit selbst in die Hand zu nehmen.
Finden Sie heraus, was Ihr Körper sonst noch tun oder ausdrücken möchte. Würden Sie gern mit Armen und Händen eine Grenze um sich ziehen? Wollen Sie Ihrem Vater mitteilen, er solle still sein, nicht mehr schreien, sondern in einem normalen Ton mit Ihnen sprechen? Vielleicht verspüren Sie das Bedürfnis, ihn zu einem Anti-Aggressions-Training zu schicken und mitzuerleben, wie hervorragende Therapeuten ihm helfen, jene Probleme zu lösen, die seinen Ausbrüchen zugrunde liegen. Was immer Sie tun möchten, ist in Ordnung. Nehmen Sie Ihre Empfindungen wahr. Ganz gleich, was Sie zur Sprache bringen oder tun, was Ihr kompetenter Beschützer äußert oder unternimmt – Ihre Bezugsperson ist starr und stumm. Sie kann Ihnen weder antworten noch irgendein Leid zufügen.
Was geht unterdessen in Ihrem Körper vor? Was fühlen Sie, wenn Sie in Gegenwart dieser Bedrohung »sicher genug« sind? Be-

achten Sie die wechselnde Dynamik: Ihre Bezugsperson ist jetzt bewegungsunfähig, während Sie an Stärke dazugewinnen. Fühlt sich Ihr Körper größer oder eventuell sogar älter an? Sind Ihre Glieder aktiviert, als wollten Sie jemandem einen Fußtritt versetzen oder zurückschlagen? Sobald wir imstande sind, gegen die eigene Verschlossenheit anzukämpfen, wird dadurch oft ein hohes Maß an aufgestauter Überlebensenergie frei. Können Sie spüren, wie die zuvor unterdrückte Erregung oder Anspannung sich löst und aus dem Körper entweicht – etwa als Hitzewallung, Schweißausbruch, Zittern oder Schütteln? Lassen Sie dies zu, damit sich die überschüssige Energie entladen kann. Vielleicht war etwas in Ihnen lange Zeit eingesperrt, etwas, was nun schließlich freigesetzt wird. Dies ist eine der Möglichkeiten, jene Angststarre zu lösen, die Sie als Kind vielleicht erlitten haben, und einige Ihrer angemessenen Abwehrreaktionen in der Praxis anzuwenden.

Da Sie an Methoden zum Selbstschutz arbeiten, sollten Sie die Verbindung zu Ihrer Gruppe von Verbündeten in der Oase herstellen, wann immer Sie zusätzliche Unterstützung brauchen. Lassen Sie die Koregulation mit diesen Menschen zu und genießen Sie den Vorgang. Während Sie leichter Unterstützung finden, innerlich umso mehr Festigkeit erlangen und auf jene Hilfsmittel zurückgreifen können, die Ihnen als Erwachsener zur Verfügung stehen, bemerken Sie vielleicht, wie Ihr Vater schrumpft und kleiner wird, während Sie weiter wachsen, wodurch die Bedrohung mit der Zeit schwindet.

Um es zu wiederholen: Sie haben stets Zugang zu all ihren liebevollen Verbündeten. Vielleicht beobachten Sie, wie diese Sie umarmen, abklatschen, mit tiefer Zuneigung und Freundlichkeit betrachten. Mit ihnen sind Sie sicher, werden Sie wahrgenommen und geschätzt. Fühlen Sie ihren Beistand so intensiv wie möglich, und kehren Sie ruhig zu der mit Verbündeten gefüllten Oase zurück, sobald Sie ihrer bedürfen. Dort haben Sie Ihr sicheres Bindungsnetzwerk, das immer auf Ihrer Seite ist.

> Kurz vor Abschluss der Übung fühlte sich meine Klientin Rosa so viel sicherer in der Erfahrung, sich gegen ihre wütende Mutter zu behaupten und die eigene Stärke wiederzugewinnen, dass sie den imaginären Film beendete, indem sie die Mutter aufforderte, sich zur Versöhnung neben sie zu setzen. Mit einem Mal vermochte sie ihr ohne Angst nah zu sein. Diese Heilung führte dazu, dass sie ihren sicher gebundenen Verlobten wirklich annehmen und die gemeinsamen Heiratspläne in die Tat umsetzen konnte.

Ich hoffe, dieses Kapitel hat Ihnen einige Wege aufgezeigt, sich selbst und die Menschen, die Ihnen am Herzen liegen, besser zu verstehen. Idealerweise werden Sie sich in Ihren Beziehungen nicht mehr so seltsam oder aufgewühlt fühlen wie früher, mit manch neuen Hilfsmitteln weiter voranschreiten können und weniger in den üblichen Mustern stecken bleiben, die weder Ihnen noch Ihrem Partner dienen. Gewiss, Sie tragen Ihre Erinnerungen an vergangene Geschehnisse mit sich, aber da Sie Schmerz und Kummer auf verkraftbare Weise empfinden und mit einbeziehen, mögen sie nicht mehr allzu beunruhigend sein. Sie sind dazu bestimmt, innerlich zu genesen – die sichere Bindung ist Ihnen angeboren. Auf diese biologische Weisheit können Sie sich stützen. Sie können lernen, dank der Fähigkeiten zur sicheren Bindung sowie der damit einhergehenden Verhaltensweisen und Perspektiven aktiv zu werden, und sich an all dem erfreuen, was sie Ihnen bieten.

Die Lektüre dieses Kapitels mag Ihnen vieles zu Bewusstsein gebracht haben. Aber immer mit der Ruhe! Versuchen Sie, keine harten Urteile über sich zu fällen. Die desorientierte Bindung kommt weitaus häufiger vor, als man es erwartet. Nicht von ungefähr erklärte der klinische Psychologe und Autor David Wallin, zahlreiche Therapeuten hätten, zumindest situationsbedingt, eine Art von unbewältigter desorientierter Bindung; wer sich mit diesem Bindungstyp identifiziere, sei also in guter Gesellschaft.[41]

Desorientierte Bindung kann für alle Beteiligten kompliziert und frustrierend sein. Machen Sie daher kleine Schritte, und beginnen Sie, sich mit Personen und Situationen auseinanderzusetzen, die sich »handhaben« lassen. Versammeln Sie Menschen um sich, die sich als wahre Verbündete erwiesen haben, und pflegen Sie diese Beziehungen, so gut Sie können. Das Vertrauen in ein sicheres Hilfsnetzwerk ist notwendig, um zu lernen, wie man sich wirksamer selbst reguliert, und schließlich jener sicheren Bindung teilhaftig zu werden, die unser Geburtsrecht ist.

Sie können sich diese Fähigkeiten aneignen. Sie können sowohl sich selbst als auch zusammen mit anderen regulieren. Sie können lernen, sich sicher zu fühlen. Sie können die Brücke zurück zur sicheren Bindung überqueren.

FRAGEN ZUR BEURTEILUNG DER DESORIENTIERTEN BINDUNG

- *Empfinden Sie intime Beziehungen als gefährlich?*
- *Werden Sie manchmal starr oder unbeweglich in Beziehungen mit anderen – und haben das Gefühl, in keinerlei Richtung gehen zu können?*
- *Quälen Sie sich oft mit gemischten, widersprüchlichen Signalen herum (etwa »Komm her!« und zugleich »Geh weg!«)?*
- *Verspüren Sie bisweilen eine unerklärliche Angst, sobald Sie mit anderen eine bestimmte Ebene der Nähe erreichen?*
- *Zeigen Sie eine übertriebene Schreckreaktion, wenn jemand unerwartet auf Sie zukommt?*

- *Haben einige Leute sich schon darüber beklagt, Sie seien kontrollsüchtig?*
- *Meinen Sie, enge Beziehungen könnten eine Fehlregulation auslösen, die kaum zu beherrschen sei?*
- *Haben Sie Mühe, sich in Gegenwart Ihres Partners sicher zu fühlen, selbst wenn ein wesentlicher Teil von Ihnen weiß, er ist vertrauenswürdig?*
- *Kommt es häufig vor, dass Sie sich in Beziehungen abgrenzen, abkapseln oder in Verwirrung geraten?*
- *Fällt es Ihnen schwer, sich an frühere Beziehungen zu erinnern oder über die Gefühle zu sprechen, die Sie damals empfanden?*
- *Haben Sie manchmal erhebliche Gedächtnisblockaden und können sich an bestimmte Zeiträume oder Ereignisse nicht mehr erinnern?*
- *Erleben Sie plötzlich unvorhersehbare Stimmungswechsel (zum Beispiel von Freude und Glück zu Angst und Wut)?*
- *Wenn ein äußerer Anlass bei Ihnen heftige emotionale Reaktionen auslöst, werden Sie dann wegen irgendwelcher komplizierter Anleitungen und Vereinbarungen angespannt oder verwirrt?*
- *Fühlen Sie sich bisweilen zum Scheitern verurteilt und unfähig, Probleme zu lösen?*
- *Haben Sie schon einmal die tiefe Sehnsucht empfunden, mit anderen in Verbindung zu treten, ihnen dann aber unerklärlicherweise rasch entfliehen wollen?*

Bindungstypen und Liebesbeziehungen

Im letzten Kapitel dieses Buches möchte ich einen Blick darauf werfen, wie wir unser Wissen über sichere und unsichere Bindung anwenden können, um unsere Beziehungen zu verbessern, insbesondere unsere Liebesbeziehungen. Bisher habe ich gelegentlich schon entsprechende Vorschläge unterbreitet, aber jetzt werden wir genauer nachforschen und einige Möglichkeiten untersuchen, Liebesbeziehungen durch die Linse der Bindungsformen zu betrachten. Zunächst möchte ich voller Anerkennung erwähnen, wie viel ich von Stan Tatkin und Tracey Boldemann-Tatkin gelernt habe, den Begründern des bereits erwähnten, äußerst effizienten, für Therapeuten entworfenen Trainingsprogramms PACT, ein Akronym für *Psychobiological Approach to Couple Therapy* (»Psychobiologische Methode zur Paartherapie«). Stan Tatkin hat ausgezeichnete Bücher geschrieben. Mehrere seiner Titel sind im Literaturverzeichnis am Ende dieses Buches aufgeführt. Außerdem ist dieses Kapitel stark beeinflusst von der hervorragenden Arbeit, die Amir Levine und Rachel Heller geleistet haben, Autoren des Buchs *Warum wir uns immer in den Falschen verlieben.*[42] Darin beschreiben sie in sehr verständlicher und einfühlsamer Weise die Herausforderungen und Konsequenzen des sicheren, vermeidenden und ängstlichen (ambivalenten) Bindungstyps, ebenso wie die Dynamik der Beziehungen zwischen ihnen.

Mittlerweile sind Sie vertraut damit, welche Auswirkungen ein Trauma auf Beziehungen hat, vor allem wenn es sich früh im Leben ereignet. Darüber hinaus ist zu bedenken, dass erschütternde Geschehnisse im Erwachsenenalter (wie etwa mein Autounfall) starke emotionale Reaktionen hervorrufen können, innere Abgrenzung und den Verlust grundsätzlicher Bodenhaftung. Wie in der Einleitung ausgeführt, bin ich zu der Überzeugung gelangt, dass eine Definition von Trauma – außer den Kennzeichen schreckliche Angst, Kontrollverlust und völlige Hilflosigkeit – zusätzlich den Aspekt der *zerbrochenen Verbindung* enthalten sollte. Demnach erfolgt die Heilung in Form einer Wiederverbindung – zu unserem Körper, Bewusstsein und Geist, aber auch zu anderen Menschen (besonders zu jenen, die uns am nächsten sind), zum Planeten Erde, den wir miteinander teilen, und zur Welt jenseits davon. Wir müssen unser Gefühl von Abhängigkeit, Unabhängigkeit und wechselseitiger Abhängigkeit wiedererlangen und zugleich die Verbundenheit mit der gesamten Menschheit entdecken und erfahren. Und gerade weil wir nicht in völliger Abkapselung genesen können, *brauchen* wir auf diesem Weg der Heilung die anderen. Im Erwachsenenalter gehören dazu gewöhnlich unsere Liebespartner oder engsten Freunde, die so zu unseren primären Bindungsfiguren werden.

Idealerweise wachsen wir zu sicher gebundenen Menschen heran, dazu sind wir bestimmt. Wenn in früher Kindheit alles überwiegend richtig läuft, sehnen wir uns nach Verbundenheit und sind empfänglich für andere. Wir erwarten, dass Menschen im Allgemeinen bejahend, dankbar, förderlich, liebevoll und zugänglich sind. Unsere nachhaltig prägende Umgebung ist prosozial, also sind wir gewohnt, unsere Bedürfnisse zum Ausdruck zu bringen und auf andere zu reagieren, sobald sie es ebenfalls tun. In erwachsenen Beziehungen erfahren wir dann Wohlbefinden und Gegenseitigkeit, Sicherheit und Vertrauen, Präsenz und Geborgenheit. Wenn Missklänge entstehen, nehmen wir sie wahr, sind bereit, Konflikte zu klären, bemühen uns mit Einfühlungsvermögen und Mitgefühl, den Einklang wiederherzustellen, oder kommen selbst in den Genuss solcher Bemühungen. Und obwohl die Umstände manchmal beschwerlicher sind, gehen wir normalerweise doch nicht durchs Leben, indem wir die Verbindung zu Menschen meiden; und wenn wir uns mit ihnen verbinden, sind wir nicht ständig in Sorge um diese Beziehungen. Wir können uns mit anderen im Beziehungsfeld entspannen, fühlen uns aber auch allein wohl. Wir sind fähig, die Koregulation auszukosten und uns ebenso durch Selbstregulation zu beruhigen.

Natürlich läuft es nicht immer ideal. Wir haben bereits verschiedene Faktoren hinter den unterschiedlichen Bindungstypen – vermeidend, ambivalent und desorientiert – betrachtet, aber das Geschehen spielt sich nicht nur zwischen Eltern und Kindern ab. Im Folgenden sind einige weitere Aspekte genannt, die dazu beitragen, wie und warum wir die Bindungstypen entwickeln, die wir gegenwärtig verkörpern:

Beziehungsstabilität: Kinder saugen alles auf, was zwischen ihnen und den Eltern passiert, sie werden jedoch auch ziemlich stark durch die Wechselbeziehungen zwischen ihren Bezugspersonen beeinflusst. Wenn die Elternteile nicht liebevoll miteinander umgehen, sich nicht gegenseitig unterstützen, wird das die Fähigkeit des Kindes beeinträchtigen, ein Gefühl von sicherer Bindung zu empfinden.

Zwischenmenschliche Unterstützung: Die Umgebung, in der ein Kind aufwächst, wird seinen Bindungstyp nachhaltig prägen. Im besten Fall erhält die Mutter die nötige Unterstützung schon während der Schwangerschaft, dann in der Stillzeit, und beide Elternteile verfügen über genügend Beistand – voneinander, von Familienmitgliedern, Freunden oder Babysittern.

Medizinische Prozeduren: Mutter und Kind mögen zusammen ein Geburtstrauma erleben, oder eine Krankheit muss bekämpft werden, die zu Unterbrechungen in der Bindung führt. Vielleicht kommt das Kind zu früh zur Welt (und muss eine Zeit lang im Brutkasten bleiben) oder bedarf während der ersten Lebensmonate eines operativen Eingriffs. Oder ein Elternteil erkrankt und muss ins Krankenhaus eingeliefert werden. Unter solch ungelegenen Umständen sind Trennungen unvermeidlich, und diese können sich schädlich auf das Bindungsmuster auswirken.

Temperament: Noch vor der Geburt des Kindes hängt viel von seiner Veranlagung ab. Das hat natürlich mit der Genetik zu tun (einschließlich der Epigenetik gemäß den generationsübergreifenden Mustern) wie auch damit, was während der Schwangerschaft zwischen Mutter und Kind geschieht. Dennoch kommen selbstverständlich einige Kinder mit einem unbeschwerten Temperament in die Welt, andere hingegen mit erhöhter Erregbarkeit – oder sind einfach komplizierter und empfindlicher.

Umweltbedingungen: Ungeachtet der Qualität der Erziehung, die Kinder erhalten, werden sie rund um den Globus in unterschiedliche gesellschaftliche Verhältnisse geboren: äußerste Armut, Krieg oder kulturelle Unterdrückung unterschiedlicher Art. Auch das kann einen tiefgreifenden Einfluss darauf ausüben, welchen Bindungstyp sie entwickeln. Doch man sollte nicht vergessen, dass widrige Bedingungen nicht immer unsichere Bindungen zur Folge haben. Wiewohl Obdachlose täglich um ihr Überleben kämpfen, kümmern sie sich oft umeinander mit unglaublicher Großzügigkeit. Mitglieder von Gemeinschaften mit niedrigerem Einkommen sind gewöhnlich eng miteinander verbunden und gezielt voneinander abhängig. Und in Kriegszeiten schließen sich Menschen zusammen, um selbst in schrecklichen Verhältnissen mit heiler Haut davonzukommen.

Andere Beziehungen und Lebensereignisse: Wir werden durch jede unserer Beziehungen beeinflusst. Sie tragen dazu bei, uns auf die eine oder andere Art zu formen. Wenn wir mit sicherer Bindung einen Partner heiraten, der Missbrauch treibt, mögen wir diese verlieren und uns auf die desorientierte Anpassung zubewegen. Sind wir dagegen vermeidend oder ambivalent und genießen die Gesellschaft eines sicher gebundenen Partners, können auch wir uns mit der Zeit der sicheren Bindung annähern. Womöglich ist es eine größere Herausforderung, von der desorientierten Anpassung zur sicheren überzugehen, aber alle Bindungstypen profitieren in hohem Maße davon, die Fähigkeiten, Verhaltensweisen und Einstellungen hinsichtlich der sicheren Bindung zu lernen und einzuüben. Darüber hinaus lebt jeder von uns in seinem eigenen Rhythmus von Erfolgen und Anfechtungen, und diese werden zum Teil darauf einwirken, wie wir Beziehungen auf emotionaler und physiologischer Ebene erfahren.

Welche unsicheren Neigungen wir auch haben – mithilfe der Aufrichtigkeit kommen wir damit zurecht. Wir können unser ursprüngliches Beziehungsmuster nicht bewusst wählen. Wir entscheiden nicht, einen bestimmten Bindungstyp in unserem Körper zu verankern oder eine spezielle Reihe präverbaler impliziter Erinnerungen zu besitzen. Wir beschließen nicht, gewisse Handlungsweisen auf andere und die Welt zu projizieren oder inflexible Vorstellungen zu haben, wie Beziehungen aussehen oder aussehen sollten oder verlaufen werden. Wir suchen uns all das nicht aus, weil ein beträchtlicher Teil davon in der präverbalen Phase herausgebildet wird, bevor unser Gehirn in der Lage ist, die Erfahrung in eine Erzählung umzuwandeln oder sich überhaupt zu erinnern. Wir können jedoch den Vorsatz fassen, etwas dagegen zu tun.

Außerdem ist es meines Erachtens wichtig, die verborgene Intelligenz unserer Bindungstypen anzuerkennen und den Wert zu würdigen, der selbst noch den unsicheren Anpassungsformen innewohnt. Es gab Zeiten in unserer evolutionären Entwicklung, da unmittelbar Gefahr drohte und die Mittel, sich ihrer zu erwehren, begrenzt waren. Also mussten wir kämpfen, enorm selbstständig und auf unseren eigenen Schutz bedacht sein, um nicht den Tod zu riskieren. Dann wieder gab es Zeiten, in denen wir anderen äußerst nah kommen, uns auf sie einstellen und überaus einfühlsam sein mussten, um zu überleben.

Das Verständnis für die Faktoren hinter unseren Bindungsanpassungen ist deshalb so bedeutsam, weil wir uns selbst nicht durch irgendwelche Beurteilungen oder Bezeichnungen, die wir uns anheften, herabsetzen, gefangen fühlen oder weiter verletzen sollten. Vergessen Sie nicht: Diese Anpassungen sind lediglich Ausgangspunkte. Wir alle sind unwiderruflich programmiert auf sichere Bindung, Heilung, wesentliche Unversehrtheit und können auf das angeborene Potenzial vertrauen, diesen Zustand wiederzuerlangen, eben auch indem wir uns die Fähigkeiten zur sicheren Bindung aneignen. Wenn unser frühes Bindungsmuster Chaos anrichtet in unseren erwachsenen Beziehungen, hilft es, sich daran zu erinnern, dass wir weder feststecken noch verloren sind. Sobald wir wissen, was eine sichere Bindung ist, wie es sich anfühlt, eine verlässliche Beziehung zu haben, können wir die dafür notwendigen Fähigkeiten einüben, empfänglicher und vertrauensvoller werden, mehr Risiken eingehen und das Zusammensein mit anderen viel tiefer genießen, als wir es uns je hätten vorstellen können. Während wir das Vermögen zurückgewinnen, eine sichere Bindung aufzubauen, wächst unsere Fähigkeit, Liebe zu empfangen und zu schenken, immer weiter. Statt uns selbst oder unserem Partner die Schuld zuzuschreiben, verkörpern wir zunehmend Einsicht und Mitgefühl gegenüber dieser menschlichen Reise, die wir »Beziehung« nennen.

Paare mit sicherer Bindung

Wenn Sie sicher gebunden sind, bringen Sie damit in jede Beziehung eine besonders kostbare Eigenschaft und ein hohes Maß an Aufnahmefähigkeit ein. Immer wieder sind es sicher gebundene Menschen, die in einer Liebesverbindung zusammenkommen, weil sie sich auf natürliche Weise anziehen, als wäre zwischen ihnen eine magnetische Kraft wirksam. Und ich muss Ihnen sagen: Mit solchen Paaren umzugehen ist die reinste Freude. Stan Tatkin erklärt, wie wichtig es sei, solche »Mentorenpaare« zu finden – ein Ausdruck, den er Marion Solomon verdankt.[43] Mit diesen Paaren Zeit zu verbringen ist eine großartige Möglichkeit, bei sich selbst das Gefühl für sichere Bindung zu festigen, vor allem wenn man sie in anderen Beziehungen nur selten erlebt hat. Je öfter man sich in der Nähe von sicher gebundenen Personen aufhält, desto besser kann man lernen, die von ihnen offenbarten Qualitäten in den eigenen Beziehungen zu verkörpern.

Einige der in diesem Zusammenhang wesentlichen Aspekte sind nachstehend zusammengefasst und zeigen die Beweggründe auf, warum sicher gebundene Personen sich für eine Partnerschaft entscheiden. Wählen Sie ein oder zwei der Merkmale aus, die Sie besonders ansprechen, und versuchen Sie, ihnen in Ihrer Beziehung gerecht zu werden:

Gegenseitige Anziehung und Bindung: Zunächst einmal fühlen sich diese Partner zueinander hingezogen. Ihre Beziehung gründet auf gegenseitiger Anziehung (statt auf Angst oder Sorge), und beide möchten wirklich zusammen sein. Sie investieren in die andere Person wie in die Beziehung selbst und binden sich relativ mühelos.

Grundsätzliche Gewogenheit und Wohlbefinden: Diese Partner sind nicht zuletzt auch enge Freunde. Ohne besondere Anstrengung erbringen sie Gegenleistungen und behandeln einander mit

Großzügigkeit. Sie verhalten sich so, als wären sie in einer ehrwürdigen Position, verantwortlich für das Wohlbefinden des Partners, und bauen darauf, dass er sie in der gleichen Weise versorgt. *Wohlbefinden* bedeutet ja nichts anderes, als dass man sich *wohlfühlt*. Sicher gebundene Partner nähren sich vom *Wohl* der Beziehung wie auch voneinander, um sich an der Gegenwart des anderen und der wechselseitigen Bestätigung zu erfreuen.

Achtsamkeit und Besonderheit: Diese Partner wissen, dass sie füreinander besonders sind, und lassen dies einander regelmäßig wissen. Sie geben aufeinander acht – legen Mobiltelefon und Tablet beiseite, wenn ihr Partner zu ihnen spricht (eingedenk der Mahnung von Kim John Payne: »Geräte können Uneinigkeit stiften …«[44]) –, und behandeln sich mit Würde. Immerzu sind sie empfänglich für die Bedürfnisse des anderen und haben Freude daran, begeistert und liebevoll einander Beistand zu leisten.

Humor und Vergnügen: Wie Sie sich bestimmt vorstellen können, haben sicher gebundene Paare viel Spaß miteinander. Sie verfügen über Sinn für Humor und geben sich liebevolle Kosenamen. In ihrem Beisein fühlt man sich locker und unbeschwert, ihre entspannte Haltung ist deutlich spürbar. Sie erleben Abenteuer zusammen und mögen es, neue Erfahrungen miteinander zu teilen, was dazu beiträgt, die gegenseitige Anziehung aufrechtzuerhalten.

Koregulation: Solche Partner sorgen gut für sich selbst und empfinden einander zugleich als regulierend. Sie wissen, wie man durch wechselseitigen Austausch auf physischer, neurologischer und emotionaler Ebene hohe Erregungszustände dämpft und depressive oder lethargische Stimmungslagen mit Energie erfüllt. Mühelos besänftigen sie sich gegenseitig – in der unerschütterlichen Gewissheit, bei Bedarf und schon gar in der Not zum geliebten Menschen gehen zu können. Was immer in der Beziehung zum Vorschein kommt, bleibt in einem sicheren, resilienten und regulierten Umfeld.

Sicherheit und Risikobereitschaft: Mit dem Gefühl von Sicherheit in ihrer Verbindung und Intimität erlangen diese Paare mehr Selbstvertrauen, um einander zu stärken und sich gemeinsam in der Welt zu behaupten. Mit Offenheit und Neugier können sie ihr Leben erforschen, fühlen sich zu Hause sicher genug, um von dort aus wirklich aufzubrechen, Risiken einzugehen, neue Erfahrungen willkommen zu heißen und den Mitmenschen ihre Gaben anzubieten. Das klingt paradox, ist aber nachvollziehbar, wenn man genauer darüber nachdenkt. Je mehr Sicherheit wir in unseren Beziehungen erfahren, desto mehr vertrauen wir uns selbst, und das wiederum befähigt uns, noch autonomer zu werden. Amir Levine betont, dass wir ohne sichere Basis nicht im gleichen Maße zur Welt beizutragen imstande sind, eben weil wir es uns nicht leisten können, Risiken einzugehen.[45] Aus Angst vor Zurückweisung oder Mangel an Unterstützung bleibt viel Talent ungenutzt und wird vergeudet. In einer sicher gebundenen Partnerschaft hingegen wissen wir, dass der andere uns den Rücken freihält, und dadurch tut sich die Welt auf mannigfache Weise für uns auf. Auch innerhalb der Beziehung können die Partner Wagnisse auf sich nehmen und so ihre Intimität weiter vertiefen.

Zusammen und getrennt: Solche Partner wechseln leicht vom Zustand der Verbundenheit in den der Selbstständigkeit. Sie fühlen sich zusammen oder getrennt wohl, ja können beides miteinander kombinieren (indem sie zum Beispiel im selben Zimmer des Hauses schweigsam unterschiedlichen Beschäftigungen nachgehen). Ihr Beziehungsfeld gestattet viel Flexibilität und Bewegung, und gewiss achten sie in Gegenwart anderer Menschen die zwischen ihnen vereinbarten Grenzen wie auch die Privatsphäre des Partners.

Verbale Kommunikation: Diese Partner wissen, was den anderen gerade beschäftigt. Stan Tatkin wiederholt mehrfach: »Ihr Partner ist Ihre Ansprechperson; mit allen bedeutsamen Neuigkeiten oder Ereignissen in Ihrem Leben gehen Sie als Erstes zu ihr.«[46] Sicher gebundene Partner reden aufrichtig miteinander, bleiben durchschaubar, halten sich gegenseitig auf dem Laufenden und teilen wichtige Informationen zuerst unter sich. Sie erzählen einander ihre Sorgen, Enttäuschungen, Verluste, Erfolge und alle möglichen anderen Angelegenheiten, vermeiden Geheimnisse ebenso wie kleine Täuschungen (selbst Notlügen). Sie verwenden bestätigende Worte und sagen häufig: »Ich liebe dich«, senden sich Textnachrichten und telefonieren miteinander in Phasen räumlichen Getrenntseins. Tatkin zufolge bleiben diese Paare »angebunden«. So oder so finden sie eine Möglichkeit, die Verbindung hervorzuheben und füreinander da zu sein. Sie hören nachdenklich zu und stellen klärende Fragen, was die Kontingenz fördert, die Verbindung vertieft, und sind froh, ihre Gefühle und Bedürfnisse zum Ausdruck zu bringen.

Nonverbale Kommunikation: Tatkin weist darauf hin, dass man Paaren ansieht, ob und wann sie auf einer sicheren Bahn sind, weil sie sich dann verlässlich und liebevoll berühren (häufiges Händchenhalten und Umarmen), sich gegenseitig »zurechtmachen« (etwa Fussel oder Haare von der Schulter des Partners entfernen) und übereinstimmende Verhaltensweisen an den Tag legen (beide schlagen die Beine übereinander, wenn sie sich gegenübersitzen, neigen den Kopf in die gleiche Richtung und dergleichen mehr).[47] Sie bekunden ihre Liebe zueinander mit sanftmütigen Blicken, ihre Mienen sind empfänglich und ausdrucksvoll, außerdem bedienen sie sich eines melodischen Tonfalls, wenn sie miteinander sprechen. Wie an früherer Stelle bereits ausgeführt, signalisieren all diese Kennzeichen wesentliche Sicherheit, wodurch die Amygdala beruhigt und die Verbindung umso leichter hergestellt wird.

Konfliktlösung: Ich möchte keineswegs den Eindruck vermitteln, dass für sicher gebundene Paare immer alles perfekt läuft. Zwangsläufig tauchen Probleme auf – so ist das Leben einfach –, aber wenn dergleichen geschieht, diskutieren diese Partner bereitwillig darüber und finden Lösungen ohne große Umschweife und auf eine Art, die beide noch näher zusammenbringt. Während vermeidende Menschen dazu neigen, sich abzugrenzen und zu verschließen, ambivalente häufig in Klagen oder kontrollierende Fürsorglichkeit ausweichen und sich dabei selbst verlieren, desorientierte vielleicht in Zustände der Verwirrung, der Dissoziation oder der Angststarre verfallen, gehen sicher gebundene Personen gewöhnlich aufeinander zu, sobald Konflikte offen zutage treten. Sie mögen oft streiten, doch sie beschimpfen, beschuldigen oder beschämen sich nicht, drohen nicht damit, den Partner zu verlassen, und versuchen schon gar nicht, ihn zu zerstören. Im Allgemeinen sind sie aufnahmebereit und zugänglich, um einander zu verstehen, und weder in ihrer Einstellung noch in ihrem Verhalten unnachgiebig: Nötigenfalls können sie sich – ohne ihr Selbst aufzugeben – um der Beziehung willen ändern. In diesem Zusammenhang erteilt Stan Tatkin einen sehr nützlichen Rat, den Sie in Ihrem Leben einmal ausprobieren können: *Halten Sie Ihre Kämpfe kurz.* Egal, was passiert, legen Sie nach etwa fünfzehn Minuten eine Pause ein.[48] Dadurch wird verhindert, dass Ihr Gehirn die Unterbrechung oder Loslösung dem Langzeitgedächtnis einprägt, dass also solch meist negative Erfahrungen in einer Weise verinnerlicht werden, die den Partner eher als Feind denn als Ihr geliebtes Wesen erscheinen lässt.

Sicher gebundene Paare bemühen sich ganz selbstverständlich darum, noch in Phasen heftiger Meinungsverschiedenheit miteinander verbunden zu bleiben. Das verleiht ihnen ein Gefühl von Unerschütterlichkeit. Sie wissen, dass Konflikte eigentlich keine allzu große Sache sind, und werden bestärkt durch den Umstand, dass die Beziehung auf gegenseitigen Nutzen und Zusammensein ausgerichtet ist. Sie glauben an Win-win-Lösungen statt an Kompromisse. Und je mehr diese Paare die sichere Bindung verkörpern, bevor Konflikte ausbrechen, desto besser können sie damit umgehen, weshalb dann weitaus weniger häufig bei einem der Partner eine Bedrohungsreaktion ausgelöst wird.

Stabile Verbindung: Aus all den genannten Gründen (und etlichen mehr) geben sicher gebundene Paare ihre Beziehung normalerweise nicht ohne Weiteres auf. Oft bleiben sie sehr lange zusammen, denn ihr Engagement ist positiv und von Dauer. Natürlich finden Scheidungen statt, gewiss trennt der Tod die Menschen voneinander, aber es braucht schon einiges, um sicher gebundene Partner auseinanderzubringen. Das Zusammensein gewährt ihnen einfach so viele Vorteile.

Wahrscheinlich fehlen in dieser Liste zahlreiche Punkte, aber Sie verstehen, worum es geht. Vielen Menschen erscheint diese Art von sicherer Beziehung weit hergeholt oder unerreichbar. Doch die meisten von uns kennen zumindest ein Paar, das die oben geschilderten Eigenschaften verkörpert, wenigstens zum Teil. Versuchen wir in der folgenden Übung herauszufinden, was sich Marion Solomon unter »Mentorenpaaren« vorstellt und welche Lektionen wir von ihnen lernen können.

ÜBUNG MENTORENPAARE

Erinnert Sie die obige Liste an Paare, die Ihnen vertraut sind? Nehmen Sie sich einen Moment, um darüber nachzudenken. Welche Paare – die Sie kennen oder beobachtet haben – scheinen solche Eigenschaften aufzuweisen? Die jeweiligen Lebenspartner müssen nicht mit allen Details der Beschreibung übereinstimmen, aber wenn sie Ihnen in den Sinn kommen, sind Sie fasziniert von ihrer Verbundenheit und Heiterkeit, von der Geborgenheit, die sie einander schenken, und ihrem allgemeinen Wohlbefinden. Erübrigen Sie noch ein paar Minuten, um zu überlegen, wer in Ihren Augen die genannten Qualitäten am besten verkörpert. Auf Ihre Bitte hin sind diese sicher gebundenen Paare vielleicht bereit, Ihnen und Ihrem Partner als Mentoren zur Seite zu stehen, wenn Probleme Sie beide entzweien. Oder sie helfen Ihnen, mehr Lebendigkeit und Freude miteinander zu teilen und dadurch den Gegebenheiten, die Ihnen schon verfügbar sind, einen größeren Wert beizumessen. Welch eine großartige Quelle für nützlichen, bewährten Rat!

Einigen unter uns mag es schwerfallen, sich irgendjemanden dieser Art zu vergegenwärtigen. Falls das auch auf Sie zutrifft, denken Sie einfach an sicher gebundene Paare in Romanliteratur, Film oder Fernsehen. Ich habe bereits den Film »Brooklyn – Eine Liebe zwischen zwei Welten« erwähnt. Es gibt einen weiteren mit dem Titel »Lion – Der lange Weg nach Hause«, in dem sich ein junger Mann auf die Suche nach seiner leiblichen Mutter begibt, während er zugleich seine Adoptivmutter liebevoll behandelt und tröstlich auf sie einwirkt. Die beiden Familien öffnen ihre Herzen füreinander – und das ist eine eindrucksvolle filmische Darstellung der sicheren Bindung. Ihr zuliebe brauchen wir einige Informationen, ein wenig Vorbereitung, um zu erkennen, welche Beispiele

– egal, woher sie stammen – tatsächlich infrage kommen, und um die fabelhaften Qualitäten in jenen fiktiven Beziehungen näher in Betracht ziehen zu können. Lassen Sie all dies Gute tief in sich eindringen. Nehmen Sie so viel wie möglich davon auf, und öffnen Sie sich weit genug, um durch die natürliche Kraft der sicheren Bindung verändert zu werden.

Sicherer und unsicherer Partner

Obwohl sicher gebundene Menschen dazu neigen, als Paar zueinanderzufinden, ist es doch keineswegs ungewöhnlich, dass jemand mit einem unsicher gebundenen Partner zusammenkommt. Für den Letzteren ist das so, als hätte er das große Los gezogen, denn die innige Beziehung mit einem sicher gebundenen Partner beschert ein hohes Maß an Beständigkeit und innerer Heilung, die ebenso bedeutsam wie kostbar sind. Der unsichere Partner zieht Nutzen daraus, dass er durch die stetige, gesunde Empfänglichkeit des anderen gleichsam umprogrammiert wird und – der Forschung zufolge – in der relativ kurzen Zeitspanne von zwei bis vier Jahren selbst zu einem wesentlich sicherer gebundenen Menschen werden kann.[49]

Es spielt wirklich keine Rolle, welcher Bindungstyp bei Ihnen vorherrschend ist – vermeidend, ambivalent oder desorientiert: Die innige Beziehung mit einer sicher gebundenen Person hat eindeutig Vorteile. Außerdem ist es ein enormer Gewinn, wenn beide Partner die Bereitschaft aufbringen, gemeinsam auf eine sichere Bindung hinzuarbeiten, indem sie die dafür notwendigen Fähigkeiten erlernen und einüben.

Unsicher gebundene Paare

Aus mehreren offenkundigen wie paradoxen Gründen fühlen sich naturgemäß auch unsicher gebundene Menschen zueinander hingezogen. Ziemlich häufig gehen vermeidende Personen und jene mit ambivalenter Anpassung eine Partnerschaft ein, oder einer der beiden Bindungstypen verbindet sich mit dem desorientierten. Das Zusammentreffen von Vermeidern und Ambivalenten kann sich allerdings schwierig gestalten, besonders wenn das Engagement für die Beziehung jeweils höchst unterschiedlich ist. Sobald Probleme auftauchen, finden Vermeider normalerweise Erleichterung und Sicherheit in der Distanzierung und Abkapselung, wohingegen Ambivalente gerade mehr Nähe wünschen. Es braucht ein beträchtliches Maß an innerer Schulung, mitfühlender Achtsamkeit und liebevoller Hingabe, um diese Kluft zu überbrücken, neigen doch die Partner dazu, im anderen die schmerzlichsten Verletzungen wieder aufzureißen und damit die Unsicherheit noch zu vergrößern.

Zwei vermeidende Menschen sind nur selten in einer Paarbeziehung, einfach weil sozusagen nicht genug »Klebstoff« vorhanden ist, um sie zusammenzuhalten. Beide sind derart darauf erpicht, die Aufmerksamkeit auf ihr Innenleben zu richten, dass es ihnen schwerfällt, eine solide Verbindung zur anderen Person herzustellen oder die eher labile Beziehung über längere Zeit aufrechtzuerhalten.

Desorientierte Partner wiederum erfahren das Zusammensein oft als Herausforderung, weil sie im anderen tendenziell starke emotionale Reaktionen auslösen. Wenn beide regelmäßig alarmiert und extrem gereizt oder niedergedrückt sind, betrachten sie das Gegenüber überwiegend als Feind und fühlen sich dann fast wie in einem Krisengebiet. Verständlicherweise wenden wir uns von Situationen ab, die gefährlich erscheinen (natürlich mit einigen Ausnahmen). Doch selbst zwei desorientierte Partner können eine funktionierende Paarbeziehung führen, wenn ihre Erregungszustände nicht immer gleichzeitig aktiviert werden und einer von ihnen relativ ausgeglichen bleibt. Falls er imstande ist, den ruhigen, sicheren und beständigen Part zu übernehmen, mag der aufgewühlte andere seine Gefühle von Bedrohung und Schrecken allmählich überwinden und um der Liebe und der Intimität willen das innere Band erneut knüpfen. Die Rolle, eine besänftigende Wirkung auszuüben, kann zwischen den Partnern hin und her wechseln.

•••

Diese Darlegungen sollten Ihnen eine flüchtige Vorstellung davon vermitteln, wie Paarbildungen mit unterschiedlichem oder gleichem Bindungstyp ablaufen, obwohl die Sache offensichtlich weitaus komplizierter ist, als ich sie hier in wenigen Abschnitten zusammenfassen kann. Wichtig ist vor allem die Lektion, mit dem Partner Ihrer Wahl optimal zu arbeiten, aber bevor ich dazu einige praktische Vorschläge anbiete, soll nichts überstürzt werden. Nehmen wir zunächst einmal an, dass Sie keinen Partner haben und sich einen wünschen. Darum geht es nun in dem folgenden Kapitel.

Einen Partner finden

In den meisten Fällen entscheiden wir uns für einen Lebenspartner infolge einer besonderen körperlichen Anziehung und aufgrund gemeinsamer Interessen und Werte, aber auch kulturelle Faktoren spielen eine Rolle – etwa der sozioökonomische Status, Familienbande, die ethnische Zugehörigkeit. Auf der ganzen Welt wird Frauen und Männern verschiedener Gemeinschaften von frühem Alter an vermittelt oder explizit beigebracht, wer als Partner oder Partnerin am ehesten geeignet ist, und dieses Ideal bestimmt dann größtenteils darüber, mit wem sie eine Bindung eingehen (oder, in gewissen Ländern, wer für sie ausgesucht wird). Leider führt diese Verfahrensweise nicht immer zum Erfolg, wie viele von uns bereits schmerzlich erfahren mussten. Um nur einige Merkmale zu nennen: Gutes Aussehen, sportliches Können oder stattliches Vermögen bedeuten nicht unbedingt, dass man die für eine Beziehung erforderlichen Fähigkeiten besitzt.

Außerdem fühlen wir uns unbewusst vielleicht zu Personen hingezogen, die mit unserem Beziehungsmuster aus der Kindheit übereinstimmen; und so verbinden wir uns mit jemandem, der »passt« wie ein Puzzleteil zum anderen und uns schließlich veranlasst, die bislang ungelösten Probleme mit den Eltern zu thematisieren. Zahlreiche Paartherapeuten betrachten diese Konstellation als Gelegenheit für beide Partner, innerlich zu genesen und weiter zu wachsen.

Unsicher gebundene Menschen finden jene mit sicherer Bindung manchmal langweilig, weil diese ihnen vermeintlich nicht genug Drama oder »Pep« zu bieten haben. Daher bemerken sie solche Kandidaten oft nicht als potenzielle Partner, was schade ist und eine entgangene Gelegenheit für sie bedeutet. Es kann also sinnvoll sein, mehr Zeit zu erübrigen und solche Personen, die auf den ersten Blick vielleicht nicht besonders aufregend wirken, genauer unter die Lupe zu nehmen und zu sehen, ob sie durchweg verfügbar sind, fürsorglich, liebevoll, loyal, unerschütterlich, präsent, empfänglich und beschützend. Derartige Eigenschaften sind auf Dauer weitaus wichtiger als die möglicherweise bloß kurzfristige Faszination, die von jemandem ausgehen mag. Sie könnten sich zum Beispiel über den familiären Hintergrund eines in Betracht kommenden Partners erkundigen: Hatte er sich bisher überwiegend in zuverlässigen Verbindungen positiv, hilfsbereit und konstruktiv, also prosozial verhalten? Das könnte sich als großes Plus erweisen.

Natürlich ist nichts verkehrt daran, dass Sie sich zu jemandem hingezogen fühlen; dennoch ist es in der Regel sinnvoll, einen potenziellen Partner auch auf Merkmale einer sicheren Bindung hin zu untersuchen, oder zumindest festzustellen, ob er bereit ist, sie sich anzueignen. Das erste Jahr einer Beziehung ist grundsätzlich eine große chemische Cocktailparty, die in unserem Körper stattfindet. Durch jeden von uns strömt das Hormon Oxytocin, dessen Funktion darin liegt, Bewunderung, Anziehung und Verbindung zu bewirken. Unglücklicherweise sind wir während dieser Phase oft blind gegenüber einigen wesentlichen Informationen über unseren Partner, auch gegenüber der Art, wie sich die Beziehung voraussichtlich entwickelt. Nicht von ungefähr betont Stan Tatkin, wie wichtig es sei, den Partner mit Freunden oder einem der erwähnten Mentorenpaare zu überprüfen, denn diese erkennen oft deutlicher, wie sich Ihre Beziehung gestaltet und wie sie sich entwickeln könnte.[50] Außerdem können Sie die Fähigkeiten für eine sichere Bindung einüben, um zu sehen, wie ein neuer Partner reagiert.

Der folgende Abschnitt handelt davon, wie Sie eine neue Beziehung Ihrer Wahl beginnen können – nämlich mit offenen Augen und »Werkzeugen«, die einsatzbereit sind. Sobald Ihnen bewusster wird, was für Sie in einer Beziehung wirklich zählt, können Sie auch klarer entscheiden, sie fortzuführen oder hinter sich zu lassen.

Das Positive suchen

An dieser Stelle des Buches wird mein Vorschlag, nach den Anzeichen sicherer Bindung zu forschen, keinesfalls eine Überraschung für Sie sein. Sicher gebundene Menschen haben jedoch kein bestimmtes Aussehen, noch nehmen sie an speziellen Aktivitäten teil, sie folgen keinen gewissen religiösen Traditionen und haben keine besonderen Autos oder Jobs. Sie verfügen nur über die natürliche Fähigkeit, Verbindungen herzustellen und entsprechende Gegenleistungen zu erbringen – und genau das ist es, wonach wir suchen sollten. Aber wie?

Ich empfehle eine eher »organische Herangehensweise« an die Partnersuche, damit sie sich weniger anstrengend gestaltet, dafür aber umso mehr Wirkung zeigt. Das heißt, fangen Sie klein an und werden Sie mit der Zeit »größer«, wobei Sie aber auch schon im »Kleinen« über die essenziellen Komponenten Ihres Vorhabens im Bilde sind und Ihr »Projekt« durchaus funktional ist ... Wenn Sie also daran interessiert sind, eine sicher gebundene Person oder zumindest jene zu finden, die sich in dieser Richtung weiterentwickeln möchte, um mit ihr das Leben zu verbringen, lade ich Sie ein, die nachstehenden Verfahrensweisen in Erwägung zu ziehen, von denen die meisten auf der Arbeit von Amir Levine und Rachel Heller beruhen,[51] hier aber in für unsere Zwecke modifizierter Form wiedergegeben werden:

Spielen Sie keine Spielchen: Vergessen Sie unaufrichtige Strategien. Der landläufige Rat fürs Dating lautet: »Lassen Sie nach der ersten Begegnung einige Zeit verstreichen, bevor Sie den nächsten Schritt unternehmen. Warten Sie ein bis zwei Tage, ehe Sie die erste Telefon- oder Textnachricht der anderen Person beantworten.« Wahrscheinlich verbirgt sich dahinter die Idee, dass man nicht *allzu* interessiert erscheinen sollte. Aber mit sicher gebundenen Menschen funktioniert das nicht. Diese wollen nämlich frühe Anzeichen der Verbundenheit wahrnehmen und haben keine Lust, irgendwelche Spielchen zu spielen. Falls Sie mit Ihrer von Anfang an empfänglichen und aufmerksamen Art jemanden vor den Kopf stoßen, ist es wohl eher so, dass der Betreffende *nicht* sicher gebunden ist.

Bringen Sie frühzeitig Ihre Bedürfnisse zum Ausdruck: Einige Leute macht es nervös, wenn sie in einem sehr frühen Stadium der Beziehung über ihre Bedürfnisse sprechen sollen. Sie befürchten, das könnte ihr Visavis »abtörnen«. Wer unsicher gebunden ist, hat vielleicht das Gefühl, die eigenen Bedürfnisse würden vom Gegenüber als belastend empfunden; also ist man vorsichtig. Ich empfehle, einen anderen Weg einzuschlagen, denn Sie müssen sich von früh an nach beständiger Aufnahmebereitschaft umsehen, erhalten aber vom Gegenüber nicht die notwendigen Informationen, wenn Sie ihm keine Gelegenheit dazu bieten.[52] Probieren Sie es einmal aus, und stellen Sie fest, wie Ihr potenzieller Partner damit umgeht, dass der Mensch an seiner Seite tatsächlich Bedürfnisse hat. Und wie steht es um Sie, sind Sie empfänglich für seine Bedürfnisse? All die Eigenschaften, um die es hier geht, können Sie auch bei sich selbst einer Prüfung unterziehen.

Schätzen Sie die Aufnahmebereitschaft ein: Sie können ziemlich viel über die andere Person herausfinden, indem Sie zur Kenntnis nehmen, wie lange sie braucht, um auf SMS, E-Mails und Anrufe zu reagieren. Es geht nicht darum, exakt Buch zu führen; außerdem ist es nicht realistisch, von Leuten immer eine sofortige Antwort zu erwarten – wir alle müssen arbeiten und etlichen weiteren Ansprüchen gerecht werden. Dennoch können Sie schon relativ bald gewisse Muster in der Aufnahmebereitschaft entdecken, und diese werden Ihnen tiefe Einblicke gewähren, wie sich der potenzielle Partner langfristig verhalten wird. Wenn er eine Verabredung absagen muss, entschuldigt er sich dann, erklärt die Gründe, legt einen neuen Termin fest? Oder lässt er Sie in der Schwebe?

Achten Sie darauf, wie Sie behandelt werden: Was passiert, wenn Sie zusammen ausgehen? Behandelt Ihr neuer Partner Sie in der Öffentlichkeit als jene besondere Person, die Sie sind, oder lässt er Sie links liegen und kritisiert Sie wegen jeder Kleinigkeit? Achten Sie außerdem auf Zeichen, die von seiner Seite das Gefühl von Geborgenheit vermitteln. Sie suchen nach Beweisen, dass er ein Interesse an Ihrer allgemeinen Sicherheit hat, Sie vor Schaden bewahrt und Sie weder im Stich lassen noch angreifen wird, sollten die Dinge ein wenig aus dem Ruder laufen. Vermeidet er verletzende Handlungen und unfreundliche Worte? Wie großzügig ist er? Wie oft unternimmt er den Versuch, Missverständnisse aus der Welt zu schaffen? Inwieweit bemerkt und wertschätzt er Ihre Bemühungen und Gesten der Zuneigung?

Gehen Sie gemeinsam auf Reisen: Falls Sie es einrichten können, sollten Sie für ein paar Tage zusammen wegfahren, sobald der richtige Zeitpunkt dafür gekommen scheint. Das ist eine großartige Möglichkeit, einige wichtige Details über Ihren Partner wie auch über die Beziehung selbst zu erfahren. Unterstützt er Sie bei der Vorbereitung, beteiligt er sich an den Kosten, und übernimmt auch er Verpflichtungen, hilft er beim Tragen des Gepäcks, oder engagiert er sich im gleichen Maße bei sonstigen Aufgaben? Möchte er bei Aktivitäten mitmachen, die Sie unternehmen, oder Sie nur zu solchen einladen, an denen ihm gelegen ist? Überprüfen Sie das Gleichgewicht zwischen der Zeit des Alleinseins und der Zeit des Zusammenseins. Verlaufen die Übergänge von diesem Zustand in jenen reibungslos oder sind sie von Anspannung und Konflikt begleitet? Muss der eine von Ihnen beiden viel öfter für sich sein als der andere? Übrigens sollte nichts von alledem als »endgültiger Beweis« bewertet werden; es handelt sich nur um wichtige Informationen, die Ihnen zu entscheiden helfen können, ob Sie in der Beziehung weiter vorankommen wollen.

Ziehen Sie die Konflikte in Erwägung: Meinungsverschiedenheiten, Verstimmungen und Auseinandersetzungen kommen in jeder Partnerschaft vor. Es ist von Vorteil, wenn solche Unstimmigkeiten früh auftauchen, denn sie liefern Ihnen vielerlei Hinweise darauf, welche Art von Beziehung Sie mit der betreffenden Person führen werden. Drückt diese sich so aus, dass es für Sie einen nachvollziehbaren Sinn ergibt? Entschuldigt sie sich oder übernimmt sie die Verantwortung für jenen Teil, den sie vielleicht zu dem Problem beigetragen hat? Ist sie daran interessiert, Ihren Standpunkt zu begreifen, oder meistens fest überzeugt, im Recht zu sein? Inwieweit ist sie gewillt, die mit der Zeit auftretenden kleineren oder größeren Risse zu kitten? Akzeptiert sie nötigenfalls Ihre Entschuldigung ohne Vorbehalt? Darüber hinaus können Sie herausfinden, ob sie zur Flexibilität und vielleicht sogar zur Verhaltensänderung bereit ist, wenn dies der Beziehung nutzt. Wie benimmt sie sich, sobald Konflikte ein bisschen hitzig und heikel werden – streitsüchtig und verletzend oder geduldig und rücksichtsvoll? Ich hoffe, es versteht sich von selbst, dass Sie hier zugleich Ihr eigenes Verhalten untersuchen sollten.

Achten Sie auf das Verbale und das Nonverbale: Schenken Sie der Sprache Aufmerksamkeit, deren Ihr möglicher Partner sich bedient, um seine Gefühle und Ansichten zu äußern. Hören Sie zudem auf den Tonfall seiner Stimme. Ist er weich und melodisch oder eintönig und streng? Betrachtet er Sie mit Liebenswürdigkeit und Wertschätzung? Sind seine Gesichtszüge beweglich und ausdrucksvoll? Auf welche Weise vermittelt er durch seine Berührungen Zuneigung und Sicherheit? Denken Sie an das, was Sie in diesem Buch schon gelesen haben, und achten Sie genau, mit großem Interesse auf Sprache, Tonfall, Blickkontakt, Mimik und Gestik Ihres Partners.

Warnzeichen

Darüber hinaus möchte ich Ihnen einige Signale nennen, die andeuten, ob der andere zur vermeidenden, ambivalenten oder desorientierten Bindung neigt. Die folgenden Zusammenstellungen für den vermeidenden und ambivalenten Typus gehen zum Teil auf jene von Amir Levine und Rachel Heller zurück.[53] Sie sind nicht vollständig, und keiner der Punkte sollte herangezogen werden, um Ihr Gegenüber rundweg abzulehnen. Bitte treffen Sie aufgrund von ein oder zwei unguten Erfahrungen keine überstürzten Entscheidungen, sondern achten Sie einfach auf Hinweise und Muster, die sich auf Ihrem Weg zu erkennen geben. Es handelt sich hierbei lediglich um Informationsmaterial, das zu berücksichtigen wäre, wenn Sie den größeren Zusammenhang Ihrer Beziehung untersuchen und beschließen, inwieweit Sie sich in die gemeinsame Zukunft einbringen möchten. Andere Menschen genau zu beobachten braucht Zeit, Aufmerksamkeit und Geduld. Eine problematische (oder für Sie inakzeptable) Reaktion Ihres potenziellen Partners mag eine Störung anzeigen; es kann aber ebenso gut nur ein eingefahrenes Verhaltensmuster sein. Am wichtigsten ist, jemanden zu finden, der die Offenheit und die Bereitschaft hat, auf eine sichere Bindung hinzuarbeiten (ob er diesen Ausdruck kennt oder nicht). Das Glück, einen Menschen mit solch engagierter Neigung zu entdecken, ist mit Gold nicht aufzuwiegen.

Anhand folgender Merkmale können Sie womöglich Menschen mit *vermeidender* Anpassung erkennen:

- Ihr Partner schreckt zurück, wenn Sie die eigenen Bedürfnisse zum Ausdruck bringen. Mit anderen Worten: Er betrachtet diese als ein Problem.

- Solche Personen glauben, ihre Bedürfnisse am besten selbst stillen zu können.

- Oft haben Sie das Gefühl, ihnen die Wörter mühsam entlocken zu müssen. Schlimmstenfalls wirken sie geheimnistuerisch und verschlossen.

- Gewöhnlich verhalten sie sich distanziert. Sie brauchen viel Raum, und dieses Bedürfnis scheint noch größer zu werden, je weiter die Beziehung sich entwickelt und je näher Sie sich kommen.

- Regelmäßig verschwinden sie von der Bildfläche und antworten nicht in irgendeiner konsequenten Weise auf Ihre Textnachrichten oder Anrufe.

- In ihrem Fall erzeugt Nähe nicht noch mehr Nähe. Haben sie mit jemandem Nähe geteilt, ziehen sie sich alsbald wieder zurück.

- Ständig sind sie negativ, mäkelig, abweisend. Dieses Verhalten richtet sich insbesondere gegen Sie.

- Sie idealisieren frühere oder träumen von künftigen Partnern. Erst nachdem sie einigen Abstand von vergangenen Beziehungen gewonnen haben, finden sie Zugang zu der Liebe und Verbundenheit, die sie damals vielleicht empfanden, weil nun der Druck von ihrem Bindungssystem gewichen ist. Und auch wenn sie sich den perfekten künftigen Partner vorstellen, beschäftigen sie sich nicht im Hier und Jetzt mit ihrem Bedürfnis nach Distanz, die ihnen das Gefühl von Sicherheit vermittelt. In beiden Szenarien müssen sie sich nicht mit den konkreten Gegebenheiten einer bestehenden Beziehung, also in der aktuellen Situation auseinandersetzen.

- Sie scheinen unrealistische Auffassungen von Liebesbeziehungen zu haben. Deren ganz normale Höhen und Tiefen überraschen und verwirren sie, weshalb sie oft nicht lösungsorientiert und konstruktiv mit Konflikten umgehen können.

- Sie sind nicht bereit, ihre Zuneigung zu bekunden oder sich in aller Offenheit festzulegen. Häufig halten sie Berührungen und verbale Bestätigungen zurück. Der Satz »Ich liebe dich« oder andere Äußerungen der Zuneigung, Wertschätzung und Fürsorglichkeit kommen ihnen nur schwer über die Lippen.

Personen mit *ambivalenter* Anpassung lassen sich hingegen anhand folgender Merkmale identifizieren:

- Im Allgemeinen wirken ambivalente Menschen unsicher oder anhänglich. Da es ihnen am Sinn für Personenpermanenz beziehungsweise -konstanz mangelt, brauchen sie dauernd in der einen oder anderen Form Ihre Zusicherung, dass Sie stets für sie da sind.

- Diese Menschen haben eine Neigung zur Eifersucht. Immer wieder suchen sie nach Beweisen, dass sie im Stich gelassen werden, und verdächtigen Sie eventuell der Untreue, selbst wenn das jeglicher Grundlage entbehrt.

- Sogar nach einiger Zeit fällt es Ihrem Partner schwer, Ihnen zu vertrauen. Er möchte Ihre Gespräche mithören, Ihre Textnachrichten durchsehen oder Ihre E-Mails lesen, um einen Nachweis dafür zu entdecken, dass Sie an jemand anderem mehr interessiert sind.

- Solche Personen sind allzu sehr fixiert auf Sie und zu wenig bei sich selbst. Unter Umständen vernachlässigen sie sich, wollen zugleich aber Sie exzessiv umsorgen und damit an sich binden.

- Sie spielen Spielchen, führen über alles Buch, handeln manipulativ und scheinen Streit zu provozieren. Manchmal stoßen sie Sie unabsichtlich weg – aus Angst, von Ihnen zurückgewiesen zu werden, auch wenn an Ihrem Engagement für die Beziehung keinerlei Zweifel besteht.

- In regelmäßigen Abständen können sie äußerst emotional reagieren – traurig werden, enttäuscht sein oder wütend auf Sie – und so das offenkundige Zerwürfnis zwischen Ihnen noch vertiefen.

- Ihre Ambivalenz mag sich dadurch ausdrücken, dass sie erst Ihre Nähe wünschen und Sie dann wegstoßen.

- In einem fort beklagen sie sich und ignorieren Ihr fürsorgliches Verhalten, weil ihr Signalruf aktiviert bleiben muss. Womöglich reden sie übermäßig viel, um sich verbunden zu fühlen.

- Da es ihnen Probleme bereitet, frühere Verletzungen oder Konflikte in der Beziehung auf sich beruhen zu lassen, können sie sich nicht auf die heute notwendigen Lösungen besinnen.

Und an Folgendem erkennen Sie womöglich Personen mit *desorientierter* Anpassung:

- Achten Sie auf die extremen, mit Angst vermischten Schwankungen im Verhalten, die für vermeidende und ambivalente Menschen aufgelistet wurden. Zum Beispiel halten sie sich von Ihnen fern, brauchen dann aber wieder viel Aufmerksamkeit und Bestätigung. Außerdem haben sie mit ihrer Abwehrhaltung und Fehlregulation zu kämpfen.

- Diese Personen kennen die Angststarre, wirken isoliert und haben vielleicht auffällige Gedächtnislücken. Manchmal beginnen sie Sätze, brechen ihren Redefluss dann plötzlich ab oder sprechen in einer Weise, die kaum nachzuvollziehen ist, weil sie Zeitformen durcheinanderbringen oder Wörter auslassen.

- Sie zeigen starke Gefühlsreaktionen, die wie aus dem Nichts auftauchen. Oft ist nur schwer nachzuvollziehen, was sie derart sprunghaft in Aufregung versetzt.

- Sobald sie »getriggert« werden, geraten sie in Verwirrung und können nicht einmal mehr einfache Entscheidungen treffen. Es mag helfen, ihnen weniger Wahlmöglichkeiten zu bieten und diese deutlich zu beschreiben.

- In einem gewissen Stadium der Beziehung werden sie vielleicht von einem unerklärlichen Schrecken erfasst, besonders infolge zunehmender vertrauensvoller Nähe und Sicherheit mit Ihnen.

Wenn Sie auf der Suche nach einer langfristigen Partnerschaft sind, mögen diese Kriterien Ihnen bei der Auswahl helfen. Das Wissen darüber, was Sie möglicherweise erwartet, soll Ihnen helfen, bessere Entscheidungen für sich selbst zu treffen, und hoffentlich dazu beitragen, zu viele absehbare Herausforderungen zu vermeiden. Außerdem wäre es geradezu »vorbildlich«, wenn Sie die Fähigkeiten zur sicheren Bindung unter Beweis stellten und dem Partner Ihr wachsendes inneres Potenzial nach besten Kräften kundtäten. Vergessen Sie nicht, wie wichtig es für beide Partner ist, sich ihrer Stärken und Grenzen voller Mitgefühl bewusst zu sein und stets die Bereitschaft aufzubringen, die Fähigkeiten zur sicheren Bindung zu erlernen oder weiter einzuüben.

Sobald Sie in einer festen Beziehung sind, wird Sie der folgende Abschnitt dabei unterstützen, Ihre Zufriedenheit zu steigern und die Verbindung noch zu vertiefen.

Die Beziehung sicherer machen

Sobald Sie mit einem anderen Menschen eine feste Beziehung eingehen, bedeutet dies, dass Sie beide nun füreinander die primäre Bindungsfigur sind. Dies gilt auch, wenn Sie einen Konflikt austragen, miteinander unglücklich sind oder sich an verschiedenen Orten aufhalten. Erinnern wir uns: Auf einer grundsätzlichen Ebene orientieren wir uns an der primären Bindungsfigur. Wir sind dafür geschaffen, verbunden zu sein, unser ganzes Leben lang; das schwindet niemals. Daher ist es ratsam, dieses Band zu unserer Bezugsperson in gutem Zustand zu halten und es mit der Zeit weiter zu festigen.

Natürlich können wir uns irgendwann von einem negativen Einfluss befreien, eine Beziehung hinter uns lassen und einen neuen Partner finden, der dann zu unserer neuen primären Bindungsfigur wird. Außerdem sind wir imstande, in unseren Beziehungen mit anderen Menschen die eigene Anpassung in Richtung der sicheren Bindung nach und nach zu ändern, insbesondere wenn wir uns die dazugehörigen Fähigkeiten aneignen. Wir alle sind in der Lage, unseren Partner und uns selbst mit mehr Mitgefühl zu verstehen und zu lernen, wie wir sicherer zusammenleben.

In dieser Hinsicht ist die bereits erwähnte Arbeit von Stan Tatkin und Tracey Boldemann-Tatkin von großer Wichtigkeit. Da unsere ursprünglichen Bindungen so bedeutsam sind, müssen wir unseren Partner gut kennen, über die Gabe verfügen, ihn aufzumuntern, wenn er niedergeschlagen ist, ihn zu beruhigen, wenn er angespannt ist, und unser Bestes dazu beitragen, damit er sämtliche Herausforderungen des Lebens bestehen kann. Natürlich möchten wir auch, dass er uns Aufmerksamkeit schenkt und sich um uns kümmert, denn beide Partner haben die heilige Pflicht, das Wohl des anderen zu fördern. Im Idealfall bemühen sie sich, einander zu koregulieren und zu unterstützen in allem, was zur Selbstberuhigung notwendig ist.

Ich hoffe, ich konnte vermitteln, wie eine sichere Bindung aussieht und auf welche Weise Sie die dazu erforderlichen Fähigkeiten für sich und für andere im Alltag anwenden können. Hier werde ich diese nicht wiederholen, empfehle aber, sie mit jedem Menschen auszuprobieren, der Ihnen am Herzen liegt. Zunächst mag ebenso die Betrachtung hilfreich sein, in welcher Weise man mit einem Partner umgeht, der eine der Formen unsicherer Bindung zum Ausdruck bringt, und die Beziehung gemeinsam weiterentwickelt.

Sich mit einem vermeidenden Partner weiterentwickeln

Personen mit vermeidendem Bindungstyp haben bekanntlich in frühen Jahren eine gewisse Vernachlässigung oder gar direkte Ablehnung durch ihre Bezugspersonen erfahren. Entweder waren diese ständig unempfänglich, grundsätzlich kaum präsent, oder sie konnten sich nicht auf die Bedürfnisse des Kindes einstellen, insbesondere auf die emotionalen. Sobald dieses Kind erwachsen wird, ist sein Bindungssystem zwar aktiv, aber unbewusst legt es ihm Zügel an. Das ist eine natürliche, dem Überlebensinstinkt geschuldete Reaktion, wenn man in einer Atmosphäre der Gleichgültigkeit heranwächst. Es ist einfach zu schmerzlich, um der Verbindung willen offen zu bleiben, wenn niemand für einen da ist und wenn die eigene Anwesenheit oder Bedürftigkeit ignoriert wird.

Abgesehen davon ist die Bindung auch eine biologische Notwendigkeit – ein Instinkt, eben weil wir in der Verbindung mit anderen tatsächlich sicherer sind. Dann sind wir besser reguliert, insgesamt zufriedener und verfügen über mehr Mittel. Also bedarf es enormer Anstrengung, das Bindungssystem an der Ausübung seiner natürlichen Funktionen zu hindern, und die Vermeider unter uns bemerken meistens gar nicht, dass sie sehr viel Mühe aufwenden, um mit gleichsam angezogenen inneren Bremsen ihre Neigung zur Verbundenheit abzublocken.

Geht eine vermeidende Person eine engere Beziehung ein, nimmt sie ein hohes Risiko auf sich. Sie scheint alles im Griff zu haben, aber hinter der ruhigen Fassade muss sie mit jenen zahlreichen Alarmglocken fertigwerden, die ihr zu verstehen geben, dass die Nähe zu Menschen unweigerlich in Zurückweisung, Schmerz oder Verlust mündet. Versuchen Sie das im Gedächtnis zu behalten, und erkennen Sie die ungeheure Empfindlichkeit und Verletzlichkeit Ihres Partners an. Als Kind wurde er gemieden, vernachlässigt oder auf irgendeine Art abgelehnt – in einem Maße, dass er sich von seinem Beziehungsumfeld loslösen musste, um für sich selbst zu sorgen. Während jener prägenden Jahre war praktisch niemand in Reichweite, der ihm Rückhalt gewährte und mit dem er sich hätte zusammentun können. Seinem jungen Nervensystem bot sich keine Möglichkeit zu lernen, wie man mit einem ständig gegenwärtigen und gefassten Erwachsenen die Koregulation pflegt, wodurch ihm deren wohltuende Wirkungen versagt blieben. Wenn er demnach beschließt, die Hand auszustrecken und eine Beziehung zu anderen herzustellen, ist das für ihn zweifellos eine große Sache.

Für Vermeider erfordert eine sich entwickelnde Beziehung die Auseinandersetzung mit tiefem emotionalem Schmerz; das heißt, sie müssen loslassen und vielerlei lähmende und betäubende Anpassungsstrategien verarbeiten, die sie sich im Lauf der Zeit angeeignet haben. Manchmal gestaltet sich der Umgang mit ihnen schwierig, weil sie nicht immer bereit sind, jemanden um Hilfe zu ersuchen oder zumindest die eigenen inneren Erfahrungen richtig zu verstehen. Deshalb hängt ihr Heilungsprozess wesentlich davon ab, dass sie lernen, einen Zugang zu jener interaktiven Regulation zu finden, die ihnen in der Kindheit verweigert wurde. Auch das sollte Ihnen stets bewusst sein.

Vermeidende Menschen benötigen wirklich einen Vertrauensbonus. Um sich auf die sichere Bindung hinzubewegen, brauchen sie Ihre Unterstützung und Anerkennung, sind darauf angewiesen, dass Sie ihren Gedanken und Gefühlen wie auch ihrem Körper mit Liebe und Zärtlichkeit begegnen. Sie haben ein reichhaltiges Innenleben, selbst wenn es bisweilen nur schwer auszumachen ist, und bedürfen einer längeren Zeitspanne als andere, den zerbrochenen Kontakt zu Ihnen wiederherzustellen. Außerdem übersehen (oder missdeuten) sie vielleicht zwischenmenschliche Anspielungen und sind nicht besonders gut darin, solche Signale ihrerseits auszusenden.

Es ist wichtig, ihr Bedürfnis nach Öffnung und Verbindung zu achten und zu fördern, denn sie sind nicht geübt, vom Alleinsein zum Zusammensein überzugehen. Wie schon im zweiten Kapitel dargestellt, bereitet ihnen solch ein Wechsel größte Mühe, und das wiederum erklärt, warum sie manchmal abschätzig, aufgewühlt oder wütend wirken. Wenn dergleichen passiert, sollten Sie sich verdeutlichen, was sie gerade alles durchmachen, und deren scheinbare Schroffheit nicht persönlich nehmen. Genau das meine ich mit dem Ausdruck »Vertrauensbonus«. Diese Menschen sind zur Liebe fähig, aber gelegentlich müssen sie ihr Bindungssystem ausschalten, um sich sicher zu fühlen. Die Neigung lässt nach, sobald ihnen durch die sichere Bindung mehr Hege und Pflege zuteilwird.

Wenn Sie einem Vermeider genügend Raum geben und die Zeit berücksichtigen, die er braucht, um in die Beziehung mit Ihnen zurückzukehren, werden Sie weitaus weniger häufig das Gefühl haben, »ein Stachelschwein umarmen« zu wollen. Damit sage ich nicht, dass Sie auf seinen Prozess nicht auf Ihre Weise reagieren sollten, sondern nur, dass Sie versuchen, ihm gegenüber so erreichbar, verständnisvoll und gutmütig wie möglich zu sein. Sobald ein vermeidender Partner sich auf emotionaler und physiologischer Ebene sicher zu fühlen beginnt, gelangt er zur Einsicht, dass eine Verbindung lohnenswert ist, und schätzt diese allmählich derart, wie er es sich nie hätte vorstellen können. Zu diesem Zweck mag es auch von Nutzen sein, ihn bei der Wahrnehmung seiner Bedürfnisse zu unterstützen oder sie zumindest zu erahnen, denn als Vermeider weiß er gewöhnlich nicht genau, was ihm jeweils fehlt; oder er tut sich schwer, Hilfe von anderen zu erbitten und anzunehmen.

Sich mit einem ambivalenten Partner weiterentwickeln

Im Gegensatz zu Menschen mit vermeidender Anpassung mögen ambivalent Gebundene in der Kindheit zwar oft genügend versorgt und geliebt worden sein, aber das Engagement ihrer Nächsten war auffallend unvorhersehbar und unbeständig. Als Kinder wussten sie nie genau, in welcher Verfassung ihr Elternteil auftauchen würde – als liebevolle und aufmerksame oder als abwesende und zerstreute Bezugspersonen (einschließlich der Eltern, die übermäßig beschäftigt waren mit ihren eigenen Bindungswunden und sich davon ablenken ließen). Diese von dauernden Unterbrechungen gekennzeichnete Erziehungsweise schadet einer stabilen, entspannten Verbindung, steigert die Angst und die Empfindlichkeit gegenüber jeder erfahrenen oder vorgestellten Kränkung. Während vermeidende Personen zu häufig allein gelassen worden sind und zu selten günstige Interaktionen mit einer sorgsamen elterlichen Gegenwart erfahren haben, wurden die ambivalenten vielleicht geliebt, dann aber gewöhnlich überstimuliert und/oder immer wieder aufgegeben. Regelmäßig litten sie unter Eingriffen von außen oder gestörter Affektmodulation; das heißt, sie hatten nicht den Vorteil, dass Eltern oder andere Bezugspersonen ihnen halfen, Gefühle auf regulierte Weise zurückzuhalten oder auszudrücken. Infolgedessen bereitet es ihnen im Erwachsenenalter besondere Schwierigkeiten, eine breite Skala ausgewogener und beherrschbarer Gefühle zu empfinden. Aus diesen Gründen sehnen sich ambivalente Personen nach einer dauerhaften Verbindung, sind jedoch nicht immer geübt darin, eine förderliche und liebevolle Beziehung zu erkennen, die ihrem sich vertiefenden Vertrauen angemessen ist. So übersehen sie manchmal das fürsorgliche Verhalten ihres Partners, weisen brüsk von sich, was eigentlich ihrem geäußerten Wunsch entspricht, und stoßen gerade die Menschen ab, denen sie in ihrem Leben am nächsten sein möchten. Sie müssen lernen, wie man Liebe und Aufmerksamkeit empfängt, Befriedigung und Erfüllung erfährt ohne die lähmende Angst, die Beziehung könnte zerbrechen.

Wenn Sie einer ambivalenten Person immer wieder Bestätigung zuteilwerden lassen, trägt das nachhaltig dazu bei, ihr Bindungssystem zu beruhigen. Wird es hingegen überaktiviert und ruft dies die Befürchtung hervor, Sie zu verlieren, mag sie deswegen Dinge tun, die die Beziehung in Gefahr bringen. Daher rate ich dringend, diesen Impuls nicht auszulösen, denn einer ambivalenten Person kann es größte

Mühe bereiten, aus der tiefen Angst vor dem Verlassenwerden wieder zurückzukehren. Geben Sie Ihr Bestes, nicht allzu empfindlich auf ihr Bindungsparadox zu reagieren, und sorgen Sie dafür, dass sie zur Ruhe kommt. Drohen Sie ihr nicht, sie zu verlassen oder die Beziehung zu beenden. Sobald sie weiß, dass sich alles in sicheren Bahnen bewegt und dass Sie wirklich für sie da sind, wird ihr Bindungssystem nicht mehr so lautstark oder so regelmäßig nach Verbundenheit rufen.

Falls Sie in Ihrer Beziehung mit einem ambivalenten Partner nicht wie gewohnt verfügbar sind – vielleicht müssen Sie verreisen oder haben vorübergehend einfach Arbeit zu erledigen –, dann machen Sie ihm klar, dass Sie auf andere Weise miteinander in Kontakt bleiben. Nutzen Sie all die vorhandenen technologischen Möglichkeiten optimal aus – Telefonate, Textnachrichten, E-Mails, Skype oder FaceTime –, damit Sie beide sich verbunden fühlen, selbst wenn Sie nicht wie sonst zusammen sein können. Sobald Sie Ihren ambivalenten Partner daran erinnern, dass Sie für ihn da sind, ihn lieben, er Ihnen fehlt und Sie ihn zutiefst schätzen, dass er für Sie unglaublich wichtig und derjenige ist, mit dem Sie Ihr Leben verbringen möchten, dass Sie es nicht abwarten können, ihn wiederzusehen, werden Sie überrascht feststellen, wie wirksam eine solch bestärkende Zusicherung ist.

Und wenn Sie Ihr Leben ins Gleichgewicht bringen können, um Ihrem ambivalenten Partner begreiflich zu machen, dass Sie für ihn verfügbar sind, wird das einen tiefgreifenden Einfluss auf sein eifersüchtiges Verhalten haben. Es kommt nicht darauf an, ob er gegenüber Ihren Freunden, Arbeiten oder Hobbys misstrauisch ist, sondern darauf, dass Sie ihn deutlich wissen lassen, wie sehr er Ihnen am Herzen liegt. Dadurch wird es ihn nicht allzu sehr bekümmern, wenn Sie gelegentlich nicht in Reichweite sind. Sobald Sie die Samen der sicheren Bindung bewässern, kann Ihr Partner sich entspannen und wird nicht mehr so viele Bestätigungen brauchen wie vorher. Jedenfalls muss er die Gewissheit haben, eine bedeutende Rolle für Sie zu spielen – das sollte idealerweise Ihre höchste Priorität sein.

Wenn die ambivalente Person sich beruhigt, entspannter wird und eine Möglichkeit findet, dem Band zwischen Ihnen zu vertrauen, nähert er sich der sicheren Bindung, und Sie beide werden von den daraus resultierenden Vorteilen profitieren. In dem Maße, wie seine Unsicherheiten schwinden, kann er sich umso mehr beruhigen, auf Sie zugehen, seine Hingabe verstärken und Sie auf Händen tragen – als den besten Menschen überhaupt.

Sich mit einem desorientierten Partner weiterentwickeln

Ein Partner mit desorientierter Bindung möchte mit Ihnen eine Beziehung eingehen und sich dabei sicher fühlen, aber in frühem Alter wurde sein Bedürfnis nach Verbundenheit mit einer Bedrohungsreaktion verknüpft. Bedenken Sie, dass er auf tragische wie unschuldige Weise in diese Situation geriet: So oder so ist er der Überlebende einer beunruhigenden Bindungserfahrung, ehe er sie auch nur verstehen konnte. Außerdem hat er wahrscheinlich in seinem bisherigen Leben nicht viel Zeit mit jemandem verbracht, der ihm helfen konnte, sein Nervensystem zu regulieren. Deshalb empfindet ein Mensch mit desorientierter Bindung seine Gefühle weitaus intensiver als andere. Er hat einfach nicht die neurologischen Fähigkeiten entwickelt, mit ihnen umzugehen.

Ihr oberstes Ziel sollte darin bestehen, seiner Angst mit Botschaften der Sicherheit zu begegnen, die einen regulativen Einfluss auf ihn haben. Schon etwas so Schlichtes wie eine »Ganzkörperumarmung« wirkt enorm ausgleichend. Was auch immer Sie tun – seien Sie auf bestmögliche Weise gegenwärtig, um seine Angstzustände zu lindern und ihn aus der Depression und Verschlossenheit zu heben. Hierzu ist es wichtig, sichere Häfen zu entwerfen, ja sogar besänftigende Rituale zu ersinnen und sich ihrer zu bedienen, sobald Ihr Partner trübselig wird. Vielleicht sagt er nichts, macht aber eine bestimmte Geste oder wirft Ihnen einen Blick zu, die zu verstehen geben, dass Sie kommen und ihn halten sollen. Oder Sie lassen Ihren Fuß auf seinem ruhen, damit er sich, wenn bei ihm infolge eines Triggers die Fehlregulation einsetzt, geerdeter fühlt. Oder Sie spüren, dass jene Art von Unwetter sich wieder zusammenbraut, und finden eine einfache Methode, mit ihm in Verbindung zu treten und zu koregulieren, ehe der Sturm losbricht. Außerdem können Sie versuchen, ein sogenanntes Übergangsobjekt zu benutzen – etwas Spezielles wie ein kostbares Schmuckstück oder eine Lieblingsfigur –, das Sie Ihrem Partner überreichen, sobald Sie eine Zeit lang unterwegs sind oder er gerade besonders niedergeschlagen ist. In einer langjährigen Beziehung werden Sie eine Palette solcher Hinweise oder Methoden sammeln, die bei ihm funktionieren oder nicht. So stellen Sie im ganz konkreten Sinn ein Handbuch über Ihren Partner zusammen – gewissermaßen eine praktische Anleitung.

Vor allem aber sollten Sie ihn wissen lassen, dass Sie eine vertrauenswürdige Person sind, der er nah sein kann. Falls er auf Sie irgendeine Bedrohung projiziert – was bisweilen geschehen mag –, sorgen Sie dafür, dass dies nur eine kurze Episode bleibt. Die liebevolle Berührung ist ein wunderbares Hilfsmittel, und auch Worte können in schwierigen Situationen eine äußerst heilsame Wirkung entfalten. Sagen Sie ihm zum Beispiel: »Bei mir bist du sicher. Du bedeutest mir viel. Ich möchte dir in deinem Gefühlsleben helfen und bin für dich da, sobald du bereit bist. Wenn du mehr Raum benötigst, ist auch das in Ordnung. Gib mir einfach ein Zeichen, wenn du mich brauchst.«

Unterstützen Sie Ihren Partner nach besten Kräften, aus jederlei Extremzustand herauszukommen. Dank Ihrer beständigen Anwesenheit und Ihrem Einsatz, sein Leiden zu verringern, wird er in die sichere Bindung förmlich hineinwachsen, wodurch Sie beide dann umso müheloser eine hochwertige Beziehung genießen können. Das zu erreichen mag eine Weile dauern, aber es ist wirklich ergreifend zu beobachten, wie jemand mit desorientierter Bindung lernt, sich selbst zu regulieren und innerlich zu genesen. In dieser Richtung sollte Ihnen natürlich von seiner Seite ebenfalls die notwendige Unterstützung zuteilwerden.

Mit dem eigenen Bindungstyp arbeiten

An dieser Stelle möchte ich wiederholen, dass Ihr Bindungstyp – wie der jedes Menschen – einer frühen Strukturierung entstammt, die fast gänzlich unbewusst und dem Körper eingeprägt ist. Oft erkennen wir sie erst im Erwachsenenalter, wenn bestimmte Muster im Rahmen von Beziehungen zum Vorschein kommen; oder wir konnten dank einer Therapie, in Meditationszentren, durch Selbstbetrachtung, die Reaktionen unserer Partner oder auf irgendeine sonstige Weise etwas über diesen Teil unserer selbst erfahren. Wenn wir in der Kindheit Traumata erlitten haben, können auch sie später scheinbar aus dem Nichts auftauchen. Manchmal stehen derartige Ereignisse in direktem Bezug zu unseren Bindungsverletzungen, dann wieder werden sie von weiteren Traumata ausgelöst, die uns als Erwachsenen widerfahren – Unfälle, tätliche Angriffe, plötzliche Verluste und dergleichen.

Ungeachtet dessen, wie wir diese Vorkommnisse und Muster erleben – zumal wenn es um unsichere Bindung geht –, dürfen wir nicht vergessen, dass wir sie nicht verschuldet haben. Aus unerfindlichen Gründen konfrontierte uns das Leben mit einem schwerwiegenden Problem, das uns dann physiologisch einverleibt wurde. Das heißt, wir können unseren Bindungstyp weder »wegreden« noch »wegwünschen«. Er ist tief in uns verankert und stets automatisch aktiv. Ebendaher ist es entscheidend, sich selbst Mitgefühl entgegenzubringen. Natürlich müssen wir auch Mitgefühl mit anderen haben, aber zuallererst beginnt es in den eigenen vier Wänden.

Achten Sie in einer Beziehung darauf, sich selbst fürsorglich zu behandeln, wann immer Sie das Gefühl haben, dass die Lage sich zuspitzt. Die vielleicht einfachste Möglichkeit hierzu ist die, eine dringend benötigte Pause einzulegen. So können Sie die Wogen zunächst ein wenig glätten, um anschließend die Lösung des Konflikts ins Auge zu fassen. Nehmen Sie eine »Auszeit« vom Partner, gehen Sie im Wald spazieren, rufen Sie einen Freund an oder Ihren Therapeuten, um Unterstützung zu erhalten, erden Sie sich ein bisschen mehr, und kontaktieren Sie dann Ihren Partner, um zu sehen, ob er bereit und gewillt ist, die Sache gemeinsam mit Ihnen zu bereinigen.

Es folgt eine zusätzliche (und vielleicht ungewöhnliche) Übung zur Selbstpflege, die Sie ausführen können, sobald Sie spüren, wie Anspannung oder Unbehagen allmählich von Ihnen Besitz ergreifen.

ÜBUNG DAS UNBEHAGEN UNTERSUCHEN

Welcher Art Ihr Unbehagen auch sein mag – unter Umständen fühlen Sie sich auf unerklärliche Weise angespannt, wenn Ihr Partner sich Ihnen körperlich nähert, oder Sie werden ängstlich, kurz bevor er für einige Tage verreisen wird: Empfinden Sie die Beklommenheit, vertiefen Sie sich in sie, und harren Sie mit ihr aus, solange es Ihnen möglich ist. Das mag das genaue Gegenteil dessen sein, was Sie intuitiv tun möchten, und es ist gut so! Probieren Sie es nur einmal aus. Ich glaube, Sie werden überrascht sein von dem, was passiert.

Um es deutlich auszudrücken: Ich meine nicht, dass Sie sich dem Gefühl aussetzen, überfordert zu sein, oder masochistisch an dieser Erfahrung festhalten sollen, koste es, was es wolle. Vielmehr beziehe ich mich auf jenen ersten Anflug von Unbehagen – die zunehmende Flauheit im Magen, den leichten Kopfschmerz über den Ohren, die Verspannung in der Brust, um die Schultern – oder die unbestimmte, kaum zu lokalisierende Angst, die sich allmählich im Innern ausbreitet. Wenn dergleichen sich wieder ereignet, sollten Sie es mit dieser Übung versuchen, bevor Sie Ihre üblichen Methoden zur Selbstpflege anwenden.

Orten Sie das Unbehagen in Ihrem Körper. Wo befindet es sich genau? (Mit ein wenig Übung spüren Sie das.) Bleibt es an einer Stelle, bewegt es sich, kommt und geht es? Werden Sie neugierig auf seine Form und Beschaffenheit. Seien Sie offen genug, Ihr Unbehagen auf eine anschauliche Weise zu betrachten, die für Sie völlig neu sein mag.

Beachten Sie, dass die Empfindungen einzig und allein in Ihrem Körper auftreten. Werden Sie sich bewusst, dass alles, was Sie fühlen, von innen herrührt. Setzen Sie sich mit dem Gedanken auseinander, dass Ihr Unbehagen nicht zwangsläufig mit dem Partner zusammenhängt, sondern vor allem mit Ihrer Bindungsgeschichte. Sie ist die Ursache Ihres Unbehagens. Falls Sie irgendeinen Widerstand gegen diese Einsicht verspüren, ist auch das in Ordnung. Nehmen Sie einfach die Empfindungen wahr, die dieser Widerstand hervorruft. Unterscheiden sie sich von Ihrem anfänglichen Unbehagen? Wie sind sie?

Fühlen Sie, was jetzt in Ihrem Körper geschieht. Begreifen Sie diese Gefühle als Ausdruck Ihrer Bindungsgeschichte, die sich nur in dieser Form bemerkbar machen kann. Sagen Sie Hallo zu ihr. Geben Sie ihr einen Platz am Tisch. Öffnen Sie ihr Ihr Herz, und hören Sie, was sie mitzuteilen hat. Was möchte sie Ihnen kundtun?

Überprüfen Sie wieder Ihren Körper. Hat sich etwas verändert? Sind die Empfindungen stärker oder schwächer geworden? Sind sie im Körper anderswohin gewandert? Fällt Ihnen irgendeine andere Empfindung auf, die vielleicht mit Entspannung und Wohlbefinden verbunden ist?

Was immer während der Übung auftaucht – heißen Sie es nach besten Kräften mit freundlicher Aufmerksamkeit willkommen. Wenn die Erfahrung zu intensiv wird, können Sie ruhig aufhören und den Fokus auf eine persönliche Tätigkeit richten, die zutiefst stabilisierend wirkt, Ihnen Erleichterung und Ausgeglichenheit verschafft. Es mag ein beeindruckender Akt des Mitgefühls sein, eine Pause einzulegen und zu späterer Zeit einen weiteren Versuch zu unternehmen.

Abseits Ihrer Bindungsgeschichte ist das Leben nicht immer ein Kampf. Wir alle erfahren Spritzer und Wellen der Güte, des Glücks und der Zufriedenheit, wenngleich sie manchmal viel flüchtiger sind, als wir es gern hätten. Und selbst jene unter uns in schwierigen Beziehungen können sich von Zeit zu Zeit mit ihrem Partner verbunden, geerdet und entspannt fühlen. Wichtig ist, solche Momente bewusst wahrzunehmen. Zwar sind Gehirn und Nervensystem ziemlich oft auf negative Ereignisse fokussiert, aber sonst wären wir nie wachsam genug gewesen, um als Spezies zu überleben. Wie bereits erwähnt wurde, hebt Rick Hanson (neben etlichen anderen) hervor, dass die Neuprogrammierung alter Wunden die Erkenntnis dessen voraussetzt, was gut läuft – Sicherheit, Geborgenheit, Glück etc.[54] Auch daraus besteht das Leben, und die Einsicht in diese Tatsache wird uns ermöglichen, den üblichen Kummer zu lindern und mit anderen heilsame, nach außen geschützte Beziehungen einzugehen. Um die Neigung, uns auf das Negative zu besinnen, neu auszurichten, müssen wir uns des Positiven gewahr werden, sobald es in Erscheinung tritt, dieser Erfahrung mehr Beachtung schenken, als wir es gewohnt sind, und damit der Neuroplastizität gestatten, ihre Tätigkeit auszuführen. Ich empfehle mindestens fünfzehn bis dreißig Sekunden, wenn möglich, noch länger. Tatsächlich können wir dadurch die Funktionsweise des Gehirns verändern und uns auf die natürliche Frequenz der sicheren Bindung einstimmen.

Gewiss werden einige von uns auf dem Weg dorthin nach dem Motto verfahren: »Tu so, als ob, bis du es irgendwann schaffst.« Manchmal lassen wir uns zu Handlungen hinreißen, die uns missfallen, ja schmerzen, vor allem gegenüber Menschen, an denen uns liegt. Akzeptieren Sie nach besten Kräften die Tatsache, dass derartige Phasen unausweichlich sind, aber seien Sie sich auch bewusst, dass Sie nicht in einem engen Verhaltensschema gefangen sind, das vor langer Zeit von Ihren Bezugspersonen festgelegt wurde. Außerdem ist es eine gute Medizin, die erörterten Fähigkeiten zur sicheren Bindung zu praktizieren, wann immer Sie dazu kommen, besonders in Ihren

Beziehungen. Und wenn Sie auf der Suche sind nach einem sicher gebundenen Partner, wird die bereits erfolgte Einübung jener Fähigkeiten Ihre Chancen erhöhen, einen solchen an sich zu ziehen und eine bereichernde Beziehung aufzubauen. Sehen Sie dazu noch einmal das erste Kapitel und die Liste zu Beginn dieses Kapitels durch, wo die Kennzeichen sicher gebundener Paare aufgeführt sind. Denken Sie nicht, alles auf einmal in Angriff nehmen zu müssen. Entdecken Sie einfach einige Merkmale und Methoden, die Ihnen spontan in den Sinn kommen, und seien Sie im Einklang mit den Gaben, die Sie heute schon in die Beziehung einbringen.

Sich von einer Beziehung verabschieden

Leider ist es nicht immer möglich, eine Partnerschaft aufrechtzuerhalten. Bisweilen ist es nicht die beste Entscheidung, weiter daran zu arbeiten, dass die Beziehung intakt bleibt. Dann müssen wir die Wahl treffen, unserer Wege zu gehen, aus der Erfahrung zu lernen, so weit zu genesen, wie es uns zu Gebote steht, und einen erneuten Versuch zu wagen.

Bevor ich die folgenden Überlegungen aufliste (die ebenfalls zum Teil auf der Arbeit von Amir Levine und Rachel Heller beruhen[55]), möchte ich absolut klarstellen, dass derartige Beschlüsse nur Sie selbst fassen können. Weder ich noch irgendjemand anders kann Ihnen Entscheidungen nahelegen, die Ihrer Klugheit ebenso zuwiderlaufen wie Ihrer Integrität. Die im Folgenden genannten Schwierigkeiten mögen Ihrer Erfahrung in der gegenwärtigen Beziehung entsprechen, doch das heißt keineswegs, dass ich dazu rate, den Partner zu verlassen. Noch einmal: Wie bei allen Entscheidungen im Leben müssen Sie auch diese selbst treffen. Die Liste dient lediglich dazu, einzelne Punkte von der Art der Bindung her zu betrachten, und schließt die Erkenntnis mit ein, dass

Beziehungen weitaus vielschichtiger sind, als sie gemäß dem Blick durch eine spezielle Linse beschrieben oder erläutert werden können.

Vor diesem Hintergrund beschreibe ich nun also ein paar Aspekte, die zu erwägen sind und vielleicht darauf hindeuten, dass Ihre Beziehung nicht gerade ideal ist:

- Sie haben regelmäßig einigen Kummer wegen Ihrer Beziehung.
- Ständig streiten Sie sich, oder Ihre Streitigkeiten sind schon zur Gewohnheit geworden und scheinen nie irgendwohin zu führen.
- Auf Phasen der Nähe folgen drastische Wechsel zu Konflikt und Distanz. Offenbar können Sie nie in einen Zustand der Befriedigung, Heilung und gegenseitigen Fürsorglichkeit gelangen.
- Dauernd hegen Sie starke Zweifel an Ihrer Fähigkeit und der Ihres Partners, wirkliche Nähe herzustellen. Immer wieder besteht zwischen Ihnen beiden Uneinigkeit, was den Wunsch nach Verbindung und das Bedürfnis nach Abstand betrifft.
- Ihr Partner ist nicht bereit für eine positive Veränderung. Entweder ist er völlig verschlossen oder übermäßig beschäftigt mit seinen Sorgen und Mühen.
- Es herrscht ein beträchtliches Ungleichgewicht zwischen Ihnen beiden, wenn es um Kommunikation, Anteilnahme an der Beziehung und Großzügigkeit geht – darum also, freiwillig einander zu geben und die Beziehung selbst zu nähren.
- Sie haben das Gefühl, für Ihren Partner nicht mehr der Liebling zu sein, sondern der Feind. Er wirkt glücklicher und mitteilsamer mit Freunden und Familienmitgliedern.

- Einer von Ihnen beiden möchte eine exklusive, monogame, der andere eine offene, polygame Beziehung, und Sie finden zu keinem praktikablen Ergebnis.

Im Idealfall haben Sie jemanden gefunden, der Wert darauf legt, dass Sie sich gemeinsam weiterentwickeln und eine gesunde, harmonische Beziehung führen. Leider hat nicht jeder dieses Interesse oder innere Vermögen, und so bleibt es Ihnen überlassen, eine Einschätzung vorzunehmen, ob genügend »Arbeitsmaterial« vorhanden ist. Selbst unter optimalen Bedingungen können Beziehungen schwierig sein, und so müssen beide Partner gewillt sein, miteinander zu kooperieren. Doch bevor Sie eine endgültige Entscheidung treffen, ist es meines Erachtens immer ratsam, Ihre eigenen Fähigkeiten zur sicheren Bindung so weit wie möglich zu verbessern. Das mag eine Weile dauern, gewiss, wird Ihnen aber nachhaltig dabei helfen, die Beziehung zu beurteilen. Und falls dies am Ende keine Früchte trägt in Ihrer gegenwärtigen Partnerschaft, werden Sie sich dennoch in eine positive Richtung gelenkt haben, um in Zukunft eine sichere Verbindung genießen zu können.

Ein abschließendes Wort

Wo immer Sie auf dieser Reise gerade sind, hoffe ich, dass Sie eine Möglichkeit finden, die Freude in Ihrem Leben zu vergrößern, Nähe, Geborgenheit und Unbekümmertheit in Gesellschaft auszukosten und all die Liebe und Verbundenheit zu empfinden, die Ihr Geburtsrecht sind. Ungeachtet dessen, ob Paare hetero- oder homosexuelle Beziehungen führen, hege ich fortwährend den Wunsch, dass wir alle lernen, freigebig zu lieben, die Qualität unserer Liebe zunehmend zu verbessern und die gleichen Gaben auch zu empfangen. Genau darum geht es für mich in der Arbeit mit jenen Anpassungen der verschiedenen Bindungstypen.

In dem Maße, wie wir uns auf die sichere Bindung zubewegen, kommen unsere natürlichen Fähigkeiten zum Vorschein. Wir sind mitfühlender mit uns selbst und mit anderen, entwickeln dabei ein gesundes Selbstgefühl, während wir zugleich selbstloser werden. Wir erweitern so automatisch unser Vermögen zur Integration unserer Gehirnareale, wodurch all die positiven Eigenschaften der verschiedenen Teile unserer selbst vereint werden. Wir können uns einstimmen auf unser Inneres, aber auch auf unser Gegenüber. Unser präfrontaler Kortex wird reifer, entwickelt sich umso mehr, und das daraus resultierende Feingefühl für uns selbst und die Mitmenschen kommt uns allen zugute.

Mit der Zeit gibt es keine so deutlichen Trennungen mehr zwischen Selbstpflege, Nächstenliebe, Unterstützung der Gemeinschaft und fürsorglichem Umgang mit unserem Planeten. Wir werden zu global denkenden und umweltfreundlichen Bürgern, die am Allgemeinwohl orientiert sind. Nicht länger betrachten wir die Welt allein durch die Linse der Knappheit und des Wettbewerbs, sondern arbeiten zusammen mit weitreichendem Verständnis und umfassender Sorgfalt gegenüber allem Lebendigen.

Stellen Sie sich diese Möglichkeiten vor! Bedenken Sie, wie anders die Welt wäre, wenn jede Führungsperson etwas über sichere Bindung wüsste, darüber, wie wir andere mit Achtung und Würde behandeln, Konflikte zum gegenseitigen Nutzen bereinigen, unterschiedliche Bedürfnisse und Interessen miteinander in Einklang bringen, erfüllt von Staunen, Wertschätzung und Liebe. Ich weiß, das ist eine schwer lösbare Aufgabe, bin aber fest überzeugt, dass der Traum verwirklicht werden kann. Durch Einsicht in die sichere Bindung, in deren Merkmale und Fähigkeiten ist all das möglich, und noch vieles mehr.

All das ist unmittelbar vorhanden, hier in unserem Innern. Wir sind veranlagt für sichere Bindung, besitzen die dafür notwendige Ausstattung. Tief drinnen sind wir alle zur vertrauten Nähe, Verbindung, Achtsamkeit und Liebe bestimmt. Wir sind erstaunliche, magische Geschöpfe, und einander als solche wahrzunehmen ist ein wunderbares Geschenk für jeden, der daran Anteil nimmt. Öffnen Sie sich dieser Sicht der Dinge. Werden Sie empfänglich dafür, was es alles bedeutet, ganz und gar menschlich zu sein – der Mensch, der Sie von Anfang an sein sollten. Sie können es schaffen. Wir alle können es schaffen. Wir sind dazu bestimmt.

Dank

Ich könnte das ganze Buch mit Namen und Errungenschaften von Menschen füllen, denen ich Dank und Anerkennung schulde. Die folgende Liste ist in keiner Weise vollständig, und ich entschuldige mich im Voraus bei jedem, den ich nicht mit einbezogen habe. Ihnen allen danke ich häufig im Herzen, auch wenn mir das jetzt in Druckform nicht immer gelingen sollte.

Zunächst möchte ich dem Genius danken, der Peter A. Levine in seiner lebenslangen Suche durchstrahlt, das menschliche Leiden zu lindern, gipfelnd in seiner Methode des *Somatic Experiencing* (SE)®. Er war mir behilflich in meinem eigenen Heilungsprozess von schwerem Trauma, führte mich zurück zur Resilienz und förderte ein tiefes Verständnis, das seither meinen beruflichen Unternehmungen und Einsichten zugrunde liegt. Zugleich danke ich seinem früheren und heutigen SE-Lehrkörper – insbesondere jenen Freunden, mit denen ich sehr eng zusammengearbeitet habe: Nancy Napier, Maggie Phillipps, Raja Selvam, Marianne Bentzen, Anngwyn St. Just, Steve Hoskinson, Larry Heller und Kathy Kain. Außerdem geht mein Dank an den hervorragenden *Somatic-Experiencing*-Stab am SETI und Ergos Institute, speziell Justin Snavely.

Des Weiteren bin ich den herausragenden Pionieren der Bindungstheorie zu enormem Dank verpflichtet, wie auch den ausgezeichneten Therapeuten, Autoren und Forschern, die auf den Gebieten der Traumaheilung, der Genesung und Wiederherstellung der Verbindung in Beziehungen ungeheure Leistungen vollbracht haben: John Bowlby, Mary Ainsworth, Mary Main, Marion Salomon, Ed Tronick, Allan Schore, Sue Johnson, Maggie Phillips, Diana Fosha, David Wallin, Amir Levine, Rachel Heller, Stan Tatkin, Tracey Boldemann-Tatkin, Ellyn Bader, Peter Pearson, Terry Real, Pat Love, Michelle Wiener-Davis, Joan Borysenko, Linda Graham, Lisa Ferenz, Mary Jo Barrett, Bill O'Hanlon, Peter Cummings, David Grand, Bruce Ecker, Frank Anderson, Richard Schwartz, John Howard, Rachel Cahn und Jeff Pincus. Ich bin damit gesegnet, dass viele dieser Personen gegenwärtig Mitarbeiter sind. Ihnen allen bekunde ich meine immerwährende Bewunderung und Dankbarkeit.

Darüber hinaus möchte ich Stephen Porges danken für seine Intelligenz, Warmherzigkeit und revolutionäre Forschung, auf der ein Großteil der heute durchgeführten somatischen Arbeit beruht. In diesem Sinne erweitere ich meinen Dank an die geistige Brillanz von Dan Siegel, Bonnie Badenoch, Janina Fisher, Pat Ogden, Rick Hanson, Bessel van der Kolk, Robert Scaer, Babette Rothschild, Belleruth Naparstek, Ray Castellino, Bonnie Mark-Goldstein sowie John und Anna Chitty – für ihren Beitrag, sowohl somatische Verfahren als auch Neurowissenschaften wirksam zu nutzen bei der Traumaresolution, und ihr Verständnis davon, wie wichtig es ist, Bindungswunden zu heilen. Von daher danke ich auch John Bilorusky dafür, dass er mir während meiner Doktorarbeit am Western Institute for Social Research (WISR) vorzügliche Orientierungshilfen geboten hat.

Daneben gilt mein herzlicher Dank meinen Kollegen in den professionellen Trainingsprogrammen *Dynamic Attachment Re-patterning experience* (DARe) und zur *Somatic Attachment Training experience* (SATe): Patti Elledge, Patricia Meadows, Elisabeth Schneider-Kaiser, Alicen Halquist, Sara Swift und Judith Beermann Zeligson ebenso wie zahllosen engagierten Assistenten, einschließlich, aber nicht begrenzt auf Jennifer Jonell, Wanda Brothers, Margaret Crockett, Jane Cohen, Wendy Hubbard, Teri Sullivan Lutz, Gil Shalit, Daniel Vose, Martha Brandt, Kirtan Coan, Erin Brandt, Cathy Latner, Char Dillon, Linda Chrisman, Amar Huang, Patricia McKay, Lars Johansen, Sabina Scheffler, Heidi Wittkop, Najakat Ute Kalinke, Marianne Mueller und Ellen Stautenberg.

Und für immer werde ich zu Dank verpflichtet sein gegenüber meinem Team bei *Trauma Solutions*, dem ich stets den Rücken stärke.

Jeder leistet mir fortwährend Beistand auf so vielen Ebenen, die ich hier gar nicht alle erläutern kann: Mary Niebch, Tim Coyle, Jennifer Jonell und Kristine Parrinello. Zusätzlich möchte ich Eben Pagan, Jeff Walker und Ruth Buczynski dafür danken, dass sie mir beibringen, erzieherische Werte mit Integrität zu vermitteln, sowie den zahlreichen Kollegen und Mitarbeitern, die meine Arbeit ermöglichen: Brian Spielmann (einschließlich seinem Partner Richard Taubinger), Ian MacPherson, Asa Henderson, Artem Nikulkow, wie auch Felix, Erik und Katy. Herzlichen Dank an Jacqueline Carleton und ihre Assistenzärztinnen Myriam Schottenstein und Diana Scime-Sayegh, die mir geholfen haben, Abschriften und Materialien von Live-Ausbildungsprogrammen für künftige Fachtexte zu besorgen.

Mein bleibender Dank gebührt auch den guten Menschen beim Verlag Sounds True: Tami Simon, die mich einlud, zwei Bücher zu veröffentlichen, Stephen Lessard und seinem Team für ihre Arbeit an dem Audioprogramm *Healing Your Attachment Wounds* (»Wie Sie Ihre Bindungswunden heilen«) und Robert Lee für seine Fachkenntnis bei der Niederschrift, Gestaltung und Bearbeitung dieses Materials, um daraus das Buch zu schaffen, das Sie hier lesen.

An dieser Stelle möchte ich all die Lehrer, Ratgeber, Verbündeten und Forscher anerkennen und feiern, die mich auf meiner geistigen Reise begleitet haben: Laurel Keyes, Paul Chivington, Kurt Leland, Hameed Ali, Faisal Muqaddam, Morton und Deborah Letofsky, Linda Krier, Prabha Bell, Amano Atwood, Carolyn Tricomi, Nancy Napier, Neila Frisch, Rennie Moran, Gil Shalit, Manohar Croke, Christian Koln, Rani Willams, Velusia van Horsen, Darshana Mathews, Florian Usener, Najma Neuhoff, Madhurima Margit Rigtrup, Dominie Cappadona, Sara Swift, William Allen, Anna Chitty und der Dalai Lama. Dank euch allen!

Meine Mutter und mein Vater haben mir einen überaus kostbaren Moralkodex eingeflößt, der den Wert der Erziehung einschließt, die so wichtige Hilfe, die man anderen Menschen gewährt, und jene freimütige Standhaftigkeit, mit der man den Herausforderungen des Lebens begegnen sollte. Ihre beständige Unterstützung wie auch einige der unvermeidlichen Auseinandersetzungen zwischen uns gaben mir den Anstoß, den ich brauchte, um meine innere und äußere Welt zu erkunden. Mein Dank an beide wird niemals nachlassen. Überdies möchte ich die anderen Mitglieder meiner Familie, die mit dieser Reise unauflöslich verbunden sind, dafür würdigen, dass sie auf mannigfache Weise für mich da waren: meine Geschwister Dick und Barb, meine Nichten Andrea, Kelly und Jessica, meinen Neffen Jason, meine Großnichten Michaela und Mari, all die Ehepartner in der Familie, Barb, Jay, Zach und Mike, meinen Stiefsohn Kevin und seine Familie. Ich liebe euch alle so sehr.

Schließlich bedanke ich mich bei meinen vielen Klienten und Kursteilnehmern dafür, dass sie mir das besondere Privileg eingeräumt haben, sie zu begleiten auf ihren verblüffenden Reisen, die davon handeln, das Trauma umzuwandeln und zerbrochene Verbindungen wiederherzustellen. Ihr wart meine größten Lehrer, und nichts von meiner Arbeit wäre möglich ohne euch. Jede Begegnung hat mich inspiriert und bereichert. Herzlichen Dank euch allen!

Anhang

Verzeichnis der Übungen

Neben den Übungen sind in diesem Verzeichnis auch die Methoden für die Stärkung der *Fähigkeiten zur sicheren Bindung* oder FSB aufgeführt:

Einleitung

Sichere Bindung

Vermeidende Bindung

Ambivalente Bindung

Desorientierte Bindung

Bindungstypen und Liebesbeziehungen

Literatur

Wir alle, die sich auf diesem Gebiet betätigen, verdanken jenen sehr viel, die uns vorangegangen sind und den Boden für unsere Bemühungen bereitet haben. Außerdem stehen wir in der Schuld von Kollegen, deren Arbeit unsere eigene beeinflusst und verbessert. Wenn es Sie interessiert, mehr über sichere Bindung oder einen der dazugehörigen Fachbereiche zu erfahren, die ich in meine Arbeit mit einbezogen habe, empfehle ich dringend die folgende Liste mit herausragenden Autoren, Forschern und Therapeuten, die größtenteils schon im Text genannt wurden. Ich hoffe, es versteht sich von selbst, dass dieses Buch ohne die harte Arbeit solch wunderbarer Menschen nicht entstanden wäre.

Ainsworth, Mary D. Salter, *Infancy in Uganda. Infant Care and the Growth of Love*, Baltimore: Johns Hopkins Press 1967

Ainsworth, Mary D. Salter, Blehar, Mary C., Waters, Everett, und Wall, Sally N., *Patterns of Attachment. A Psychological Study of the Strange Situation*, New York: Psychology Press 2015

Badenoch, Bonnie, *The Heart of Trauma. Healing the Embodied Brain in the Context of Relationships*, New York: Norton 2014

–, *Gehirn und Psyche. Interpersonelle Neurobiologie als Grundlage einer erfolgreichen therapeutischen Praxis*, Freiburg: Arbor 2010

–, *Being a Brain-Wise Therapist. A Practical Guide to Interpersonal Neurobiology*, New York: Norton 2008

Bader, Ellyn, und Pearson, Peter, *In Quest of the Mythical Mate. A Developmental Approach to Diagnosis and Treatment in Couples Therapy*, Abingdon: Routledge 2014

–, *Tell Me No Lies. How to Stop Lying to Your Partner – and Yourself – in the 4 Stages of Marriage*, New York: St. Martins 2001

Beebe, Beatrice, Cohen, Phyllis, und Lachmann, Frank M., *Bindung im Werden. Mikroanalyse der Mutter-Kind-Interaktion – Ein Bilderbuch*, Gießen: Psychosozial-Verlag 2019

Beebe, Beatrice, Cohen, Phyllis, Sossin, K. Mark, und Markese, Sara (Hrsg.), *Mothers, Infants, and Children of September 11, 2001. A Primary Prevention Project*, Abingdon: Routledge 2012

Beebe, Beatrice, und Lachmann, Frank M., *Säuglingsforschung und die Psychotherapie Erwachsener. Wie interaktive Prozesse entstehen und zu Veränderungen führen*, Stuttgart: Klett-Cotta 2004

Bentzen, Marianne, *Das Neuroaffektive Bilderbuch*, Trowbridge, GB: Paragon 2016

–, *Through Windows of Opportunity. A Neuroaffective Approach to Child Psychotherapy*, Abingdon: Routledge 2015

Bowlby, John, *Bindung als sichere Basis. Grundlagen und Anwendung der Bindungstheorie*, München: Reinhardt 2018

–, *Trennung. Angst und Zorn*, München: Reinhardt 2018

–, *Frühe Bindung und kindliche Entwicklung*, München: Reinhardt 2016

–, *Bindung*, München: Reinhardt 2006

–, *Verlust. Trauer und Depression*, München: Reinhardt 2006

Bowlby, John, Fry, Margaret, und Ainsworth, Mary D. Salter, *Child Care and the Growth of Love*, London: Penguin 1953

Chapman, Gary, *Die 5 Sprachen der Liebe. Wie Kommunikation in der Partnerschaft gelingt*, Marburg: Francke 1994/2019

–, *Die 5 Sprachen des Verzeihens. Die Kunst, wieder zueinanderzufinden*, Marburg: Francke 2010

–, *Things I Wish I'd Known Before We Got Married*, Chicago, IL: Northfield 2010

Chitty, John, *Working with Babies. A Five-Part Therapy Method for Infants and Their Families*, Ithaca, NY: CSES 2016

Ecker, Bruce, Ticic, Robin, und Hulley, Laurel, *Der Schlüssel zum emotionalen Gehirn. Mit Gedächtniskonsolidierung die Ursachen von Symptomen beseitigen*, Paderborn: Junfermann 2016

Ferentz, Lisa, *Finding Your Ruby Slippers. Transformative Life Lessons from the Therapist's Couch*, Eau Claire, WI: PESI 2017

–, *Letting Go of Self-Destructive Behaviors. A Workbook of Hope and Healing*, Abingdon: Routledge 2014

–, *Treating Self-Destructive Behaviors in Trauma Survivors. A Clinician's Guide*, Abingdon: Routledge 2014

Fonagy, Peter, *Bindungstheorie und Psychoanalyse*, Stuttgart: Klett-Cotta 2006

Frederickson, Barbara, *Die Macht der Liebe. Ein neuer Blick auf das größte Gefühl*, Frankfurt a. M.: Campus 2013

–, *Die Macht der guten Gefühle. Wie eine positive Haltung Ihr Leben dauerhaft verändert*, Frankfurt a. M.: Campus 2011

Gojman-de-Millan, Sonia, Herreman, Christian, und Sroufe, L. Alan (Hrsg.), *Attachment Across Clinical and Cultural Perspectives. A Relational Psychoanalytic Approach*, Abingdon: Routledge 2016

Goldbart, Stephen, und Wallin, David, *Mapping the Terrain of the Heart. Passion, Tenderness, and the Capacity to Love*, Northvale, NJ: Jason Aronson 1998

Goleman, Daniel, *EQ. Emotionale Intelligenz*, München: dtv 1997

Gottman, John M., *Die Vermessung der Liebe. Vertrauen und Betrug in Paarbeziehungen*, Stuttgart: Klett-Cotta 2018

–, *Die 7 Geheimnisse der glücklichen Ehe*, Berlin: Ullstein 2014

Gottman, John, und DeClaire, Joan, *The Relationship Cure. A 5 Step Guide to Strengthening Your Marriage, Family, and Friendships*, New York: Harmony 2002

Grand, David, *Brainspotting. Wie Sie Probleme, Traumata und emotionale Belastungen gezielt auflösen*, Kirchzarten: VAK 2014

–, *Emotional Healing at Warp Speed. The Power of EMDR*, New York: Harmony 2001

Greenfield, Patricia Marks, und Tronick, Edward, *Infant Curriculum*, Pacific Palisades, CA: Goodyear Publishing 1980

Hanson, Rick, *Das resiliente Gehirn. Wie wir zu unerschütterlicher Gelassenheit, innerer Stärke und Glück finden können*, Freiburg i. Br.: Arbor 2019

–, *Just One Thing. So entwickeln Sie das Gehirn eines Buddha*, Freiburg i. Br.: Arbor 2015

Hanson, Rick, und Mendius, Richard, *Hardwiring Happiness. The New Brain Science of Contentment, Calm, and Confidence*, New York: Harmony 2013

–, *Das Gehirn eines Buddha. Die angewandte Neurowissenschaft von Glück, Liebe und Weisheit*, Freiburg i. Br.: Arbor 2010

Hart, Susan, *Brain, Attachment, Personality. An Introduction to Neuroaffective Development*, Abingdon: Routledge 2018

–, *The Impact of Attachment*, New York: Norton 2010

Hart, Susan, und Campa, Mary (Hrsg.), *Human Bonding. The Science of Affectional Ties,* New York: Guilford Press 2013

Heller, Laurence, und LaPierre, Aline, *Entwicklungstrauma heilen. Alte Überlebensstrategien lösen – Selbstregulierung und Beziehungsfähigkeit stärken,* München: Kösel 2013

Johnson, Sue, *Liebe macht Sinn. Revolutionäre neue Erkenntnisse über das, was Paare zusammenhält,* München: btb 2017

–, *Halt mich fest. Sieben Gespräche zu einem von Liebe erfüllten Leben – Emotionsfokussierte Therapie in der Praxis,* Paderborn: Junfermann 2011

Kaplan, Louise J., *Oneness and Separateness. From Infant to Individual,* New York: Simon & Schuster 1998

–, *No Voice Is Ever Wholly Lost. An Exploration of the Everlasting Attachment Between Parent and Child,* New York: Simon & Schuster 1996

–, *Die zweite Geburt. Die ersten Lebensjahre des Kindes,* München: Piper 1986

Levine, Amir, und Heller, Rachel S. F., *Warum wir uns immer in den Falschen verlieben. Beziehungstypen und ihre Bedeutung für unsere Partnerschaft,* München: Goldmann 2015

Levine, Peter A., *Trauma und Gedächtnis. Die Spuren unserer Erinnerungen in Körper und Gehirn – Wie wir traumatische Erfahrungen verstehen und verarbeiten,* München: Kösel 2016

–, *Sprache ohne Worte. Wie unser Körper Trauma verarbeitet und uns in die innere Balance zurückführt,* München: Kösel 2010

–, *Vom Trauma befreien. Wie Sie seelische und körperliche Blockaden lösen,* München: Kösel 2007

Levine, Peter A., und Frederick, Ann, *Trauma-Heilung. Das Erwachen des Tigers – Unsere Fähigkeit, traumatische Erfahrung zu transformieren,* Essen: Synthesis, 2. Aufl. 1999

Levine, Peter A., und Kline, Maggie, *Verwundete Kinderseelen heilen. Wie Kinder und Jugendliche traumatische Erlebnisse überwinden können,* München: Kösel 2005

Love, Patricia, *The Truth About Love. The Highs, the Lows, and How You Can Make It Last Forever,* New York: Fireside 2001

Love, Patricia, und Robinson, Jo, *Heiße Liebe in festen Partnerschaften,* München: Knaur 1995

Maté, Gabor, *Unsere Kinder brauchen uns. Die entscheidende Bedeutung der Eltern-Kind-Bindung*, Bremen: Genius 2015

–, *In the Realm of Hungry Ghosts. Close Encounters with Addiction*, Berkeley, CA: North Atlantic Books 2010

–, *When the Body Says No. The Cost of Hidden Stress*, Toronto: Vintage Canada 2004

Myss, Caroline, *Why People Don't Heal and How They Can*, New York: Three Rivers Press 1997

Napier, Nancy, *Getting Through the Day. Strategies for Adults Hurt as Children*, New York: Norton 1994

–, *Recreating Your Self. Building Self-Esteem through Imaging and Self-Hypnosis*, New York: Norton 1996

–, *Sacred Practices for Conscious Living*, New York: Norton 1997

Ogden, Pat, und Fisher, Janina, *Sensorimotor Psychotherapy. Interventions for Trauma and Attachment*, New York: Norton 2015

Ogden, Pat, Minton, Kekuni, und Pain, Clare, *Trauma und Körper. Ein sensumotorisch orientierter Ansatz*, Paderborn: Junfermann 2009

O'Hanlon, Bill, *Out of the Blue. Six Non-Medication Ways to Relieve Depression*, New York: Norton 2014

–, *Probier's mal anders! Zehn Strategien, die Ihr Leben verändern*, Heidelberg: Carl-Auer 2011

–, *Quick Steps to Resolving Trauma*, New York: Norton 2010

Payne, Kim John, *The Soul of Discipline. The Simplicity Parenting Approach to Warm, Firm, and Calm Guidance – From Toddlers to Teens*, New York: Ballantine 2015

Payne, Kim John, und Ross, Lisa, *Simplicity Parenting. Weniger ist mehr – Was Kinder wirklich brauchen, um ausgeglichen, glücklich und rundum geborgen aufzuwachsen*, München: Heyne 2020

Piaget, Jean, *Schlüsseltexte in 6 Bänden*, hrsg. u. überarbeitet v. Richard Kohler, Stuttgart: Klett-Cotta 2015

–, *Gesammelte Werke*, Stuttgart: Klett-Cotta 1999

Porges, Stephen W., *Die Polyvagal-Theorie und die Suche nach Sicherheit. Traumabehandlung, soziales Engagement und Bindung*, Lichtenau: Probst, 3. Aufl. 2019

Rapson, James, und English, Craig, *Anxious to Please. 7 Revolutionary Practices for the Chronically Nice*, Naperville, IL: Sourcebooks 2006

Real, Terrence, *The New Rules of Marriage. What You Need to Know to Make Love Work*, New York: Ballantine 2008

–, *Was kann ich tun, dass du mich hörst? Wie Männer und Frauen sich wieder nahe kommen*, München: Scherz 2002

Rhimes, Shonda, *Das Ja-Experiment – Year of Yes. Wie ein kleines Wort dein Leben ändern kann*, München: Heyne 2016

Rothenberg, Mira, *Children with Emerald Eyes. Histories of Extraordinary Boys and Girls*, Berkeley, CA: North Atlantic Books 2003

Rothschild, Babette, *Der Körper erinnert sich. Die Psychophysiologie des Trauma und der Traumabehandlung*, Essen: Synthesis 2011

–, *Trauma Essentials. The Go-To Guide*, New York: Norton 2011

–, *8 Keys to Safe Trauma Recovery. Take-Charge Strategies to Empower Your Healing*, New York: Norton 2010

Scaer, Robert, *The Body Bears the Burden. Trauma, Dissociation, and Disease*, Abingdon: Routledge 2014

–, *Das Trauma-Spektrum. Verborgende Wunden und die Kraft der Resilienz*, Lichtenau: Probst 2014

Schwartz, Richard, *IFS. Das System der Inneren Familie. Ein Weg zu mehr Selbstführung*, Norderstedt: Books on Demand 2008

Siegel, Daniel J., *Das achtsame Gehirn*, Freiburg i. Br.: Arbor 2014

–, *The Developing Mind. How Relationships and the Brain Interact to Shape Who We Are*, New York: Guilford Press, 2. Aufl. 2012

–, *Der achtsame Therapeut. Ein Leitfaden für die Praxis*, München: Kösel 2011

Siegel, Daniel J., und Payne Bryson, Tina, *Wie Kinder aufblühen. Unterstützen Sie Ihr Kind darin, resilienter, eigenständiger und kreativer zu werden*, Freiburg i. Br.: Arbor 2018

–, *Disziplin ohne Drama. Achtsame Kommunikation mit Kindern*, Freiburg i. Br.: Arbor 2015

–, *Achtsame Kommunikation mit Kindern. Zwölf revolutionäre Strategien aus der Hirnforschung für die gesunde Entwicklung Ihres Kindes*, Freiburg i. Br.: Arbor 2013

Siegel, Daniel J., und Hartzell, Mary, *Parenting from the Inside Out. How a Deeper Self-Understanding Can Help You Raise Children Who Thrive*, New York: Penguin 2013

Solomon, Marion, *Lean on Me. The Power of Positive Dependency in Intimate Relationships*, New York: Simon & Schuster 1994

Solomon, Marion, und Tatkin, Stan, *Liebe und Krieg in Paarbeziehungen. Verbundenheit, Unverbundenheit und wechselseitige Regulation in der Paartherapie*, Paderborn: Junferman 2013

Sroufe, L. Alan, *Emotional Development. The Organization of Emotional Life in the Early Years*, Cambridge: Cambridge University Press 1995

Tatkin, Stan, *We Do. Saying Yes to a Relationship of Depth, True Connection, and Enduring Love*, Boulder, CO: Sounds True 2018

–, *Wired for Dating. How Understanding Neurobiology and Attachment Style Can Help You Find Your Ideal Mate*, Oakland, CA: New Harbinger 2016

–, *Wired for Love. How Understanding Your Partner's Brain and Attachment Style Can Help You Defuse Conflict and Build a Secure Relationship*, Oakland, CA: New Harbinger 2012

Tronick, Edward, *The Neurobehavioral and Social-Emotional Development of Infants and Children*, New York: Norton 2007

–, *Babies as People*, New York: Collier Books 1980

van der Kolk, Bessel, *Verkörperter Schrecken. Traumaspuren in Gehirn, Geist und Körper und wie man sie heilen kann*, Lichtenau: Probst, 6. Aufl. 2019

Wallin, David J., *Bindung und Veränderung in der psychotherapeutischen Beziehung*, Lichtenau: Probst 2016

Winnicott, Donald W., *Vom Spiel zur Kreativität*, Stuttgart: Klett-Cotta, 15. Aufl. 2018

Wood, Patti, *Snap. Making the Most of First Impressions, Body Language, and Charisma*, Novato, CA: New World Library 2012

Zayas, Vivian, und Hazan, Cindy (Hrsg.), *Bases of Adult Attachment. Linking Brain, Mind and Behavior*, New York: Springer 2015

Anmerkungen

1 Dr. Peter A. Levine, amerikanischer Biophysiker, Psychologe und körperorientierter Traumatherapeut, ist Autor unter anderem der Bestseller *Vom Trauma befreien. Wie Sie seelische und körperliche Blockaden lösen,* München: Kösel 2007, *Sprache ohne Worte. Wie unser Körper Trauma verarbeitet und uns in die innere Balance zurückführt,* München: Kösel 2010 sowie *Trauma und Gedächtnis. Die Spuren unserer Erinnerung in Körper und Gehirn – Wie wir traumatische Erfahrungen verstehen und verarbeiten,* München: Kösel 2016.

2 Stan Tatkin, *We Do. Saying Yes to a Relationship of Depth, True Connection, and Enduring Love,* Boulder, CO: Sounds True 2018.

3 David McNamee, »Coma Patients Show Improved Recovery from Hearing Family Voices«, *Medical News Today,* 23. Januar 2015, medicalnewstoday.com/articles/288463.php#1, abgerufen am 20. November 2019.

4 Simone Schnall et al., »Social Support and the Perception of Geographical Slant«, *Journal of Experimental Social Psychology* 44, Nr. 5 (September 2008), S. 1246–1255.

5 Marion Solomon und Stan Tatkin, *Liebe und Krieg in Paarbeziehungen. Verbundenheit, Unverbundenheit und wechselseitige Regulation in der Paartherapie,* Paderborn: Junferman 2013.

6 Daniel J. Siegel, »Imagining Tomorrow. Healing and Hope in the Human Age« (Grundsatzreferat mit Diane Ackerman), *Psychotherapy Networker Conference,* Washington, DC, 28. März 2015.

7 »Oprah Winfrey, Brené Brown & Tim Storey«, *Oprah's SuperSoul Sessions,* Folge 101, OWN network, 13. Dezember 2015.

8 Barbara Fredrickson, *Die Macht der Liebe. Ein neuer Blick auf das größte Gefühl,* Frankfurt a. M.: Campus 2013.

9 Stephen Porges, »A moderated discussion of Stephen Porges' work, including a discussion of the clinical application of Polyvagal Theory«, *Psychotherapy 2.0: Leading-Edge Discoveries on Neuroscience, Trauma, Mindfulness, and Attachment Therapy* (Sounds True Webinar Series), 18. September 2015.

10 Rick Hanson und Richard Mendius, *Das Gehirn eines Buddha. Die angewandte Neurowissenschaft von Glück, Liebe und Weisheit,* Freiburg i. Br.: Arbor 2010.

11 Bruce Ecker, »Working with Implicit and Explicit Memory to Heal Trauma and Attachment«, *Therapy Mastermind Circle* (Webinar-Serie mit Diane Poole Heller), erstmals veröffentlicht am 8. August 2017, dianepooleheller.com/working-implicit-explicit-memory-heal-trauma-attachment, abgerufen am 9. November 2019.

12 Daniel J. Siegel, »Dan Siegel: Me + We = Mwe«, Video, 129 Minuten, 8. Februar 2016, youtube.com/watch?v=uo8Y04UE6go, abgerufen am 9. November 2019.

13 Edward Z. Tronick und Andrew Gianino, »Interactive Mismatch and Repair: Challenges to the Coping Infant«, *Zero to Three* 6, Nr. 3 (Februar 1986), S. 1–6.

14 Donald W. Winnicott, *Vom Spiel zur Kreativität*, Stuttgart: Klett-Cotta, 15. Aufl. 2018.

15 Tronick / Gianino, a. a. O.

16 Shonda Rhimes: *Das Ja-Experiment – Year of Yes. Wie ein kleines Wort dein Leben ändern kann*, München: Heyne 2016.

17 Daniel Goleman, »Three Kinds of Empathy: Cognitive, Emotional, Compassionate« (Blog-Post), 12. Juni 2007, danielgoleman.info/three-kinds-of-empathy-cognitive-emotional-compassionate, abgerufen am 9. November 2019.

18 Stan Tatkin, *Welcome Home Exercise for Couples*, Video, 4:05 Minuten, 23. September 2009, youtube.com/watch?v=V9FBdC2Kykg, abgerufen am 9. November 2019; Solomon / Tatkin, a. a. O.

19 Liz Burke, »This Is Why You Want to Rip Your Partner's Head Off«, *New York Post*, 2. Juli 2017, nypost.com/2017/07/02/this-is-why-you-want-to-rip-your-partners-head-off, abgerufen am 9. November 2019.

20 Sybil Carrere und John M. Gottman, »Predicting Divorce Among Newlyweds from the First Three Minutes of a Marital Conflict Discussion«, *Family Process* 38, Nr. 3 (1999), S. 293–301.

21 Marjorie Beeghly und Ed Tronick, »Early Resilience in the Context of Parent-Infant Relationships: A Social Developmental Perspective«, *Current Problems in Pediatric and Adolescent Health Care* 41, Nr. 7 (August 2011), S. 197–201; Diane Poole Heller, »Practicing Relationship Repairs« (Blog-Post), 30. September 2016, dianepooleheller.com/practicing-relationship-repairs, abgerufen am 9. November 2019.

22 Caroline Myss, *Why People Don't Heal and How They Can*, New York: Three Rivers Press 1997.

23 Deutsche Erstausstrahlung Mai 2012 auf Glitz

24 Amir Levine, »Deciphering Attachment Styles in Everyday Life for Dating and Relationships« (Grundsatzreferat), *DARe to Connect: Attachment, Trauma & Intimacy Conference*, Boulder, CO, 9. April 2016.

25 Deutsche Erstausstrahlung Februar 2004 auf ORF eins

26 Saul McCloud, »Mary Ainsworth«, *Simply Psychology*, aktualisiert am 5. August 2018, simplypsychology.org/mary-ainsworth.html, abgerufen am 10. November 2019.

27 Lisa Firestone, »Disorganized Attachment: How Disorganized Attachments Form & How They Can Be Healed«, *Psych Alive*, psychalive.org/disorganized-attachment, abgerufen am 21. September 2018; Kendra Cherry, »The Story of Bowlby, Ainsworth, and Attachment Theory: The Importance of Early Emotional Bonds«, *Verywell Mind*, aktualisiert am 21. September 2019, verywellmind.com/what-is-attachment-theory-2795337, abgerufen am 10. November 2019.

28 Marion Solomon, *Lean on Me. The Power of Positive Dependency in Intimate Relationships*, New York: Simon & Schuster 1994.

29 Amir Levine und Rachel S. F. Heller, *Warum wir uns immer in den Falschen verlieben. Beziehungstypen und ihre Bedeutung für unsere Partnerschaft*, München: Goldmann 2015.

30 ABC News, »Tips for Moms with Newborn Babies«, *World News Now*, 12. Mai 2011, youtube.com/watch?v=G1g6ecQiw5I, abgerufen am 10. November 2019.

31 Stan Tatkin, *Wired for Love. How Understanding Your Partner's Brain and Attachment Style Can Help You Defuse Conflict and Build a Secure Relationship*, Oakland, CA: New Harbinger 2012.

32 Rick Hanson, *Faces Conferences*, San Diego, CA, Mai 2015.

33 Gary D. Chapman, *Die 5 Sprachen der Liebe. Wie Kommunikation in der Partnerschaft gelingt*, Marburg: Francke 1994 / 2019.

34 Daniel J. Siegel, *The Developing Mind. How Relationships and the Brain Interact to Shape Who We Are*, New York: Guilford Press, 2. Aufl. 2012; Sarah

Jenkins, »Trauma and Dissociation: Beyond Your ›Window of Tolerance‹«, *GoodTherapy* (Blog), 23. Juni 2016, goodtherapy.org/blog/trauma-dissociation-beyond-your-window-of-tolerance-0623165, abgerufen am 10. November 2019.

35 Firestone, a. a. O.

36 Peter Payne, Peter A. Levine und Mardi A. Crane-Goudreau, »Somatic experiencing: using interoception and proprioception as core elements of trauma therapy«, *Frontiers in Psychology*, 4. Februar 2015, frontiersin.org/articles/10.3389/fpsyg.2015.00093/full, abgerufen am 10. November 2019.

37 Peter A. Levine, Stephen Porges und Maggie Phillips, »Healing Trauma and Pain Through Polyvagal Science and Its Interlocking Somatic Interventions«, maggiephillipsphd.com/Polyvagal/EBookHealingTraumaPainThroughPolyvagalScience.pdf, abgerufen am 4. September 2018.

38 Stephen Porges, »The Polyvagal Theory with Stephen Porges, PhD«, Interview von David Van Nuys, *Shrink Rap Radio* Nr. 265, 3. Juni 2011, shrinkrapradio.com/265.pdf, abgerufen am 10. November 2019.

39 Rachel Hosie, »How Personal Space Boundaries Vary in Different Countries«, *Independent*, 2. Mai 2017, independent.co.uk/life-style/personal-space-boundaries-different-countries-argentina-uk-romania-a7713051.html, abgerufen am 10. November 2019.

40 Patti Wood, *Snap. Making the Most of First Impressions, Body Language, and Charisma*, Novato, CA: New World Library 2012.

41 David Wallin, »Because Connection Takes Two: The Analyst's Psychology in Treating the ›Connection Resistant‹ Patient«, *International Journal of Psychoanalytic Self-Psychology* 9, Nr. 3 (2014), S. 200–207.

42 Levine / Heller, a. a. O.

43 Stan Tatkin, »Find Your Mentor Couple« (Blog-Post), 2013, stantatkinblog.wordpress.com/2012/12/27/find-your-mentor-couple, abgerufen am 12. November 2019.

44 Kim John Payne und Diane Poole Heller, *Secure Attachment. Parenting in the Digital Age: Neuroscience, Technology & The Next Generation (Webinar Series)*, 6. November 2017, attachmentmastery.com/parenting, abgerufen am 12. November 2019.

45 Amir Levine, »Deciphering Attachment Styles in Everyday Life for Dating and Relationships« (Grundsatzreferat), *DARe to Connect: Attachment, Trauma & Intimacy Conference,* Boulder, CO, 9. April 2016.

46 Stan Tatkin, »Does Your Relationship Come First? The Secrets of Secure Functioning Relationships« (Grundsatzreferat), *DARe to Connect: Attachment, Trauma & Intimacy Conference, Boulder,* CO, 8. April 2017.

47 Tatkin, *Wired for Love,* a. a. O.

48 Ebenda.

49 Levine / Heller, a. a. O.

50 Stan Tatkin, *Wired for Dating. How Understanding Neurobiology and Attachment Style Can Help You Find Your Ideal Mate,* Oakland, CA: New Harbinger 2016.

51 Levine / Heller, a. a. O.

52 John Bowlby, *Trennung. Angst und Zorn,* München: Reinhardt 2018; Cindy Hazan und Phillip Shaver, »Romantic Love Conceptualized as an Attachment Process«, *Journal of Personality and Social Psychology* 52, Nr. 3 (März 1987), S. 511–524.

53 Levine / Heller, a. a. O.

54 Hanson / Mendius, a. a. O.

55 Levine / Heller, a. a. O.

Über die Autorin

Dr. Diane Poole Heller ist eine führende Expertin auf dem Gebiet der Traumatherapie mit einem Schwerpunkt auf Bindungsstörungen. Die Schülerin von Peter A. Levine gab die von ihm entwickelte Traumatherapie-Methode *Somatic Experiencing®* als zertifizierte Trainerin über zwanzig Jahre lang weltweit in Kursen weiter. In den von ihr selbst entwickelten Ansatz DARe (*Dynamic Attachment Re-Patterning Experience*) lässt sie ihre mehr als dreißigjährige Erfahrung als Traumatherapeutin einfließen.